紐約地鐵路線圖
Manhattan Subway Map
© 2018 ERIC HSU
北
Randalls Island
East River
Roosevelt Island
Hudson River
Triborough Bridge
Morningside Heights
Spanish Harlem
Upper West Side
Upper East Side
MANHATTAN
Central Park
125th St A.B.C.D
125th St 2.3
125th St 4.5.6
116th St Columbia University 1
116th St B.C
116th St 2.3
116th St 6
110th St Cathedral Pkwy 1
110th St Cathedral Pkwy B.C
110th St Central Park North 2.3
110th St 6
103rd St 1
103rd St B.C
103rd St 6
96th St 1.2.3
96th St B.C
96th St 6
96th St Q
86th St 1
86th St B.C
86th St 4.5.6
86th St Q
81st St Museum of Natural Hostory B.C
79th St 1
77th St 6
72nd St 1.2.3
72nd St B.C
72nd St Q
Riverside Dr
Broadway
Amsterdam Ave
Morningside Ave
Manhattan Ave
Frederick D
7th Ave
6th Ave
5th Ave
Madison Ave
Park Ave
Lexington Ave
3rd Ave
2nd Ave
1st Ave
Pleasant Ave
West End Ave
Columbus Ave
Central Park West
York Ave
East End Ave
E 125th St.
W 110th St.
E 110th St.
W 100th St.
E 100th St.
W 90th St.
E 90th St.
W 80th St.
E 80th St.
U0010453

New Jersey

West Village
Greenwich Village
East Village
Soho
Nolita
Little Italy
Chinatown
Lower East Side
Tribeca
Financial District
Brooklyn

14th St 1.2.3
14th St F.M
3rd Ave L
8th St / NYU R.W
Astor Pl 6
Christopher St Sheridan Square 1
W 4th St Washington Sq. A.B.C.D.E.F.V
Houston St 1
Bleecker St 6
Broadway-Lafayette St B.D.F.M
2nd Ave F
Prince St R.W
Spring St 6
Spring St C.E
Delancey St Essex St F.J.M.Z
Bowery J.Z
Grand St B.D
Canal St 1
Canal St A.C.E
Canal St 6.N.Q.R.W. J.Z
East Broadway F
Franklin St 1
City Hall R
Chambers St A.C
Chambers St 1.2.3
Chambers St J.Z
Brooklyn Bridge / City Hall 4.5.6
World Trade Center E
Park Place 2.3
Fulton St 2.3.4.5.A.C.J.Z
Cortlandt St R.W
Wall St 4.5
Wall St 2.3
Broad St J.Z
Rector St 1
Rector St R.W
Whitehall St South Ferry R.W
Bowling Green 4.5
South Ferry 1

Gansevoort St.
West St.
W 10th St.
E 10th St.
Avenue A
Avenue B
Avenue C
Avenue D
4th Ave
E Hudson St.
Williamsburg Bridge
Greenwich St.
Hudson St.
Grand St.
Canal St.
Broadway
E Broadway
Water St.
South St.
Catherine St.
Manhattan Bridge
Brooklyn Bridge
Wall St.

14 巴士路線(全時段服務) Full-time Service
50 巴士路線(週一～五服務) Part-time Service
106 巴士路線(部分時段服務) Part-time Service
特別路線巴士的停靠站
巴士運行方向(無箭頭為雙向運行)
轉運站(全時段服務) Full-time Terminal
轉運站(部分時段服務) Part-time Terminal
地鐵站 Subway Station

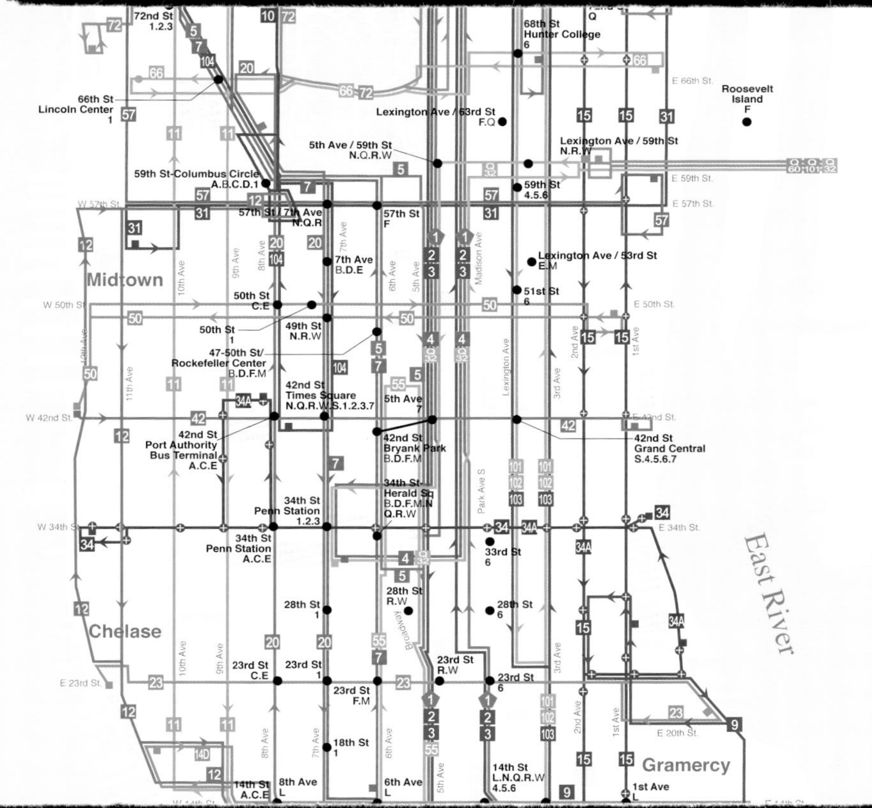

Queens
Brooklyn
East River
Midtown
Chelase
Gramercy
Roosevelt Island
F
72nd St
1.2.3
66th St
Lincoln Center
1
68th St
Hunter College
6
Lexington Ave / 63rd St
F.Q
5th Ave / 59th St
N.Q.R.W
Lexington Ave / 59th St
N.R.W
59th St
4.5.6
59th St-Columbus Circle
A.B.C.D.1
57th St / 7th Ave
N.Q.R
57th St
F
7th Ave
B.D.E
Lexington Ave / 53rd St
E.M
51st St
6
50th St
C.E
50th St
1
49th St
N.R.W
47-50th St/
Rockefeller Center
B.D.F.M
42nd St
Times Square
N.Q.R.W.S.1.2.3.7
5th Ave
7
42nd St
Port Authority
Bus Terminal
A.C.E
42nd St
Bryank Park
B.D.F.M
42nd St
Grand Central
S.4.5.6.7
34th St
Penn Station
1.2.3
34th St-
Herald Sq
B.D.F.M.N
Q.R.W
34th St
Penn Station
A.C.E
33rd St
6
28th St
1
28th St
R.W
28th St
6
23rd St
C.E
23rd St
1
23rd St
F.M
23rd St
R.W
23rd St
6
18th St
1
14th St
A.C.E
8th Ave
L
6th Ave
L
14th St
L.N.Q.R.W
4.5.6
1st Ave
L
W 57th St.
W 50th St.
W 42nd St.
W 34th St.
E 23rd St.
E 66th St.
E 59th St.
E 57th St.
E 50th St.
E 42nd St.
E 34th St.
E 20th St.
12th Ave
11th Ave
10th Ave
9th Ave
8th Ave
7th Ave
6th Ave
5th Ave
Madison Ave
Park Ave S
Lexington Ave
3rd Ave
2nd Ave
1st Ave
Broadway

Queens
Queens
Brooklyn
East River
Hudson River
New Jersey
Midtown
Chelase
Gramercy
66th St
Lincoln Center
1
68th St
Hunter College
6
Lexington Ave / 63rd St
F.Q
Roosevelt Island
F
5th Ave / 59th St
N.R.W
Lexington Ave / 59th St
N.R.W
59th St-
Columbus Circle
A.B.C.D.1
59th St
4.5.6
57th St / 7th Ave
N.Q.R.W
57th St
F
Lexington Ave / 53rd St
E.M
7th Ave
B.D.E
5th Ave / 53rd St
E.M
51st St
6
50th St
C.E
49th St
N.R.W
50th St
1
47-50th Sts
Rockefeller
Center
B.D.F.M
42nd St
Port Authority
Bus Terminal
A.C.E
無畏號海、空暨太空博物館
Intrepid Sea, Air and
Space Museum
5th Ave
7
42nd St
Grand Central
S.4.5.6.7
42nd St
Times Square
N.Q.R.W.S.1.2.3.7
42nd St
Bryank Park
B.D.F.M
34th St
Hudson Yards
7
34th St
Penn Station
A.C.E.LIRR
34th St-
Herald Sq
B.D.F.M.N
Q.R.W
33rd St
6
34th St
Penn Station
1.2.3.LIRR
28th St
1
28th St
R.W
28th St
6
23rd St
1
23rd St
R.W
23rd St
6
23rd St
C.E
23rd St
F.M
18th St
1
14th St
A.C.E
8th Ave
6th Ave
L
14th St
3rd Ave
L
1st Ave
L
W 70th St.
E 70th St.
W 59th St.
E 59th St.
W 50th St.
E 50th St.
W 40th St.
E 40th St.
W 30th St.
E 30th St.
W 20th St.
E 20th St.
12th Ave
11th Ave
10th Ave
9th Ave
8th Ave
7th Ave
6th Ave
5th Ave
Madison Ave
Park Ave S
Lexington Ave
Irving Pl
3rd Ave
2nd Ave
1st Ave
Broadway

# 紐約公車路線圖
# Manhattan Bus Map



北

Randalls Island

East River

Roosevelt Island

Tnborough Bridge

Spanish Harlem

Morningside Heights

MANHATTAN

Upper West Side

Upper East Side

Central Park

lson River

E 125th St.
E 116th St.
E 110th St.
E 100th St.
E 86th St.
E 80th St.
E 79th St.
E 72nd St.
W 110th St
W 97th St.
W 96th St.
W 79th St
W 72nd St.

Riverside Dr
Broadway
Amsterdam Ave
Manhattan Ave
Frederick Douglass Blvd
7th Ave
6th Ave
5th Ave
Madison Ave
Park Ave
Lexington Ave
3rd Ave
2nd Ave
1st Ave
Pleasant Ave
West End Ave
Columbus Ave
Central Park West
York Ave
East End Ave

125th St A.B.C.D
125th St 2.3
4.5.6
116th St 1
116th St B.C
116th St 2.3
116th St 6
110th St Cathedral Pkwy 1
110th St Cathedral Pkwy B.C
110th St Central Park North 2.3
110th St 6
103rd St 1
103rd St B.C
103rd St 6
96th St 1.2.3
96th St B.C
96th St 6
96th St Q
86th St 1
86th St B.C
86th St 4.5.6
86th St Q
81st St B.C
79th St 1
77th St 6
72nd St B.C

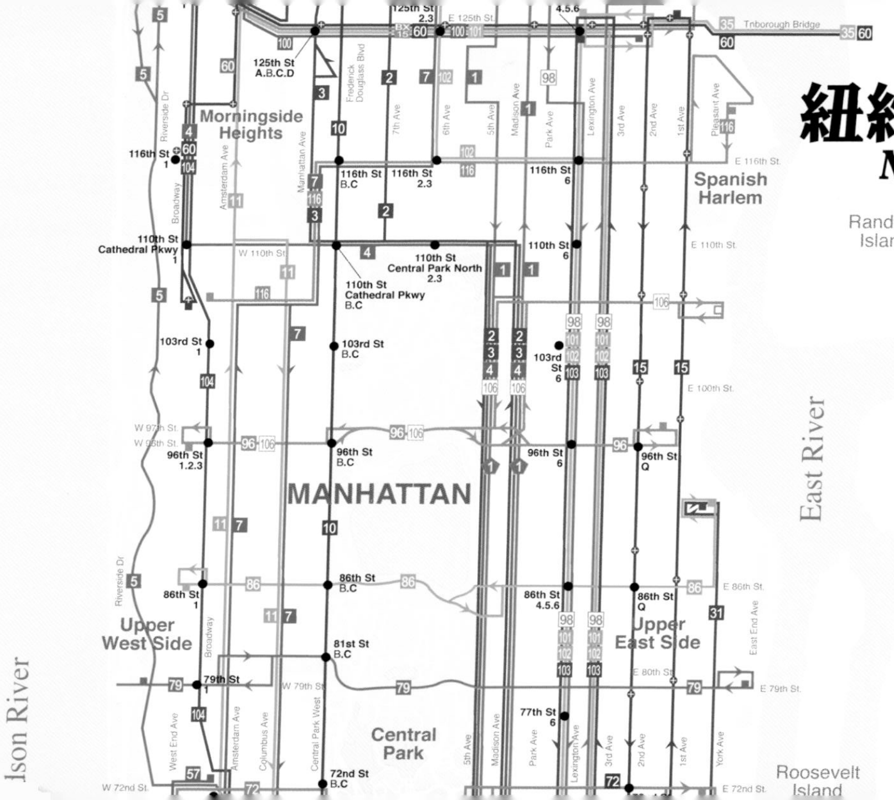

普通車 Normal Service
快車 Express Service
列車終點站 Terminal
車站名 Station Name
4.5.6
粗體數字表示全時段停靠(Full-time Service)，細體數字表示只有部分時段停靠(Part-time Service)
普通車停靠站 Local Service Only
(快車Express不停靠)
全部列車停靠站 All trains stop
可轉乘其他路線車站(站內轉乘)
Free subway transfer
可轉乘其他路線車站(需出站轉乘)
Free out-of-system subway transfer
(excluding single-ride ticket 單程票除外)
14th St
1.2.3
Union Square
L.N.Q.R.W
4.5.6
8th St / NYU
R.W
Astor Pl
6
East Village
Christopher St
Sheridan Square
1
West Village
Greenwich
Village
W 4th St
Washington Sq.
A.B.C.D.E.F.M
Broadway-
Lafayette St
B.D.F.M
Bleecker St
6
2nd Ave
F
Houston St
1
Prince St
R.W
Nolita
Delancey St
Essex St
F.J.M.Z
Spring St
C.E
Spring St
6
Soho
Bowery
J.Z
Grand St
B.D
Lower East Side
Canal St
1
Canal St
A.C.E
Little Italy
East Broadway
F
Tribeca
Canal St
6.N.Q.R.W.J.Z
Franklin St
1
Chinatown
Chambers St
A.C
Chambers St
1.2.3
City
Hall
R.W
Chambers St
J.Z
Brooklyn Bridge / City Hall
4.5.6
World Trade Center
E
Park Place
2.3
Cortlandt St
(關閉中)1
Fulton St
2.3.4.5.A.C.J.Z
Cortlandt St
R.W
Wall St
4.5
Wall St
2.3
Financial
District
Rector St
1
Broad St
J.Z
Rector St
R.W
Bowling Green
4.5
Whitehall St
South Ferry
R.W
South Ferry
1
Brooklyn
Williamsburg Bridge
Manhattan Bridge
Brooklyn Bridge
Broadway
E Houston St.
Grand St.
Water St.
South St.
Catherine St.
E Broadway
Hudson St.
Greenwich St.
West St.
Canal St.
Gansevoort St.
W 10th St.
E 10th St.
4th Ave
Avenue A
Avenue B
Avenue C
Avenue D
Wall St.

New
York

紐約位置、分區簡圖
新澤西州
New Jersey
布朗士動物園
Bronx Zoo
P.41
布朗士
The Bronx
P.4
右圖
Hudson River
曼哈頓
Manhattan
East River
野口勇博物館
Noguchi
Museum
P.109
LGA
Museum of the
Movie Image
P.79
Flushing Meadows
Corona Park
P.40
皇后區
Queens
EWR
Neward Bay
P.16
艾利斯島
自由女神
P.285
P.282
威廉斯堡
Williamsburg
P.281
Brooklyn High
DUMBO
P.284
紐約港
Upper
New York
Bay
P.287
布魯克林植物園
Brooklyn Botanical Garden
P.287
布魯克林博物館
Brooklyn Museum
P.286
史泰登島植物園
Staten Island
Botanical Garden
P.42
史泰登島
Staten Island
布魯克林
Brooklyn
Jamaica
Bay
P.289
康尼島
Coney Island
P.288
大西洋
Atlantic Ocean
北

P.4~5
華盛頓高地
Washington Heights
布朗士
The Bronx
河濱公園 P.150
洋基球場 P.41
P.6~7
晨邊高地
Morningside Heights
哈林區
Harlem
聖約翰大教堂 P.152
哥倫比亞大學 P.155
P.8~9
上西城
Upper West Side
上東城
Upper East Side
中央公園
Central Park
中央公園 P.128
大都會博物館 P.86
P.10~11
中城區
Midtown
中央車站 P.182
第五大道 P.188
P.12~13
雀爾喜
Chelsea
肉品包裝區
Meatpacking District
西村
W. Village
格林威治村
Greenwich Village
東村
E. Village
雀爾喜藝廊特區 P.209
聯合廣場 P.206
P.14~15
P.257
蘇活區
SoHo
下東城
Lower East Side
中國城
Chinatown
蘇活區 P.234
中國城 P.246
P.16~17
金融區
Financial District
北
自由女神 P.264
華爾街 P.272

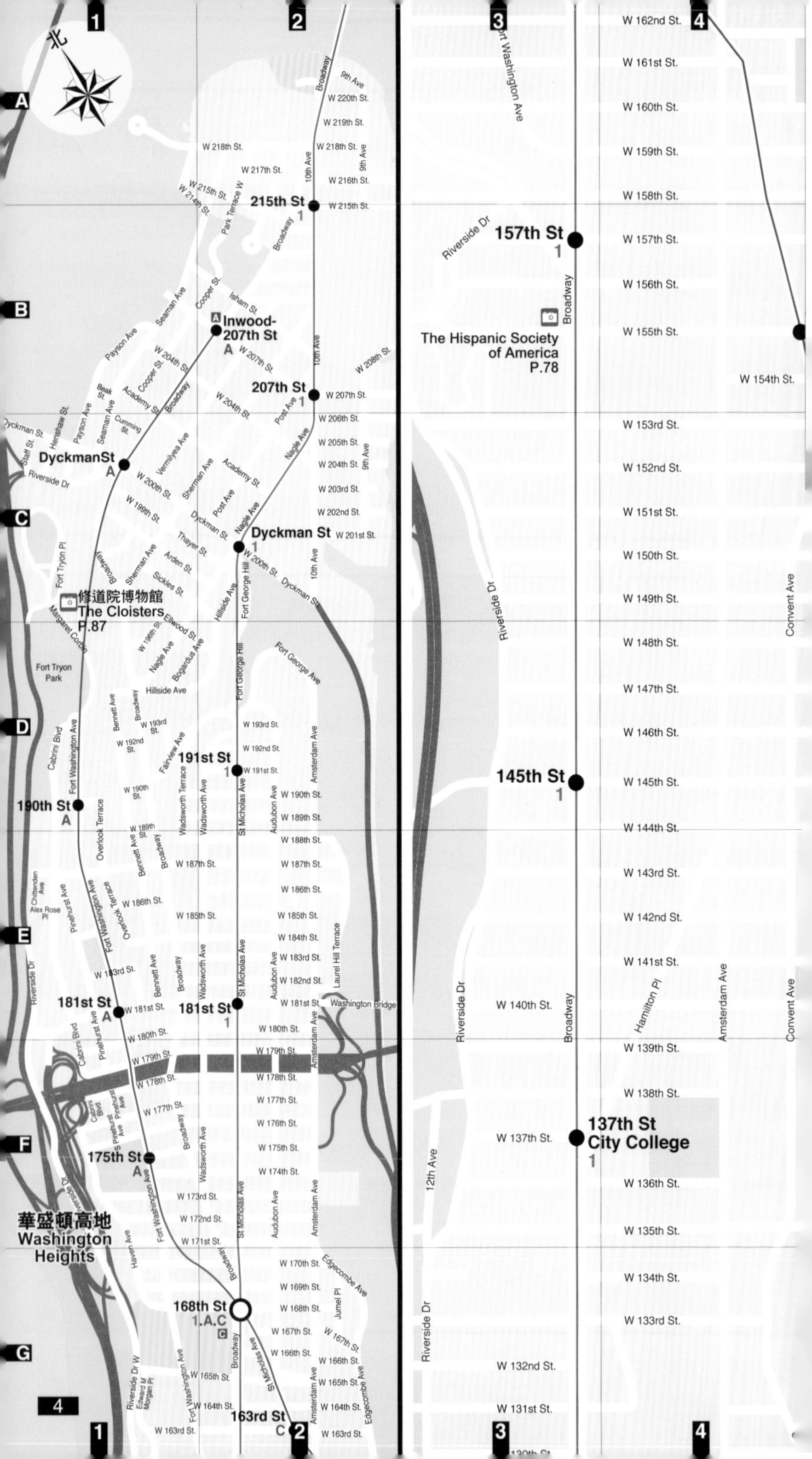

北
1
2
3
4
A
B
C
D
E
F
G
W 220th St.
W 219th St.
W 218th St.
W 217th St.
W 216th St.
W 215th St.
W 214th St.
215th St
1
9th Ave
10th Ave
Broadway
Park Terrace W
Isham St.
Cooper St.
Seaman Ave
Payson Ave
Inwood-207th St
A
W 207th St.
W 208th St.
W 204th St.
207th St
Post Ave
W 206th St.
W 205th St.
W 204th St.
W 203rd St.
W 202nd St.
W 201st St.
Academy St.
Beak St.
Cumming St.
Henshaw St.
Dyckman St.
Staff St.
Riverside Dr
DyckmanSt
Vermilyea Ave
Sherman Ave
W 200th St.
W 199th St.
Nagle Ave
Thayer St.
Arden St.
Sickles St.
Dyckman St
Hillside Ave
Fort George Hill
Fort Tryon Pl
修道院博物館
The Cloisters
P.87
Margaret Corbin
Ellwood St.
W 196th St.
Bogardus Ave
Fort George Ave
Fort Tryon Park
Hillside Ave
Bennett Ave
W 193rd St.
W 192nd St.
W 191st St.
W 190th St.
W 189th St.
W 188th St.
W 187th St.
W 186th St.
W 185th St.
W 184th St.
W 183rd St.
W 182nd St.
W 181st St.
W 180th St.
W 179th St.
W 178th St.
W 177th St.
W 176th St.
W 175th St.
W 174th St.
W 173rd St.
W 172nd St.
W 171st St.
W 170th St.
W 169th St.
W 168th St.
W 167th St.
W 166th St.
W 165th St.
W 164th St.
W 163rd St.
Cabrini Blvd
Fort Washington Ave
Fairview Ave
191st St
190th St
Overlook Terrace
Wadsworth Terrace
Wadsworth Ave
St Nicholas Ave
Audubon Ave
Amsterdam Ave
Chittenden Ave
Alex Rose Pl
Pinehurst Ave
Laurel Hill Terrace
181st St
Washington Bridge
175th St
Haven Ave
華盛頓高地
Washington Heights
Edgecombe Ave
Jumel Pl
168th St
1.A.C
Riverside Dr W
Edward M Morgan Pl
163rd St
C
W 162nd St.
W 161st St.
W 160th St.
W 159th St.
W 158th St.
W 157th St.
W 156th St.
W 155th St.
W 154th St.
W 153rd St.
W 152nd St.
W 151st St.
W 150th St.
W 149th St.
W 148th St.
W 147th St.
W 146th St.
W 145th St.
W 144th St.
W 143rd St.
W 142nd St.
W 141st St.
W 140th St.
W 139th St.
W 138th St.
W 137th St.
W 136th St.
W 135th St.
W 134th St.
W 133rd St.
W 132nd St.
W 131st St.
Fort Washington Ave
157th St
The Hispanic Society of America
P.78
Convent Ave
145th St
Hamilton Pl
137th St
City College
12th Ave

5
6
7
8
(新)洋基棒球場
Yankee Stadium
P.41
161st St
Yankee Stadium
B.D.4
(舊)洋基棒球場
155th St
C
155th St
B.D
布朗士
THE BRONX
哈林河 Harlem River
Harlem
148th St
3
145th St
A.C.B.D
145th St
3
135th St
B.C
135th St
2.3
哈林區
Harlem
Macombs Dam Bridge
145th St Bridge
Harlem River Dr W
Harlem Dr W
Sedgwick Ave
Summit Ave
Ogden Ave
Woodycrest Ave
Jerome Ave
W 162nd St.
E 162nd St.
W 161st St.
E 161st St.
E 158th St
E 157th St.
E 153rd St.
E 149th St.
River Ave
Gerard Ave
Cromwell Ave
Edgecombe Ave
Harlem River Drwy
Frederick Douglass Blvd
Dr John Sass Pl
Macombs Pl
7th Ave
Adam Clayton Jr Blvd
St Nicholas Ave
Bradhurst Ave
Hamilton Terrace
Harriet Tubman Ave
St Nicholas Terrace
Lenox Ave
Malcolm Blvd
Chisum Pl
5th Ave
W 154th St.
W 153rd St.
W 152nd St.
W 151st St.
W 150th St.
W 149th St.
W 148th St.
W 147th St.
W 146th St.
W 145th St.
W 144th St.
W 143rd St.
W 142nd St.
W 141st St.
W 140th St.
W 139th St.
W 138th St.
W 137th St.
W 136th St.
W 135th St.
W 134th St.
W 133rd St.
W 132nd St.
W 131st St.
W 141st St.
E 138th St.
E 135th St.
E 132nd St.
E 131st St.

北
125th St
1
125th St
A.C.B.D
晨邊高地
Morningside Heights
將軍紀念墓園
General Grant National Memorial
P.151
河濱教堂
The Riverside Church
P.151
哥倫比亞大學
Columbia University
P.155
116th St
Columbia University
1
116th St
B.C
聖約翰大教堂
The Cathedral Church of St. John the Divine
P.152
110th St
Cathedral Pkwy
1
110th St
Cathedral Pkwy
B.C
上西城
Upper West Side
103rd St
1
103rd St
B.C
W 130th St.
W 129th St.
W 126th St.
W 125th St.
Tiemann Pl
W 127th St.
Dr Martin L King Blvd
La Salle St.
W 123rd St.
W 122nd St.
W 121st St.
W 120th St.
W 119th St.
W 118th St.
W 117th St.
W 116th St.
W 115th St.
W 114th St.
W 113th St.
W 112th St.
W 111th St.
W 110th St.
Cathedral Pkwy
W 109th St.
W 108th St.
W 107th St.
W 106th St.
W 105th St.
W 104th St.
W 103rd St.
W 102nd St.
W 101st St.
W 100th St.
W 99th St.
W 124th St.
Lloyd E Dickens Pl
Riverside Dr
Claremont Ave
Broadway
Amsterdam Ave
Convent Ave
St Nicholas Ter
Harriet Tubman Ave
Morningside Ave
Morningside Dr
Manhattan Ave
Frederick Douglass Blvd
St Nicholas Ave
7th Ave
Adam Clayton Jr Blvd
West End Ave
Columbus Ave
Central Park West
Central Park
1
2
3
4
A
B
C
D
E
F
G

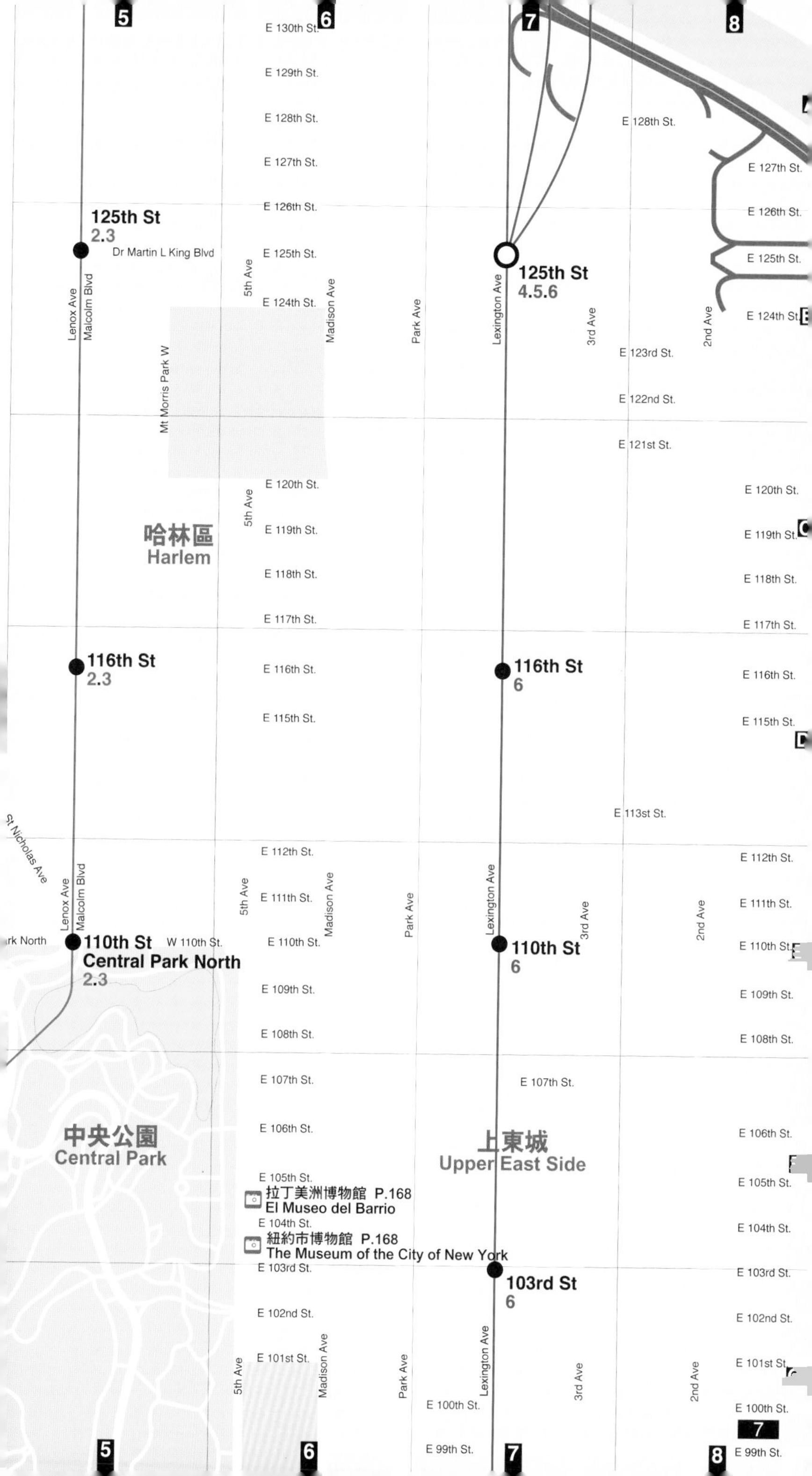
5
6
7
8
E 130th St.
E 129th St.
E 128th St.
E 127th St.
E 126th St.
E 125th St.
E 124th St.
125th St
2.3
Dr Martin L King Blvd
Lenox Ave
Malcolm Blvd
5th Ave
Madison Ave
Park Ave
Lexington Ave
3rd Ave
2nd Ave
125th St
4.5.6
E 123rd St.
E 122nd St.
E 121st St.
Mt Morris Park W
E 120th St.
E 119th St.
E 118th St.
E 117th St.
哈林區
Harlem
116th St
2.3
E 116th St.
E 115th St.
116th St
6
E 113st St.
St Nicholas Ave
E 112th St.
E 111th St.
E 110th St.
110th St
Central Park North
2.3
W 110th St.
rk North
110th St
6
E 109th St.
E 108th St.
E 107th St.
E 106th St.
E 105th St.
E 104th St.
E 103rd St.
E 102nd St.
E 101st St.
E 100th St.
E 99th St.
中央公園
Central Park
上東城
Upper East Side
拉丁美洲博物館 P.168
El Museo del Barrio
紐約市博物館 P.168
The Museum of the City of New York
103rd St
6

北
96th St
1.2.3
96th St
B.C
86th St
1
86th St
B.C
79th St
1
81st St
Museum of
Natural History
B.C
72nd St
1.2.3
72nd St
B.C
中央公園
Central Park
上西城
Upper West Side
河濱公園 P.150
Riverside Park
shishi
P.156
The Mermaid Inn
P.159
Barny
Greengrass
P.159
H&H Bagels
P.64
Good Enough to Eat
P.158
5 Napkin Burger
P.158
Cafe Lalo
P.158
Magpie
P.157
兒童博物館
Children's Museum
of Manhattan
P.109
ZABAR'S
P.156
Sarabeth's Kitchen
P.158
Amorino
P.159
Brgr
P.66
自然歷史博物館
American Museum
of Natural History
P.94
Shake Shack
P.66
Green Flea
P.157
New York Historical Society
P.79
Housing Works
P.157
Recolet
P.159
Fairway
P.156
威爾第公園
Giuseppe Verdi
Square P.150
P.150 達科塔公寓
Dakota Apartment
Bloomingdale Outlet
P.156
Gray's Papaya
P.67、158
The Muffins Cafe
Magnolia Bakery
P.159
KANGOL
Nanoosh
IMAX電影院
GAP
West End Ave
Broadway
Amsterdam Ave
Columbus Ave
Central Park West
Riverside Dr
W 98th St.
W 97th St.
W 96th St.
W 95th St.
W 94th St.
W 93rd St.
W 92nd St.
W 91st St.
W 90th St.
W 89th St.
W 88th St.
W 87th St.
W 86th St.
W 85th St.
W 84th St.
W 83rd St.
W 82nd St.
W 81st St.
W 80th St.
W 79th St.
W 78th St.
W 77th St.
W 76th St.
W 75th St.
W 74th St.
W 73rd St.
W 72nd St.
W 71st St.
W 70th St.
W 69th St.
W 68th St.
1
2
3
4
E
G
8

5
6
7
8
E 98th St.
東正教教堂
St. Nicholas Russian Orthodox Cathedral
P.165
E 97th St.
96th St
6
96th St
Q
E 96th St.
E 95th St.
E 94th St.
E 93rd St.
猶太人博物館
The Jewish Museum
P.167
E 92nd St.
國家設計美術館
Cooper Hewitt
National Design Museum
P.167
E 91st St.
上東城
Upper East Side
E 90th St.
國家學院美術館
National Academy of Design
E 89th St.
古根漢美術館 P.102
Guggenheim Museum
E 88th St.
P.163 聖三一教堂
Church of the Holy Trinity
E 87th St.
5th Ave
Madison Ave
Park Ave
Lexington Ave
3rd Ave
2nd Ave
86th St
Q
E 86th St.
86th St
4.5.6
Shake Shack
P.66
新藝廊 P.168
Neue Galerie
Two Little Red Hans
P.173
Heidelberg
P.172
E 85th St.
E 84th St.
E 83rd St.
Jonathan Adler
大都會博物館
The Metropolitan Museum of Art
P.86
E 82nd St.
E 81st St.
E 80th St.
Eli's Market
Lady M Confections
P.173
E 79th St.
HARBS
P.173
E 78th St.
Sant Ambroeus
P.176
E 77th St.
77th St
6
E 76th St.
Candle Cafe
P.172
E 75th St.
布勞耶分館
The Met Breuer
P.87
希臘正教教堂
Archdiocosan Cathedral of the Holy Trinity
P.164
E 74th St.
E 73rd St.
E 72nd St.
72nd St
Q
聖詹姆士教堂 P.165
St. James' Church
E 71st St.
弗里克收藏博物館
The Frick Collection
P.167
Asia Society and Museum
P.79
E 70th St.
E 69th St.
68th St
Hunter College
6
E 68th St.
9

北
Apple Store
Banana Republic
ZARA
Century 21
P.1656
66th St
Lincoln Center
1
American Folk
Art Museum
P.109
W 67th St.
W 66th St.
W 65th St.
W 64th St.
W 63rd St.
上西城
Upper West Side
林肯中心
Lincoln Center
P.148
中央公園
Central Park
It's Sugar
P.157
West Elm
P.157
W 62nd St.
Joseph Robbins Pl
David Rubenstein
Atrium
W 61st St.
Alvin Alley Pl
Broadway
Central Park West
59th St-
Columbus Circle
1.A.C.B.D
W 60th St.
Amsterdam Ave
Columbus Ave
時代華納中心
Time Warner Center
P.50、147
W 59th St.
Central Park South
哥倫布圓環
Columbus Circle
P.147
W 58th St.
57th St / 7th Ave
N.Q.R.W
57th St
F
藝術與設計美術館
Museum of
Arts & Design
P.109
W 57th St.
卡內基音樂廳
Carnegie Hall
P.191
Burger Joint
P.200
W 56th St.
Christmas Cottage
P.199
W 55th St.
LOVE
P.195
中城區
Midtown
W 54th St.
10th Ave
9th Ave
8th Ave
7th Ave
6th Ave
W 53rd St.
HOPE
P.195
7th Ave
B.D.E
W 52nd St.
Gallaghers
P.200
紐約地鐵藝術欣賞之旅
NYC Subway Art Tour
P.77
Nathan's
P.67
W 51st St.
地獄廚房
Hell's Kitchen
W 50th St.
50th St
C.E
50th St
1
無線電音樂城
Radio City
Music Hall
P.183
時代廣場百老匯導覽
P.112
49th St
N.R.W
W 49th St.
M&M's World
P.54
W 48th St.
Olive Garden
Starbucks Times Square
P.199
Hershey's
P.55
47-50t
Rocke
B.D.F.
W 47th St.
TKTS折扣票亭
P.116
Grand Slam
P.54
無畏號海、空暨太空博物館
Intrepid Sea, Air and
Space Museum
P.106
W 46th St.
Laline
P.199
Disney Store
P.55
W 45th St.
時代廣場 Times Square
P.192
Junior's
P.200
Line Friends
P.199
Two Boots
P.65
W 44th St.
Shake Shack
P.66
國家地理雜誌博物館
Discovery Times
Square Exposition
P.194
W 43rd St.
時代廣場鬼屋
Times Square
Hounted House
P.194
W 42nd St.
42nd St
Port Authority
Bus Terminal
A.C.E
42nd St
Times Square
1.2.3.7.N.Q.R.W.S
7
Toys Я Us
P.54
42nd
Brya
B.D.
W 41st St.
紀伊國屋
Kinokuniya
布萊恩公園
Bryan Park
P.181
Dyer Ave
W 40th St.
Carlo's Bake Shop
P.200
Applebee's
P.201
杜莎夫人蠟像館 P.194
Madame Tussaud's
信不信由你博物館 P.194
Ripley's Believe It or Not!
W 39th St.
W 38th St.
W 37th St.
中城區
Midtown
W 36th St.
10
1
2
3
4

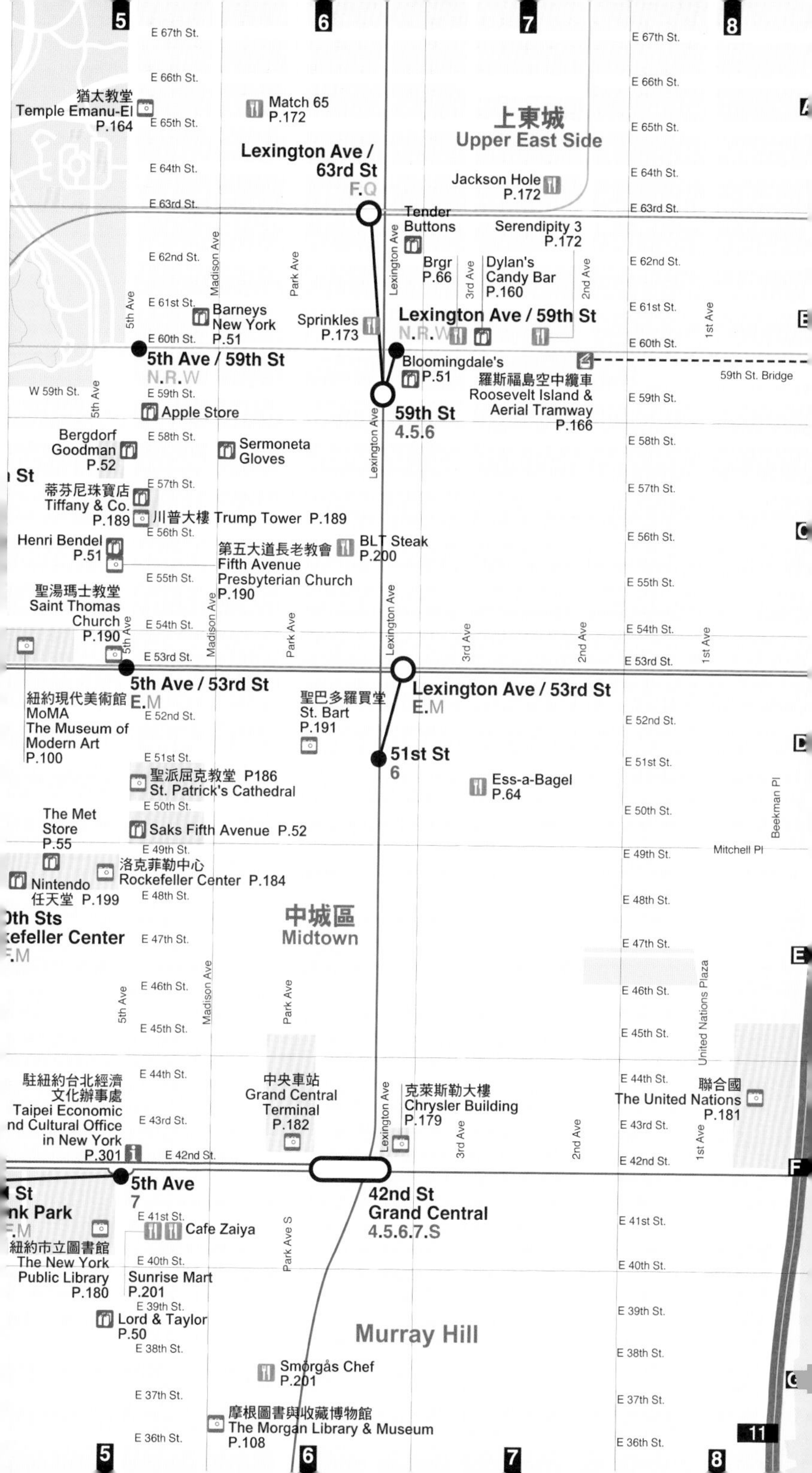

5
6
7
8
上東城
Upper East Side
猶太教堂
Temple Emanu-El
P.164
Match 65
P.172
Lexington Ave / 63rd St
F.Q
Jackson Hole
P.172
Tender Buttons
Serendipity 3
P.172
Brgr
P.66
Dylan's Candy Bar
P.160
Barneys New York
P.51
Sprinkles
P.173
Lexington Ave / 59th St
N.R.W
5th Ave / 59th St
N.R.W
Bloomingdale's
P.51
羅斯福島空中纜車
Roosevelt Island & Aerial Tramway
P.166
59th St. Bridge
Apple Store
59th St
4.5.6
Bergdorf Goodman
P.52
Sermoneta Gloves
蒂芬尼珠寶店
Tiffany & Co.
P.189
川普大樓 Trump Tower P.189
Henri Bendel
P.51
第五大道長老教會
Fifth Avenue Presbyterian Church
P.190
BLT Steak
P.200
聖湯瑪士教堂
Saint Thomas Church
P.190
5th Ave / 53rd St
E.M
Lexington Ave / 53rd St
E.M
紐約現代美術館
MoMA
The Museum of Modern Art
P.100
聖巴多羅買堂
St. Bart
P.191
51st St
6
Ess-a-Bagel
P.64
聖派屈克教堂 P186
St. Patrick's Cathedral
The Met Store
P.55
Saks Fifth Avenue P.52
洛克菲勒中心
Rockefeller Center P.184
Nintendo
任天堂 P.199
中城區
Midtown
Beekman Pl
Mitchell Pl
United Nations Plaza
駐紐約台北經濟文化辦事處
Taipei Economic and Cultural Office in New York
P.301
中央車站
Grand Central Terminal
P.182
克萊斯勒大樓
Chrysler Building
P.179
聯合國
The United Nations
P.181
5th Ave
7
42nd St Grand Central
4.5.6.7.S
Cafe Zaiya
紐約市立圖書館
The New York Public Library
P.180
Sunrise Mart
P.201
Lord & Taylor
P.50
Murray Hill
Smörgås Chef
P.201
摩根圖書與收藏博物館
The Morgan Library & Museum
P.108
11

中城區
Midtown
34th St
Hudson Yards
7
B&H
P.47
34th St
Penn Station
A.C.E
Kmart
P.52
34th St
Penn Station
1.2.3
Macy's
P.53
麥迪遜廣場花園
Madison Square Garden
P.196
28th St
1
時尚博物館
The Museum at FIT
P.108
Brgr
P.66
Baffslo
Exchange
P.231
雀爾喜藝廊特區
Chelsea Gallery District
P.209
雀爾喜
Chelsea
23rd St
C.E
23rd St
1
雀爾喜旅館
Hotel Chelsea
P.208
Billy's Bakery
P.216
雀爾喜歷史保存街區
Chelsea Historic District
P.208
雀爾喜碼頭
Chelsea Piers
P.209
18th St
1
West Elm
P.157
Chisholm Larsson Gallery
P.214
Barneys
New York
COOP
宗教藝術博物館
Rubin Museum
of Art
P.109
雀爾喜市場
Chelsea Market
P.210
Artists & Flaes
P.210
Anthropologie
P.215
Blue Bottle Cafe
P.212
Jeffery
P.215
Apple Store
14th St
A.C.E
8th Ave
L
14th St
1.2.3
肉品包裝區
Meatpacking
District
P.211
Murray's
Bagels
P.64
Corner
Bistro
P.66
Two Boots
P.65
惠特尼美術館
Whitney Museum of
American Art
P.104
空中鐵道公園
The High Line
P.212
西村
West Village
傑弗遜圖書館
Jefferson Market
Library
P.223
Bookmarc
P.230
Magnolia
Bakery
P.63
Philip Marie
P.232
Jack's
P.232
Joe
P.232
慾望城市
凱莉的家
P.223
Bleecker St.
P.224
P.222
石牆廣場
Stonewall Place
Christopher St
Sheridan Square
1
Gooring
Brothers
P.230
Sockerbit
P.230
哈德遜河濱公園
Hudson River Park
P.229
P.224 Christopher St.
P.226 Bedford St.
John's
Pizzeria
P.232
W 35th St.
W 34th St.
W 33rd St.
W 32nd St.
W 31st St.
W 30th St.
W 29th St.
W 28th St.
W 27th St.
W 26th St.
W 25th St.
W 24th St.
W 23rd St.
W 22nd St.
W 21st St.
W 20th St.
W 19th St.
W 18th St.
W 17th St.
W 16th St.
W 15th St.
W 14th St.
W 13th St.
Little W 12th St.
11th Ave
10th Ave
9th Ave
8th Ave
7th Ave
6th Ave
Gansevoort St.
Horatio St.
Jane St.
W 12th St.
Bethune St.
Bank St.
W 11th St.
Perry St.
Charles St.
Charles Ln.
West St.
Washington St.
Greenwich St.
Hudson St.
Greenwich Ave.
Waverly Pl
W 4th St.
Bleecker St.
W 10th St.
Christopher St.
Grove St.
Bedford St.
Barrow St.
Jones St.
Cornelia St.
Sheridan Sq.
Gay St.

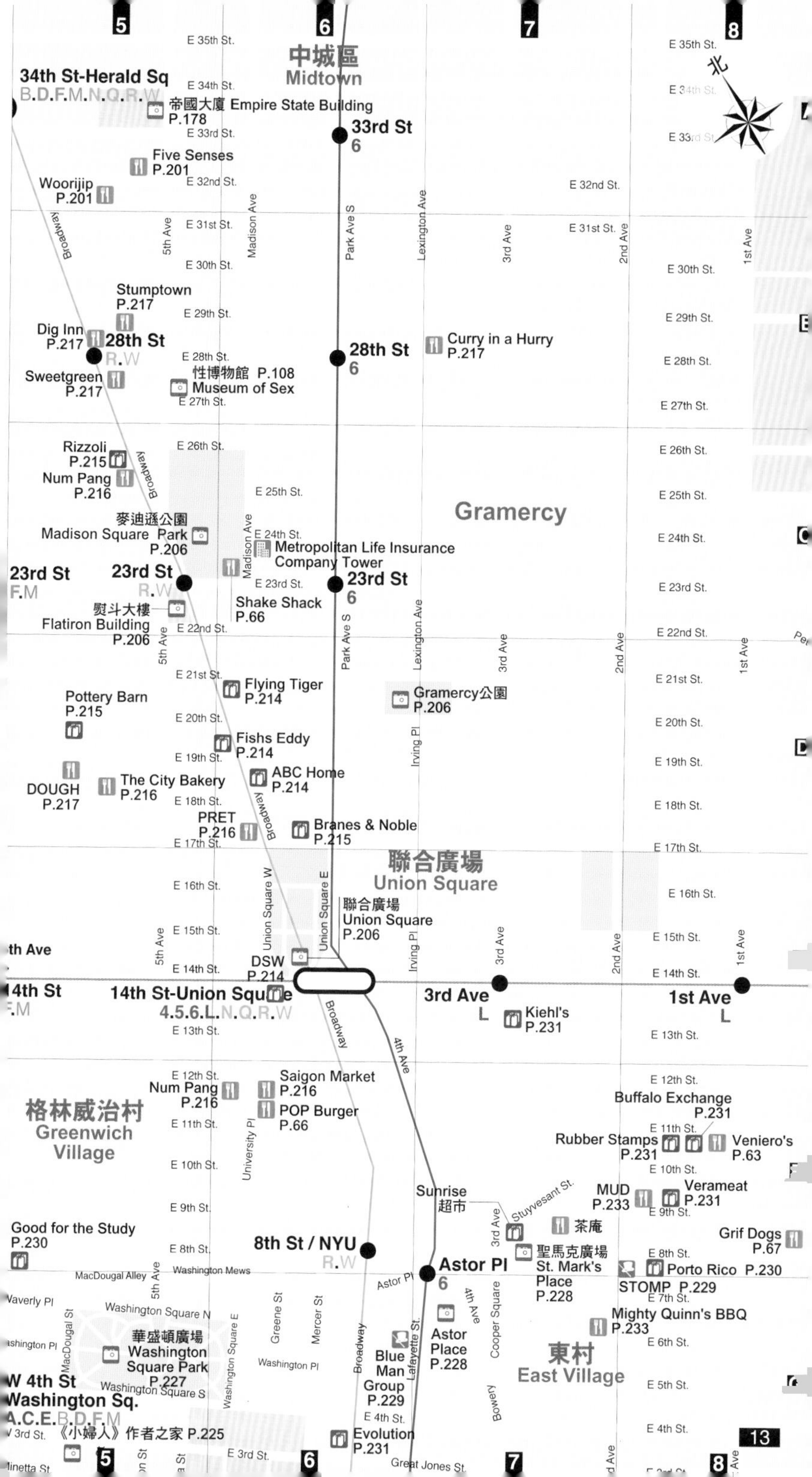

5
6
7
8
中城區
Midtown
北
34th St-Herald Sq
B.D.F.M.N.Q.R.W
帝國大廈 Empire State Building
P.178
33rd St
6
Five Senses
P.201
Woorijip
P.201
E 35th St.
E 34th St.
E 33rd St.
E 32nd St.
E 31st St.
E 30th St.
E 29th St.
E 28th St.
E 27th St.
E 26th St.
E 25th St.
E 24th St.
E 23rd St.
E 22nd St.
E 21st St.
E 20th St.
E 19th St.
E 18th St.
E 17th St.
E 16th St.
E 15th St.
E 14th St.
E 13th St.
E 12th St.
E 11th St.
E 10th St.
E 9th St.
E 8th St.
E 7th St.
E 6th St.
E 5th St.
E 4th St.
E 3rd St.
Broadway
5th Ave
Madison Ave
Park Ave S
Lexington Ave
3rd Ave
2nd Ave
1st Ave
Stumptown
P.217
Dig Inn
P.217
28th St
R.W
28th St
6
Curry in a Hurry
P.217
性博物館 P.108
Museum of Sex
Sweetgreen
P.217
Rizzoli
P.215
Num Pang
P.216
Gramercy
麥迪遜公園
Madison Square Park
P.206
Metropolitan Life Insurance
Company Tower
23rd St
F.M
23rd St
R.W
23rd St
6
熨斗大樓
Flatiron Building
P.206
Shake Shack
P.66
Flying Tiger
P.214
Gramercy公園
P.206
Pottery Barn
P.215
Fishs Eddy
P.214
Irving Pl
ABC Home
P.214
DOUGH
P.217
The City Bakery
P.216
PRET
P.216
Branes & Noble
P.215
聯合廣場
Union Square
Union Square W
Union Square E
聯合廣場
Union Square
P.206
DSW
P.214
14th St-Union Square
4.5.6.L.N.Q.R.W
14th St
F.M
3rd Ave
L
1st Ave
L
Kiehl's
P.231
4th Ave
格林威治村
Greenwich Village
Num Pang
P.216
Saigon Market
P.216
POP Burger
P.66
University Pl
Buffalo Exchange
P.231
Rubber Stamps
P.231
Veniero's
P.63
Sunrise
超市
Stuyvesant St.
MUD
P.233
Verameat
P.231
茶庵
Good for the Study
P.230
8th St / NYU
R.W
聖馬克廣場
St. Mark's Place
P.228
Grif Dogs
P.67
Astor Pl
6
Porto Rico P.230
STOMP P.229
MacDougal Alley
Washington Mews
Astor Pl
Waverly Pl
Washington Square N
Greene St
Mercer St
Lafayette St.
Cooper Square
Mighty Quinn's BBQ
P.233
MacDougal St
Washington Pl
華盛頓廣場
Washington Square Park
P.227
Washington Square E
Washington Pl
Blue Man Group
P.229
Astor Place
P.228
東村
East Village
Bowery
W 4th St
Washington Sq.
A.C.E.B.D.F.M
W 3rd St.
《小婦人》作者之家 P.225
Evolution
P.231
Great Jones St.

北
Commerce St.
Morton St.
Leroy St.
Bedford St.
Carmine St.
Downing St.
Bedford街
P.226
Hudson St.
7th Ave
Minetta St.
Caffe Reggio
P.233
Sullivan
Thompson St
LaGuardia St
E 3rd
Mercer St
紐約大學NYU
P.226
Port Rico
P.230
Cafe Espanol
P.232
Bleecker St.
Quantum Leap
P.233
Thompson街
P.225
MacDougal街
P.225
Cafe Dante
P.233
Clarkson St.
W Huston St.
W Houston St.
Houston St
1
Varick St.
MacDougal St
Once Upon a Tart
P.244
W Broadway
Wooster St.
Greene St.
Broadway
King St.
Olive's
P.244
Prince St.
Prince St
R.W
Charlton St.
Spring St
C.E
Ben's Pizza
P.65
Spring St.
蘇活區
SoHo
Vandam St.
紐約市消防博物館
NYC Fire Museum
P.109
Sullivan St.
Thompson St.
Mercer St.
Washington St.
Spring St.
Renwick St.
Hudson St.
Dominick St.
Broome St.
Greenwich St.
Varick St.
6th Ave
Watts St.
West St.
Canals St.
Watts St.
Grand St.
Canal St
A.C.E
Canal St.
Canal St
1
Wooster St.
Greene St.
Broadway
Watts St.
Desbrosses St.
St Jones Ln
York St.
Canal St.
翠貝加
Tribeca
Vesty St.
Lispenard St.
6th Ave
Laight St.
Collister St.
Beach St.
Walker St.
Church St.
Hubert St.
Beach St.
Varick St.
White St.
Franklin St
1
Franklin St.
N Moore St.
Franklin St.
Leonard St.
Leonard St.
Harrison St.
Worth St.
Greenwich St.
Jay St.
Staple St.
Hudson St.
W Broadway
Thomas St.
West St.
Duane St.
Reade St.
Church St.
Chambers St
A.C
Broadway
Chambers St.
Chambers St
1.2.3
N End Ave
6th Pl
Warren St.
Warren St.

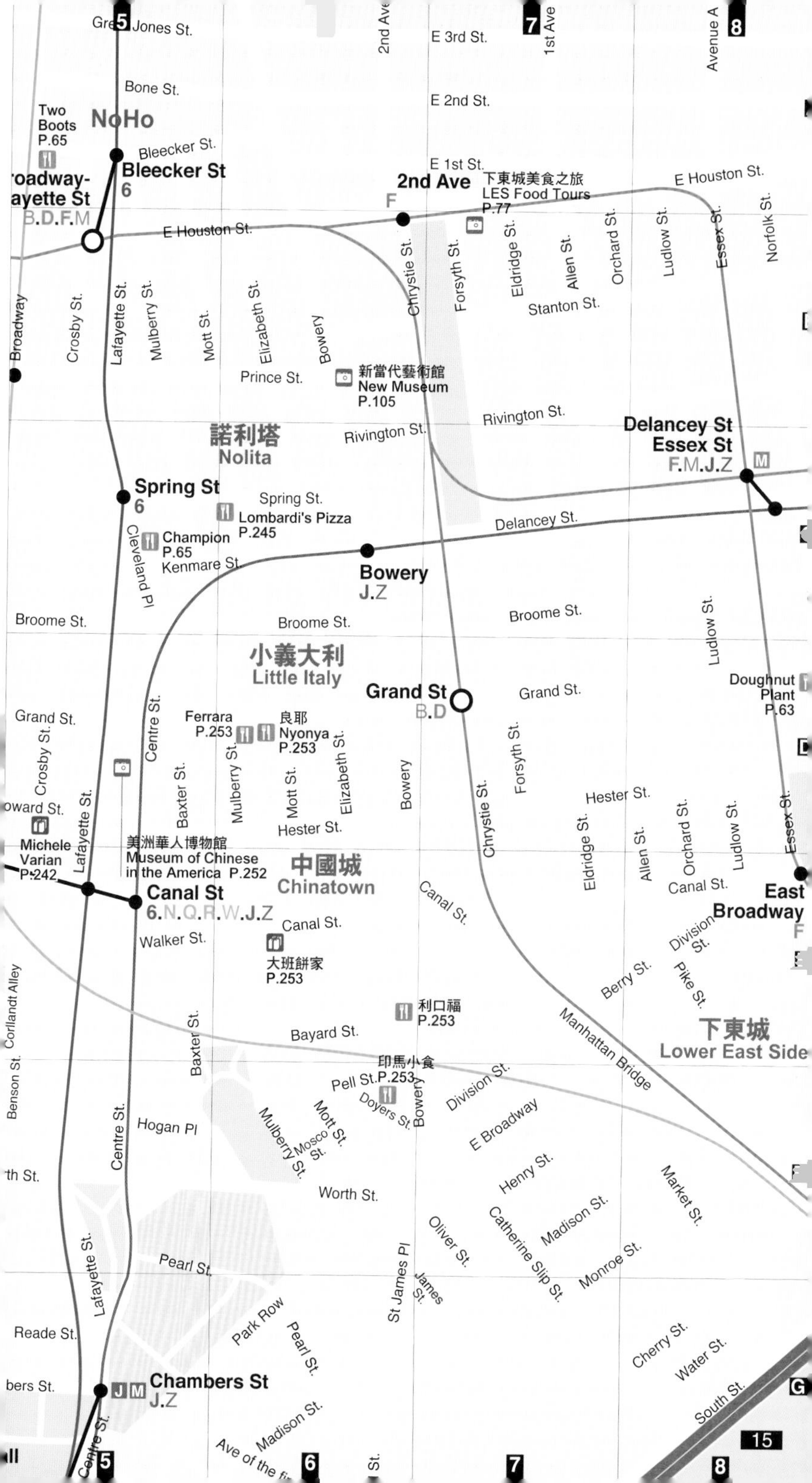

NoHo
Two Boots P.65
Bleecker St 6
Broadway-Lafayette St B.D.F.M
2nd Ave F
下東城美食之旅
LES Food Tours P.77
E Houston St.
E 3rd St.
E 2nd St.
E 1st St.
Great Jones St.
Bone St.
Bleecker St.
新當代藝術館
New Museum P.105
諾利塔
Nolita
Prince St.
Rivington St.
Stanton St.
Delancey St
Essex St
F.M.J.Z
Spring St 6
Spring St.
Lombardi's Pizza P.245
Champion P.65
Kenmare St.
Cleveland Pl
Delancey St.
Bowery J.Z
Broome St.
小義大利
Little Italy
Grand St B.D
Grand St.
Doughnut Plant P.63
Ferrara P.253
良耶
Nyonya P.253
Michele Varian P.242
美洲華人博物館
Museum of Chinese in the America P.252
中國城
Chinatown
Canal St
6.N.Q.R.W.J.Z
Canal St.
Hester St.
Walker St.
大班餅家 P.253
利口福 P.253
East Broadway F
Division St.
Berry St.
Pike St.
下東城
Lower East Side
Manhattan Bridge
Bayard St.
印馬小食
Pell St. P.253
Doyers St.
Mosco St.
Hogan Pl
Worth St.
E Broadway
Henry St.
Madison St.
Catherine Slip St.
Monroe St.
Market St.
Oliver St.
St James Pl
James St.
Pearl St.
Park Row
Cherry St.
Water St.
South St.
Reade St.
Chambers St J.Z
Ave of the
Broadway
Crosby St.
Lafayette St.
Mulberry St.
Mott St.
Elizabeth St.
Bowery
Chrystie St.
Forsyth St.
Eldridge St.
Allen St.
Orchard St.
Ludlow St.
Essex St.
Norfolk St.
Centre St.
Baxter St.
Cortlandt Alley
Benson St.
2nd Ave
1st Ave
Avenue A
5
6
7
8

北
Warren St.
Murray St.
Murray St.
愛爾蘭飢荒紀念碑
Irish Hunger Memorial
P.273
Barclay St.
西田購物中心
Westfield
P.275
Park Pl
World Trade Center
E
Barclay St.
Woolworth Building
世貿中心一號大樓
One World Trade Center
P.275
Washington St.
Greenwich St.
911 Memorial Preview Site
Vesty St.
Vesty St.
河濱公園
Hudson Riverside Park
P.229
N End Ave
布魯克菲爾德
Brookfield Place
P.271
聖保羅禮拜堂
St. Paul's Chapel
P.270
Fulton St.
福爾頓轉運站
Fulton Center
P.273
世貿紀念博物館
911 Memorial Museum
P.107
Dey St.
Church St.
世貿紀念園區
911 Memorial & Museum
P.274
Cortlandt St
Century 21
P.53
Cortlandt St.
R.W
Broadway
Liberty St.
Liberty St.
Tribute WTC Visitor Center
S End Ave
West St.
Cedar St.
Cedar St.
Tharnes St.
金融區
Financial District
三一教堂
Trinity Church
P.270
Trinity St.
Pine St.
Wall
4.5
哈德遜河
Hudson River
Albany St.
Carlisler St.
華爾街
Wall Street
P.272
Rector St
Rector Pl
Rector St.
1
Rector St
R.W
Manhattan Life Insurance Building
Exchan
W Thames St.
Singer Building
Washington St.
Greenwich St.
3rd Pl
Morris St.
Morris St.
艾利斯島
Ellis Island
P.267
Battery Pl
2nd Pl
銅牛雕像
Charging Bull
P.269
Broadway
Broadway
5
Bowling Green
4.5
Bowling Grn
1st Pl
West St.
猶太人遺產博物館
Museum of Jewish Heritage
P.273
Battery Pl
美國印第安博物館
National Museum of The American Indian
P.269
State St.
前往自由女神艾利斯島渡輪
P.266
砲台公園
Battery Park
P.268
自由女神
Statue of Liberty
P.264
1
3
4
A
B
C
D
E
G

City Hall
市政廳
City Hall
P.276
Brooklyn Bridge
City Hall
4.5.6
Park Place
2.3
Centre St.
Madison St.
Ave of the finest
Pearl St.
Robert F Wagner SR Pl
Frankfort St.
布魯克林橋
Brooklyn Bridge
P.277
Brooklyn Bridge
Spruce St.
下曼哈頓
Lower Manhattan
Dover St.
Park Row
Theatre St.
Nassau St.
Beekmanr St.
William St.
Gold St.
Park Row Building
Ann St.
Front St.
South St.
Pearl St.
Water St.
Peck Slip
Fulton St.
Jack's
P.232
Fulton St
2.3.4.5.A.C.J.Z
John St.
Dutch St.
Beekmanr St.
Fulton St.
Pearl St.
Water St.
Front St.
John St.
Liberty Pl
Maiden St.
Platt St.
TKTS折扣票亭
P.116
John St.
航海博物館
South Street Seaport Museum
P.108
南街海港
South Street Seaport
P.276
聯邦儲備銀行之旅
The Federal Reserve Bank
P.77
Liberty St.
Fletcher St.
Cedar St.
Maiden Ln
Nassau St.
William St.
Pearl St.
40 Wall St.
Pine St.
Wall St.
Wall St
2.3
美國金融博物館
Museum of American Finance
P.108
Wall St.
J Z
Broad St
J.Z
Hanover St.
Beaver St.
Front St.
South St.
Broad St.
Pearl St.
Water St.
Gouverneur Ln
New St.
S William St.
Stone St.
Old Slip
東河
East River
Beaver St.
Marketfield St.
Coenties Alley
Stone St.
Coenties Slip E
Whitehall St.
Water St.
Broad St.
Pearl St.
玫瑰聖母堂
Our Lady of the Rosary Church
P.268
South St.
Whitehall St
South Ferry
R.W
South Ferry
1
前往史泰登島
免費渡輪
P.42
5
6
7
8
C
D
E
F
G

# 個人旅行主張

有人在旅行中享受人生，
有人在進修中順便旅行。
有人隻身前往去認識更多的朋友，
有人跟團出國然後脫隊尋找個人的路線。
有人堅持不重複去玩過的地點，
有人每次出國都去同一個地方。
有人出發前計畫周詳，
有人是去了再說。
這就是面貌多樣的個人旅行。

不論你的選擇是什麼，
一本豐富而實用的旅遊隨身書，
可以讓你的夢想實現，
讓你的度假或出走留下飽滿的回憶。

*有行動力的旅行，從太雅出版社開始。*

個人旅行 88

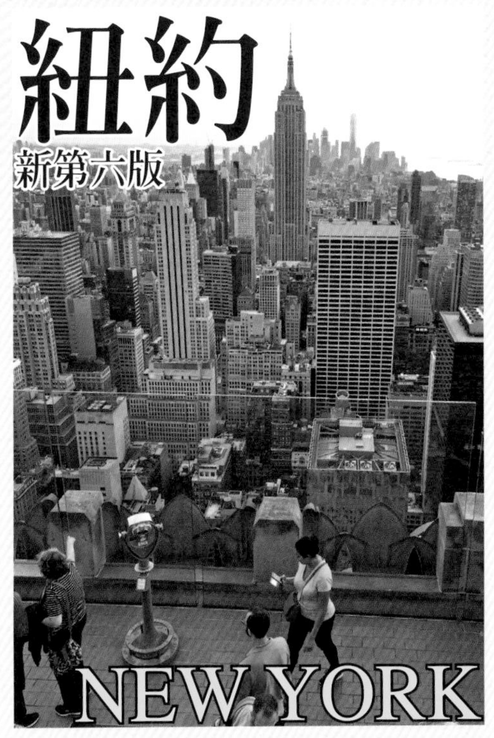


作者◎許志忠

個人旅行 *88* 紐約

# 目錄

【紐約第一次接觸：關於紐約】

## ■ 紐約概述



【紐約玩樂上手撇步】

## ■ 買不完：旅行的樂趣來自購物



## ■ 吃不停：漢堡、焙果才是王道

## ■ 最好玩：上天下海玩紐約



【隨時參考】

【紐約主題旅遊搶先看】

## ■ 博物館：逛美術館培養氣質去

## ■ 百老匯：享受紐約的歡樂氣氛



## ■ 賞夜景：越夜越美麗的紐約

【分區地圖】



【主題地圖】



【逛街地圖】

【紐約分區深入導覽】

# 如何使用本書

全書設計了精采單元「關於紐約」、「紐約分區深入導覽」，與專題「紐約玩樂上手撇步」教你血拼購物、吃遍紐約、花的最省、玩的最精，並規畫「主題旅遊」帶你暢遊紐約最精采的博物館、百老匯、賞夜景、看電影，幫助你了解紐約、快速掌握好看好吃好玩的，還設計了許多實用地圖，讓你一下飛機立馬成為在地紐約客！

進一步的附加資訊、注意事項提醒

中英文對照，詳細的基本資訊，深入而有趣的文字介紹

作者私房推薦特別玩法、不可錯過的順遊角落補充說明

必看的重點先幫你標出，當個有效率的玩家

紙上預演，到場直接走位

逛街地圖

地鐵交通

購物商店

超詳細的掃街式主要購物區地圖

順遊地圖

建議必看重點

建議行走路線

如何前往資訊

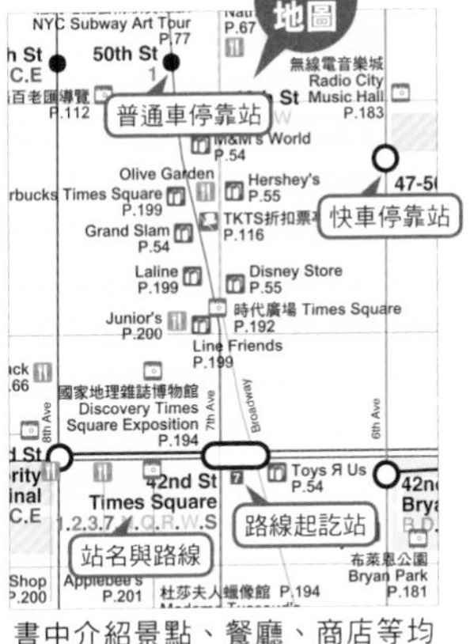


書中介紹景點、餐廳、商店等均一一標示

## 【本書使用圖例】

- 資訊、遊客中心
- 景點
- 機場
- 消費金額
- 網址
- 注意事項
- 購物商店
- 纜車
- 地址、位置
- 電子信箱
- 停車場
- 餐廳
- 渡輪、碼頭
- 營業時間
- 電話
- 地鐵站
- 住宿
- 建築地標
- 公休日
- 傳真
- 廁所
- 表演娛樂
- 電梯
- 地圖位置
- 前往方式
- 樓梯
- 寄物處
- 電扶梯

# 來自編輯室

## 使用上要注意的事

### 出發前，請記得利用書上提供的Data再一次確認

每一個城市都是有生命的，會隨著時間不斷成長，「改變」於是成為不可避免的常態，雖然本書的作者與編輯已經盡力，讓書中呈現最新最完整的資訊，但是，我們仍要提醒本書的讀者，必要的時候，請多利用書中的電話，再次確認相關訊息。

### 資訊不代表對服務品質的背書

本書作者所提供的飯店、餐廳、商店等等資訊，是作者個人經歷或採訪獲得的資訊，本書作者盡力介紹有特色與價值的旅遊資訊，但是過去有讀者因為店家或機構服務態度不佳，而產生對作者的誤解。敝社申明，「服務」是一種「人為」，作者無法為所有服務生或任何機構的職員背書他們的品行，甚或是費用與服務內容也會隨時間調動，所以，因時因地因人，可能會與作者的體會不同，這也是旅行的特質。

### 新版與舊版

太雅旅遊書中銷售穩定的書籍，會不斷再版，並利用再版時做修訂。通常修訂時，還會新增餐廳、店家，重新製作專題，所以舊版的經典之作，可能會縮小版面，或是僅以情報簡短附錄。不論我們作何改變，一定考量讀者的利益。

### 票價震盪現象

越受歡迎的觀光城市，參觀門票和交通票券的價格，越容易調漲，但是調幅不大(例如倫敦)，若到現場後出現跟書中的價格有微小差距，請以平常心接受。

### 謝謝眾多讀者的來信

過去太雅旅遊書，透過非常多讀者的來信，得知更多的資訊，甚至幫忙修訂，非常感謝你們幫忙的熱心與愛好旅遊的熱情。歡迎讀者將你所知道的變動後訊息，善用我們提供的「線上讀者情報上傳表單」或是直接寫信來taiya@morningstar.com.tw，讓華文旅遊者在世界各地成為彼此的幫助。

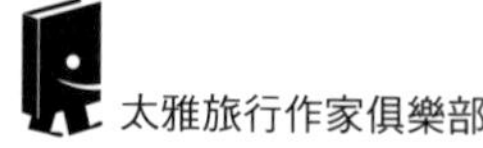

# 推 薦 序

## 在紐約，創意不需要挖掘，每天你都會遇見。

這套書出版這麼久了，我第一次幫書寫序文。許志忠是太雅20年的老朋友，原本是擔任美術設計工作，多年來，他每年拜訪紐約小住數月，跟紐約越來越熟稔，於是委託阿忠做《紐約》一書。

曾經小住過紐約數月的我，無論如何一定要找個可以信任的人，不斷保持：「紐約，買太雅的書就對了！」因為全世界我最愛的就是這個城市。

到今天我仍然清晰想起上西城72街某音樂家常去的咖啡館，大家總喜歡窩在院子樹下喝冰淇淋咖啡。週末到中央公園就有看不完的各式表演，還有約會的情侶、親子出遊創造出來的歡樂氣氛。多年前在中央公園，我遇見一位年輕人拿件小東西，在中央公園跟大家不斷做交換，幾個小時後，我的筆在小妹妹手上，小妹妹的糖果在老爺爺手上……這個構想現在才跑到網路上，變成一元換到奢華的旅行，還上了新聞。

紐約，就是這樣子，創意不需要挖掘，每天你都會遇見。

某次在卡內基表演廳地鐵下車，走在地下通道，聽見悠揚的音樂演奏，你走近風琴與小提琴手，又從他們身邊走掉，他們的琴聲變弱，但是長管與大提琴聲音越來越靠近、增強，他們演奏的是同一首曲子。原來有許多樂手，分散在地鐵不同角落，同時演奏一首曲子，造成行人在移動時，經歷到「音樂廳」無法提供的聆聽經驗。

這些年來，很多發生在網路上的創意，會讓我聯想起多年前，在紐約的街頭或是公園，我看過一些平凡的小人物幹過的趣事。我真的認為，住過這個包容千奇百怪的都市，會注入很豐富的元素在你生命中，往後你做什麼，聯想力就是不一樣。

才數月居住，就有說不完的故事。阿忠已經數不清飛幾趟和住過多少日子了，由他來帶路，我替各位很放心。這一生你務必出發到紐約，也祝你完成自己的旅行故事。

總編輯 張芳玲

# 作者序

## I Love New York！

《個人旅行：紐約》自2009年1月出版至今，已陪伴讀者多年，在推出新版之際，趁著我住遊紐約時再次為讀者更新資訊，雖然同樣地有許多商店、餐廳搬遷或結束營業，但新的景點、美術館，整頓完成的時代廣場、新地鐵線開通等所帶來的活力，讓我對紐約更加憧憬。

還記得2000年第一次踏上美國、拜訪心儀已久的大蘋果，雖然那時的自助旅行經驗算是累積了不少，但電影中的既有印象，加上之前去過的前輩們繪聲繪影描述紐約是個危險的城市，讓我旅行前緊張得不得了。但管不了這麼多，參觀自由女神、帝國大廈、第五大道，正是我多年來的美夢，即使危險也要去，更何況還落腳到了布魯克林。紐約果真讓我深深地愛上了它，一再造訪也不感厭倦！而且這十多年來幾乎是年年前往紐約住遊，落腳處從布魯克林、到村子、到上西城、到皇后區，甚至投宿到了哈德遜河對岸的新澤西去了。藉著每次新版的修訂，我將紐約大街小巷走了好幾遍，除了拜訪老朋友們也邂逅新鮮風景，將紐約最新的資訊帶給這些年來一路相伴的讀者們。

聽到許多曾到過紐約的人都嫌紐約市容髒亂、地鐵老舊混亂，紐約客不夠友善之類的……其實他們說得沒錯，紐約確實垃圾處處、地鐵舊又臭；說起環保，它絕對不環保；談到交通，更是一個勁兒的繁忙阻塞……不過，這就是屬於這個城市的獨特樣貌，若您處處拿它與其他城市相比較，想必您的旅行回憶不會太愉快，倒不如重整心情、換個角度看不一樣的紐約！

還是要再次提醒大家，正因為紐約就像天氣般多變，計畫旅行紐約的朋友，出發前一定要再次確認你計畫造訪的景點、商店、餐廳等，因為店家可能搬遷、費用隨時調整、開放營業時間也會變動。若旅行中發現店家或票價與書中不同，容我先致歉，因為在這個經濟不穩定、物價隨時飆漲的時代，您永遠不知道下一刻又是哪個要搬家、要漲價了！建議行前上網查詢最新資訊，想節省旅費支出的背包客，別忘了善加利用折扣券或免費參觀時間；最重要的是，旅行中保持健康，隨時注意自身安全，並放開心胸體驗紐約，保證會是一趟完美愉快的旅行回憶。

若對旅行紐約有任何的疑問，請不吝至太雅出版社的網站、臉書，或部落格提問、指教，在能力範圍內會盡力回覆您的來信。

## 關於作者　許志忠

一年最少要去一次紐約，每次不住個1、2個月絕不罷休的紐約重度上癮者。紐約，是他生活中的空氣、是靈感的養分、是生命中的愛人。從事美術設計多年，從設計編輯紐約旅遊書籍、到參與紐約旅遊書籍修訂工作，現在終於出版了第一本完全屬於他自己獨特眼光的紐約導覽書。這樣喜歡紐約、恨不得可以直接住在紐約的阿忠，將用他有趣幽默的文字，與一張張以感情快門拍攝拼湊出的紐約印象，帶領你進入紐約為何有如此致命吸引力的神祕所在。

攝影／梁鶴獻

許志忠的出版著作：

# 紐約 NEW YORK 旅遊攜步

ONE WAY
ONE WAY
The Big
I NY



do your BEST

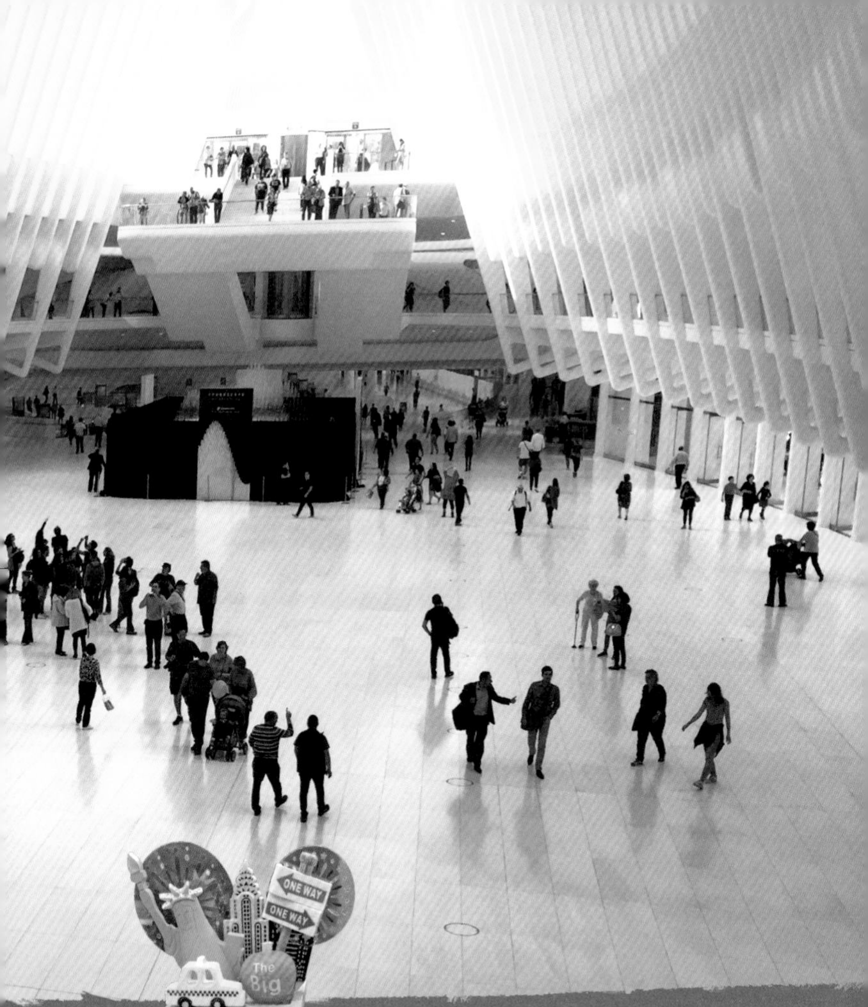

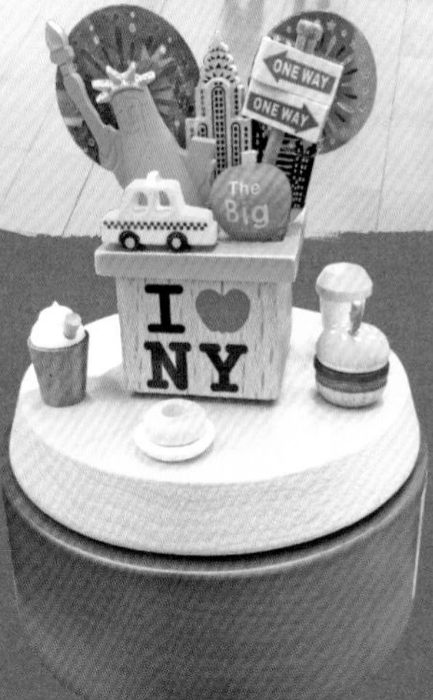

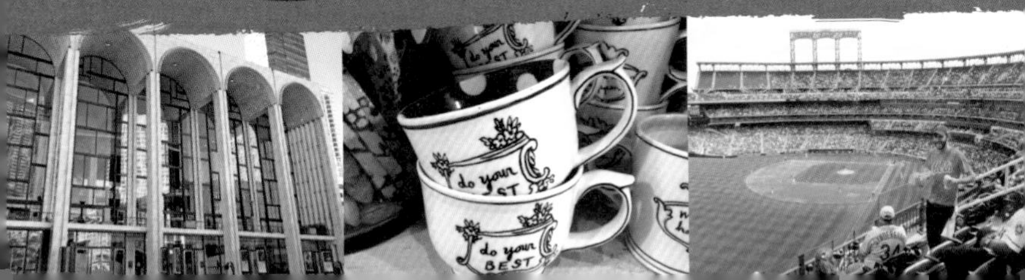

# 紐約概述

# About New York City

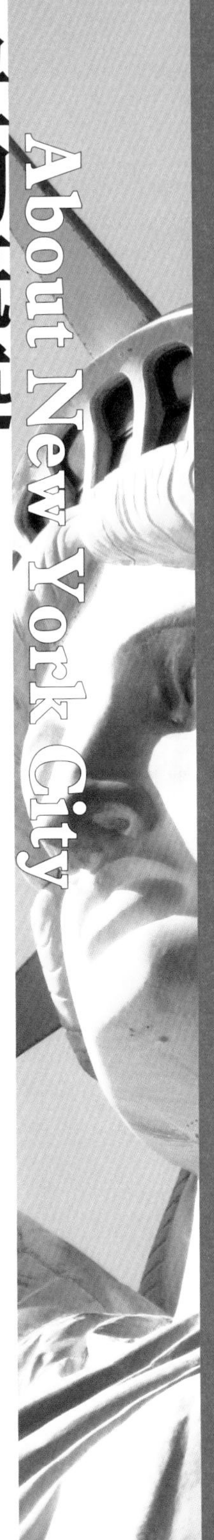

## 從認識紐約開始

紐約市是由5個行政區所組成，分別為曼哈頓、布魯克林、皇后區、布朗士及史泰登島，總面積約1,213平方公里，其中以曼哈頓最為人所知。曼哈頓西岸的哈德遜河為紐約的主要河流，行船能沿著哈德遜河谷回溯至紐約上州，它與東岸的東河接匯之後成為繁忙的紐約港廣大腹地，而出了海港後便是大西洋。

# 紐約歷史

History

紐約小檔案

| | |
|---|---|
| 國　家 | 美利堅合眾國<br>United States of America |
| 州 | 紐約州 New York |
| 行政區 | 曼哈頓 (Manhattan)<br>布魯克林 (Brooklyn)<br>皇后區 (Queens)<br>布朗士 (The Bronx)<br>史泰登島 (Staten Island) |
| 面　積 | 1,213平方公里 |
| 人　口 | 約8,537,000人 (全美第一) |
| 語　言 | 英語 |
| 貨　幣 | 美元$ (Dollar) |
| 網　站 | www.nyc.gov |

## 1664年以前：印第安人與荷蘭殖民

Lenape印第安人是居住在這一帶的美洲原住民，從事狩獵與農耕，直至16世紀才有歐洲人乘船前來拜訪；17世紀初，荷蘭東印度公司爲了探索貿易航線，首度登上曼哈頓，因而開始與印第安人用以物易物的方式從事毛皮交易。

荷蘭人因爲貿易的需求而長期定居這裡(今日的下曼哈頓)，並於1625年稱此地爲新阿姆斯特丹(New Amsterdam)，歷經多年的建設，規模逐漸擴大成型，終於在1653年獲立爲城市。

今日的金融區即是紐約最早開發的地區

1664年英國占領此地，將城市以約克公爵(Duke York)之名重新命名爲紐約(New York)，從此「紐約」一詞沿用至今。

## 1665~1783年：英國殖民與美國獨立

英國取得紐約爲殖民地使用，便開始規畫興建基礎公共建設，領地逐漸擴大發展，工商業也迅速成長，在經濟發展之下，勞工短缺，使得奴隸市場盛行，黑奴的人口日益增長。

飄洋過海來到新大陸殖民地的新移民，開始建立了新世界的秩序，原本生活條件還算不錯，卻因爲英國政府財政困難，不斷增加對殖民地的稅收，使得1773年的茶葉船事件(註1，P.35)，演變成爲美國獨立戰爭的導火線。

1775年獨立戰爭(American War of Independence)爆發，紐約也成爲抵抗英軍的要地，最後歷經法國的援助打敗英軍，紐約領土才正式從英國手中收回。1781年成立美利堅合眾國，1783年英軍全數撤離，獨立戰爭宣告正式結束。

## 1784~1897年：邦聯、內戰與整合

獨立戰爭結束後，紐約成為美利堅合眾國的臨時首都，1789年喬治·華盛頓獲選為美國第一任總統並在紐約就任，不過僅短短數年，首都便遷移至費城(Philadelphia)。

因各邦聯對政治、經濟等理念的不同，美利堅合眾國隨即分裂，終於在1816年爆發內戰(Civil War)，紐約也爆發嚴重的示威暴動，南北戰爭直到1865年南軍失利投降，才宣告結束，並廢止奴隸制度，保障黑人的權利。

戰後紐約逐漸發展成為經濟中心，來自各地的新移民也因應需求而大量湧入，而這時期紐約的5個區域逐漸發展成型，繼1834年布魯克林成為紐約市的一部分後，皇后區、布朗士區及史泰登島也於1898年加入，成為紐約的一部分，現代紐約市成型，許多的重要建設或博物館等，也都應運落成。

## 1898~1945年：20世紀與世界大戰

進入20世紀的紐約，移民潮雖影響社會穩定，但其他方面卻精采且忙碌，首先是電力的運用、再則紐約地鐵於1904年開通、中央車站的落成及財富的累積、摩天大樓相繼興建等等，紐約呈現一片歌舞昇平的繁榮景象，更成為全球最受歡迎的城市。但緊接著而來1929年紐約股市崩盤，經濟的恐慌重擊紐約，財政緊縮、通貨膨脹、失業人口不斷攀升，倒是帝國大廈在此時卻以創紀錄的速度完工落成，可算是一項奇蹟。

三一教堂(Trinity Church)是紐約最早興建的教堂

期間雖經歷兩次的世界大戰，但其實對紐約並沒有太大的影響，反而因戰事經濟而繁榮，此時紐約仍是一枝獨秀，是領先世界的城市。

營運超過上百年歷史的紐約地鐵

中央車站正門代表旅行之神的Mercury雕像

Tiffany珠寶店是第五大道上最有名的購物地標

摩天大樓群競豔——

# 紐約的地標建築

我愛紐約

19世紀末起，紐約興起了一股摩天高樓的興建競技，一棟一棟的高樓由平地竄起，而且越來越向上發展，形成今日美麗多元的天際線景觀，在此之前，紐約最高的建築為1846年重建、位於下城區的三一教堂(Trinity Church，85.6公尺)。

1890～1973年間，曼哈頓一直保有「世界最高樓」的頭銜，第一棟的高樓為1890年落成的New York World Building(94公尺)，期間經歷克萊斯勒大樓、帝國大廈等相繼落成競高，最後由1972年落成的世貿雙塔(World Trade Center，526.3公尺)取得最高大樓的頭銜，不過這個紀錄僅僅維持了2年，在1974年便被芝加哥的Sears Tower以527公尺僅僅些微的差距所取代。直到2013年世界貿易中心一號大樓(1 World Trade Center，541.3公尺)落成，紐約又奪回了擁有全美第一高樓的美譽，當時它是全球第三高樓。

### 紐約摩天大樓競高一覽表

1890年：New York World Building
(16層樓／94公尺)，已於1955年拆毀

1894年：Manhattan Life Insurance Building(18層樓／106公尺)，P.16／D4

1899年：Park Row Building
(30層樓／119公尺)，P.17／B5

1908年：Singer Building
(47層樓／187公尺)，P.16／E4

1909年：Metropolitan Life Insurance Company Tower (50層樓／213公尺)
P.13／C6

1913年：Woolworth Building
(57層樓／241公尺)，P.16／A4

1930年：40 Wall Street
(70層樓／282.5公尺)，P.17／D5

1930年：Chrysler Building
(77層樓／318.9公尺)，P.11／F6

1931年：Empire State Building
(103層樓／443.2公尺)，P.13／A5

1973年：World Trade Center
(110層樓／526.3公尺)，P.16／B3,C3
2001年世貿雙塔毀於恐怖攻擊

2013年：One World Trade Center
又稱為Freedom Tower
(104層樓／541.3公尺)，P.16／B3

紐約除了高樓地標外，座落在街區的各時期建築也不容忽視。由於經濟蓬勃發展，移居紐約的上流人士者眾多，有錢人紛紛在紐約蓋起豪華住宅，時至今日，這些豪宅一一被改建成各類風格不同的博物館、美術館或飯店等，開放給大眾參觀。這時期也興建了不少公共建設，如圖書館、音樂廳、公園等，都是今日遊客必訪的地標之一。

從帝國大廈觀景台看紐約的高樓天際線

One World Trade Center是現今紐約的第一高樓

## 1946~2000年：城市的危機與轉型

雖然戰爭沒有波及紐約的地位，但成長過多的人口卻形成不少社會問題，加上經濟成長停滯不前，生活水平逐漸往下坡滑動。尤其1960至1970年代的財政問題，稅收緊縮、失業率大增、中產階級出走，種種問題造成社會不安動盪、生活品質降低，犯罪率也居高不下，紐約儼然成為毒瘤，受歡迎的程度不再，光環盡失。

直至1997年，朱利安尼連任市長後，才開始大力整頓紐約，從街道、治安到城市再規畫，將紐約市重新整頓一番，一舉降低犯罪率，紐約改頭換面，一掃陰霾，重新迎接觀光客。

## 2001年以後：911恐怖攻擊事件之後

2001年9月11日早上，一場恐怖攻擊事件再度讓紐約成為世界焦點，回教激進份子挾持民航機襲擊紐約雙塔，讓紐約陷入空前的危機，不僅大樓倒塌、死傷慘重，整個城市跟著緊張起來，不僅居民生活受影響，連觀光客也舉步不前，經濟面也不景氣了好一陣子。

不過紐約還是紐約，那堅韌的個性硬是把城市秩序再次找回，除了緬懷過往，更加速向前大步邁進！

曾是治安死角的時代廣場，如今已是觀光客的天堂

世貿雙塔的美景在911事件後，只能讓人從照片中緬懷

註1：1760～1770年代，因英國對北美殖民地經濟自由的長期打壓掌控，致使殖民地居民不滿，1773年英國以低價政策傾銷茶葉至北美殖民地，貨船到達波士頓港後，貨物被當地居民破壞並傾倒於海中，英國政府因此頒布「強制法案」，加強對北美殖民地的控制，這些法案被北美居民稱作「不可容忍的法案」，因而導致1775年4月的美國獨立戰爭。

世貿雙塔遺址如今已是紀念園區，有911紀念博物館、觀景高樓，以及時髦的商場

# 紐約地理

## Geography

有著希臘式建築典雅外觀的紐約證券交易所

### 地理位置

紐約市隸屬於紐約州，地處美國的東北岸，瀕臨大西洋，是一個重要的港口，也是東岸最出名的城市之一。紐約州的形狀呈漏斗狀，而紐約市就位於漏斗的尖斗嘴部位，倚著港口的優勢，成爲紐約州的心臟，是美國東岸的交通樞紐。紐約市西邊隔著哈德遜河(Hudson River)與新澤西州(New Jersey)相望，東邊的皇后區則緊連接著長島(Long Island)。

紐約市由5個行政區所組成，分別是曼哈頓、布魯克林、皇后區、布朗士以及史泰登島，總面積爲1,213平方公里，其中以曼哈頓最爲人所知。哈德遜河爲紐約的主要河流，行船能沿著哈德遜河谷回溯至紐約上州，它與東河接匯後成爲紐約港的腹地，而出了海港後便是大西洋了。

### 商業經濟

紐約是全球數一數二的商業大都市，無論任何的商業活動，紐約絕對都居於領導的地位，也是吸引最多外商公司將辦公總部設立在此的城市，要說它是全球經濟的中心，一點也不爲過。位於下城區的華爾街(Wall Street)是主要的證券交易中心，紐約證券交易所(New York Stock Exchange)就設立於此，這裡的股市交易指數，往往影響全球其他股市的動向。紐約的股市交易可回溯至1792年，正式稱爲紐約證券交易所，則是在1863年。

除了股市活動外，紐約的電影、電視商業娛樂規模僅次於好萊塢，隨之帶動而起的媒體、設計、時尚、廣告業等，也都蓬勃地成長，直至今日依然位居帶領美國、甚至全球的地位。但紐約前景最看好的還是觀光產業，估計每年就約有4千萬人次的觀光客湧進紐約消費，甚至911恐怖攻擊事件也擊不倒它，觀光客數量比起之前更是有增無減，繼而也帶動周邊地區的商業開發。

另外値得一提的就是紐約的房地產，它的價値不僅是全美國第一，還是全球第一！曼哈頓每平方公尺的價値最高飆達15,800美金以上，就連一般公寓租金也是高不可攀，無法負擔高額租金的紐約客，只好搬遷至曼哈頓以外的區域落腳，只能說紐約居大大不易。

艾利斯島，是早期移民進入紐約的窗口

## 人口結構

根據統計，紐約居民約有近860萬人，其中白人約占37%、黑人約28%、拉丁人約25%、亞洲人約10%，與美國城市人口統計約67%是白人多數比較下，紐約算是多種族裔的都市，也因此有多達170種以上的語言在此交流。

以民族種類來說，猶太人在紐約占最大多數，約人口總數的12%，其次則爲波多黎各裔、義大利人、印度人、多明尼各及華人，還有爲數不少的愛爾蘭裔人口，其中波多黎各裔的人口僅次於波多黎各本國的人口，最爲特別。另外，紐約也是擁有最大、最多黑人社區的城市，就連中國城也是全球數一數二的精采。

最早期的紐約屬於殖民地，移民大多來自歐洲的各階層人士，將歐洲的日常飲食、禮儀風俗一一帶入，形成今日的生活形態；而之後因應勞工的需求，才有大量的非、亞、拉丁裔移居。早期紐約港是世界各地移民前來尋夢的出入口，一船又一船的移民相繼抵達，使它成爲「自由」一詞的象徵，更形成今日人種多元、文化豐富的紐約。

## 治安現況

1980～1990年代中期，紐約的犯罪率總是居高不下，毒品、槍枝、妓女、搶劫等惡行氾濫，很難想像今日五光十色的時代廣場，以前可是犯罪的溫床，遊客被搶被殺時有所聞，就連紐約地鐵也是惡名遠播。而後經過前市長朱利安尼多年的大力整頓，今日的紐約可說是全面煥然一新，犯罪率下降、市容整齊，連地鐵列車也一改骯髒塗鴉的形象，從而躋身全美低犯罪率、適合觀光的大城市之一。

但由於2001年發生的911事件，使得紐約頓時陷入緊張的狀態，其中最令遊客感到困擾的就是安檢問題了，幾乎每個大景點、博物館都實施安檢通道，旅遊的便利性減分不少。不過反方向思考，這樣一來也更能確保在紐約的旅遊安全，就算麻煩一點還是値得的。

美麗的紐約港，曾經是移民們對自由與希望的象徵

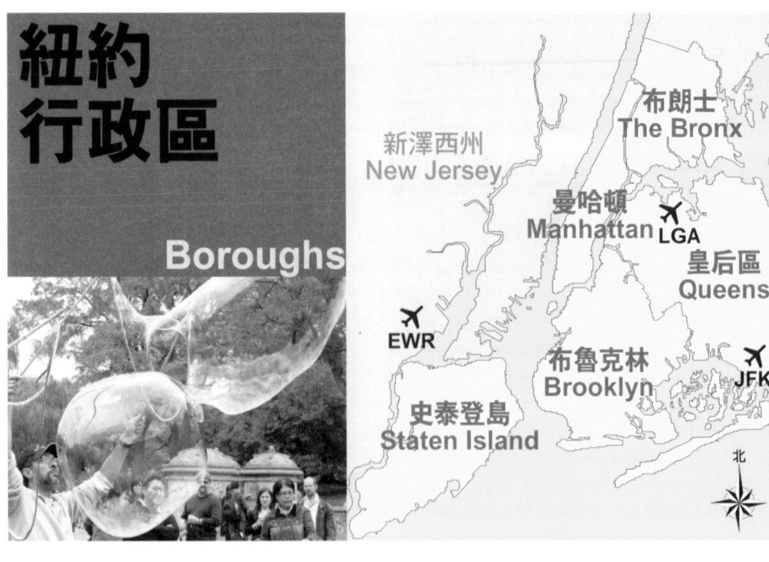


# 曼哈頓 Manhattan

曼哈頓是一個狹長型的島嶼，東有東河(East River)、西有哈德遜河(Hudson River)、北邊由哈林河(Harlem River)界開了曼哈頓及布朗士區。整個行政區主要是由曼哈頓島及周圍幾個小島所組成，(包括Roosevelt Island、Randalls Island、Ellis Island及Liberty Island等)，靠著數座橋梁及隧道或渡輪與紐約市其他行政區相聯繫，是紐約市的主要行政、經濟和文化中心，也是最廣爲熟悉的紐約代表。

第五大道是曼哈頓最著名的街道

曼哈頓擁有全世界最戲劇化的天際線

比起其他的行政區，曼哈頓的開發最早，原爲美洲原住民生活的土地，於16、17世紀才逐漸有歐洲移民的拜訪、移居及開發。

這個擁擠的曼哈頓島，可說是美國的心臟、精神的代表，也是世界上最多變、最多樣的城市。它集合了世界知名的報紙、電視、電台、雜誌、媒體、服裝等公司，在此設立總部，讓紐約一舉成爲美國的經濟中心，而這裡的證券交易及股匯市同樣是世界的經濟指標，一舉一動隨時左右著全球經濟走勢。

一般在旅行上所說的紐約，幾乎就是單指曼哈頓，因爲這裡集所有嬌寵於一身，主要景點、經典建築、美食餐廳、熱門活動、血拼購物等，全都集中在曼哈頓，所有觀光客的吃、喝、玩、樂、買，主要也都是在這座島上完成，除非旅遊的天數較長，才有可能跨過橋、渡過港至其他區探索，或者只是爲了想回頭望望曼哈頓璀璨的夜景囉！

連接曼哈頓與布魯克林的布魯克林橋

## 布魯克林 Brooklyn

隔著東河、緊臨曼哈頓下城區的布魯克林，有著美國最大的非裔美籍黑人社區，在早期1970、1980年代，它是惡名遠播、高犯罪率的區域。但由於治安的改善，加上觀光業刺激下的開發，布魯克林儼然成爲另一個適合居住、以及遊客拜訪的地區。

熱鬧有趣的康尼島只有夏天才開放喔

這裡的消費、房租遠比曼哈頓低很多，還有許多19世紀初期建造、美麗的棕色石造公寓，優雅舒適的生活環境，吸引不少人選擇在這裡落腳。別以爲布魯克林沒有景點値得一遊，其實這裡有著與曼哈頓截然不同的環境氛圍——廣大美麗的公園、最適合落日來此散步的海濱步道、熱鬧有趣的康尼島(Coney Island)、有著豐富館藏的博物館、最Hip的夜生活，還有在曼哈頓絕對看不到的曼哈頓千萬夜景！

布魯克林也以龐大的義大利人、猶太人、俄羅斯人及華人社區而聞名，想一嘗道地的異國美食、體驗異國文化，來這裡就對了。

關於布魯克林區的景點介紹，請參見P.278。

想要看曼哈頓下城區的天際線夜景，只有從布魯克林回望才看得到

# 皇后區
# Queens

皇后區是紐約市最大的一區，右側緊臨長島市，與曼哈頓中城區、上東城隔著東河相望，甘迺迪機場(JFK)與拉瓜地亞機場(LGA)一南一北設在此區。這裡的居民眾多，外來移民種族更多，希臘人、韓國人、印度人、華人等，在這裡都有為數不少的社區，如小印度、小希臘，甚至還有小台北等。

皇后區主要是住宅區，觀光景點不多，鮮少有觀光客拜訪，最著名的景點是Flushing Meadows Corona Park，這裡曾舉辦過兩次的世界博覽會，巨大的地球儀噴泉是注目焦點。此外，皇后區也是大都會棒球隊(New York Mets)的家，大都會的球迷不要錯過了2009年落成啓用的球場Citi Field。

而著名的美國網球公開賽就是在公園內的USTA Billie Jean King National Tennis Center球場舉辦賽事。

公園內花園非常美麗，遠端就是網球場

巨大的地球儀噴泉是公園內的焦點，這裡離拉瓜底亞機場不遠，隨時都有飛機從上空飛越而過

華人在皇后區占有極大的人口比例，法拉盛(Flushing)原是亞洲社區中心，以日本人、韓國人、台灣人為主，但近來已成為中國人的天下了。這裡有華人經營的民宿、餐廳、超市等，生活機能相當充足，費用遠比曼哈頓低很多，缺點就是離市區稍遠了些。

### Flushing Meadows Corona Park

➡ 搭乘地鐵⑦線至Willets Point / Shea Stadium站，沿著Flushing Meadows Park的指標走

MAP P.2

### Flushing 法拉盛

➡ 搭乘地鐵⑦線至Flushing Main St.站

MAP P.2

1. 紐約大都會棒球對主球場 2.要往公園請沿著指標走 3.法拉盛是紐約第二個中國城

# 布朗士 The Bronx

位於曼哈頓的北端，居民主要以非裔美籍與拉丁裔為主，這裡擁有最多的公園，還有一座適合親子同遊的布朗士動物園(Bronx Zoo)，占地廣大、動物種類多，展示空間更是如親臨野外一般有趣，非常值得抽空一遊。

此行政區最有名的還是美國職棒大聯盟洋基隊的主場，球迷絕不能錯過。

老虎是園內人氣動物之一 (Photo by Kathy Chang)

## 布朗士動物園 Bronx Zoo

http bronxzoo.com
(718)220-5100
➡ 搭乘地鐵②線至Pelham Pkwy站，出站後向西步行至動物園Bronx River入口(Gate B)
搭乘快速巴士BxM11線直達動物園Bronx River入口(Gate B)，巴士可於Madison Ave.上，26th～99th St.的巴士站搭乘，路線時刻表：web.mta.info/busco/schedules/bxm11cur.pdf
10:00～17:00
休 感恩節、聖誕節、新年、金恩博士紀念日
$ 成人$28.95，3～12歲兒童$20.95，3歲以下免費 (票價會隨季節變動，請上動物園官網查詢)
MAP P.2

## 洋基棒球場 Yankee Stadium

http www.mlb.com/yankees
(718)293-4300
➡ 搭乘地鐵BD④線至161st St./Yankee Stadium站，出站即達
MAP P.5 / A8

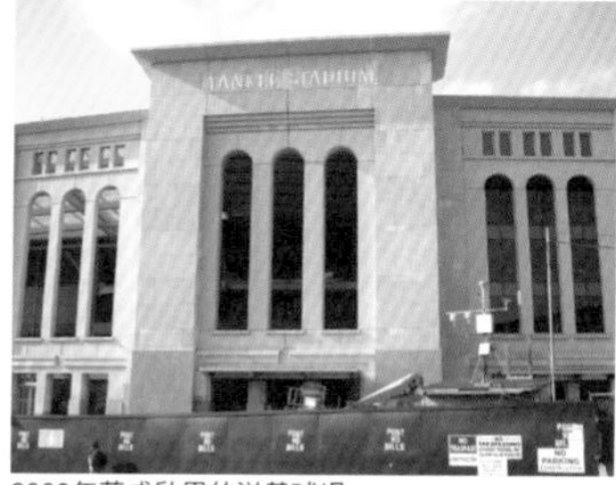

2009年落成啟用的洋基球場

1. 球場周邊有餐廳跟商店　2. 連塗鴉都是洋基隊　3.一定要親臨現場感受賽事的熱情

# 史泰登島 Staten Island

史泰登島臨大西洋，是紐約港的出入口，島的左側緊臨新澤西州，居民以渡輪連接曼哈頓，島上雖以住宅區爲主，但生活機能一樣不少，美術館、劇院、棒球場、高爾夫球場等，甚至連大學都有。史泰登島最美的景點是植物園，蘇州庭園樣式的中國花園最值得一看，若有時間不妨搭上免費渡輪至植物園一遊。

博物館的建築典雅，環境非常安靜悠閒

渡輪碼頭可眺望紐約港灣與曼哈頓

### 史泰登島植物園 Snug Harbor Botanical Garden

http snug-harbor.org
✉ 1000 Richmond Terrace, Staten Island
☎ (718)425-3504
➡ 搭渡輪至史泰登島碼頭，在Gate D轉搭乘巴士S40線至Snug Harbor下車
🕒 植物園每日開放；中國庭園：週二～日10:00～17:00(11～3月中旬至16:00)
休 中國庭園休週一
$ 植物園免費，中國庭園須付費參觀：成人$5.00、學生$4.00、5歲以下免費
MAP P.2

### 史泰登島渡輪 Staten Island Ferry

行家導覽

已經營運上百年的渡輪，是連接曼哈頓與史泰登島的主要交通工具，橘色船身非常醒目，是遊客免費一遊紐約港的絕佳交通工具。渡輪非常大一艘，分為上下2層，早期它還有承載汽車渡港的功能，不過如今已取消。渡輪途中可以看到自由女神、艾利斯島，還有曼哈頓金融區的美麗天際線，若不想花錢去自由女神島，這是最好的參觀方式。

http www.siferry.com
➡ 搭乘地鐵①線至South Ferry站(終點站，記得搭乘前5節車廂，車站樓上即是渡輪口)；④⑤線至Bowling Green站(終點站)；Ⓡ線至Whitehall St-South Ferry站(終點站)
🕒 24小時營運，每15～30分鐘一班，單趟航程約需25分鐘
$ 免費
MAP P.17 / G5

1. 搭乘渡輪的人潮很多，要有耐心等船班
2. 橘紅色的船身是渡輪最好認的特徵
3. 船艙寬廣通風良好，人潮都到甲板去了

世界之最在紐約

# 到紐約旅行的10大理由

我愛紐約

## 1 最藝術

紐約有各式各樣的博物館、美術館，古典的、現代的、新潮的都有，無論在數量、品質上都是一流，連馬路上也都是處處藝術，喜愛藝術的你絕對要造訪紐約。

## 2 最流行

有錢沒地方花嗎？來紐約吧！這裡有全世界最大的百貨公司，這裡的時尚流行最新穎，連地攤也豐富多樣。

## 3 最好吃

紐約好吃的東西太多了，尤其是披薩、漢堡、焙果、起士蛋糕、杯子蛋糕，非得要親臨一趟，才能嘗到原汁原味的道地美食。

## 4 最閃亮

紐約擁有最美的天際線，連摩天大樓都是藝術品；紐約還有閃亮如寶石的夜景，不論從裡看、從外看、從高處看、從空中往下看都好看，你怎能錯過！

## 5 最娛樂

衝著百老匯音樂劇，你一定要來紐約，票價合理又有無數齣劇碼可選，管它英文懂不懂，光華麗的舞台及動人的音樂，就值回票價；還有一流的交響樂團及芭蕾舞團，更有各種免費的戶外表演，不親臨欣賞太可惜。

## 6 最熱鬧

喜歡湊熱鬧嗎？紐約獨特的同志遊行、感恩節遊行、萬聖節遊行、國慶煙火、聖誕櫥窗街景、熱鬧的跨年倒數等，這些都是值得參與的紐約節慶，找個剛好的時間來吧，保證熱鬧好玩。

## 7 最戲劇

雖然從電影、電視裡已經看遍了紐約，但少了氣味，感覺就是少了些什麼。來紐約呼吸一下自由的空氣吧，想像自己是戲中的男女主角，遊遍心儀已久的知名景點。

## 8 最便利

要玩遍紐約大小景點，知名的地鐵一定要搭乘體驗，此外，也有觀光巴士、渡倫、水上計程車、纜車等交通工具可以利用，有預算的話，搭直升機高空賞景也很棒。

## 9 最暢快

想要親身體驗洋基、大都會球場加油吶喊的熱力，或一睹NBA職籃明星的精采賽事，當然就得飛到紐約不可囉！

## 10 最驚喜

到紐約還需要更多理由？來就對了！處處充滿驚喜的紐約，有千百個理由讓你飛奔來此，親身實地挖掘。

years
of extraordinary

# 紐約買不完

New York Shopping

## 購物是旅行的樂趣

如果觀光是旅行的目的，那購物就是旅行的樂趣了。旅途上看到這麼多的新鮮商品、有趣商店，錯過多可惜啊！尤其遇上物美價又廉的物品，當然非買不可。到哪裡購物逛街？要如何選購紀念品？什麼時候買最划算？不急不急，飛機起飛前請先鍛鍊好腳力、存足購物金、提高信用卡額度，你要買什麼回家都不成問題！

# 紐約購物區

## Where to Buy

除了你早已知道的名牌購物街第五大道外，紐約究竟還有哪些購物的好去處？哪裡好買？哪裡好逛？對於喜歡消費的人來說，紐約的確是個購物天堂，從百萬鑽石到1元明信片，只要你有錢，幾乎沒有什麼是你買不到的。

購物區集中所有大小名店，幾個連鎖品牌都可在各購物區裡見到蹤影，如Banana Republic、GAP、H&M、ZARA、ALDO等，不過隨著地點不同，也會做稍許商品的調整。每個購物區的氣氛不同，各有各的風景情趣，有些適合添購服飾、有些適合找紀念品，就算不買，欣賞來來去去的人潮也是一種旅行的樂趣。

## 第五大道 5th Ave.

購物地圖見P.197

鼎鼎有名的第五大道，長達上百個街區，而代表的購物地段大約從49～59街這短短的10個街區。這裡集合一流及熱門的品牌，從高

Apple Store是第五大道地標商店

檔的LV、Tiffany、Prada，到平民的GAP、H&M、A|X、UNIQLO都有，玩具店、書店樣樣不缺，第五大道並不是只有高級品可買，便宜的紀念品也找得到。

而第五大道的57街兩旁也是購物的勝地，Nike、Dior、Burberry等都在這裡設店。

## 麥迪遜大道 Madison Ave.

購物地圖見P.170

第五大道隔壁的麥迪遜大道，是紐約時尚地圖的重鎮，位於上東城的名流區段，在這裡出沒的都是名媛貴婦。與第五大道的觀光氣息相較下，這裡顯得悠閒安靜許多，不失爲散步兼逛街購物的好地方。

從57街的Coach旗艦店逛起，一路往上會經過Bally、Hermès、Armani、Chanel、Prada等國際名牌旗艦店，個個裝潢簡單卻奢華，名店精華路段以72街由豪宅改建的Ralph Lauren總店爲結束。

Hermès旗艦店是麥迪遜大道必逛名店之一

## 萊辛頓大道 Lexington Ave.

購物地圖見P.169

這裡的逛街區比較小，從58～60街以Bloomingdale's百貨公司爲主，品牌也以較年輕的客層，如Levi's、H&M、Banana Republic、ZARA等，是相當輕鬆的逛街區。

這裡還有幾家家飾用品店，臥室的、廚房的、客廳的、辦公室的一應俱全，很值得一逛。

百貨公司與週邊商店所形成的購物商圈

## 時代廣場 Times Square

購物地圖見P.198

時代廣場是觀光客的勝地，看戲人潮加上觀光購物人潮，這裡不管日、夜都是人！除了老牌子的GAP、SWATCH、玩具反斗城等，各品牌都來這裡開旗艦店，是個適合全家購物的區段，但不建議在此購買3C商品，比較沒有保障。

時代廣場的商店打烊時間較晚，餐廳、夜店也較多，除了有讓你眼花撩亂的廣告彩燈外，這裡的人潮也是相當可觀，不僅塞車也塞人。

時代廣場最有名的就是巨大的廣告看板

3C商品建議前往B&H或Best Buy購買，選擇多、有保障，買得也安心。相機推薦選擇最多、最專業的B&H。

**B&H** http www.bhphotovideo.com
MAP P.12 / A2
i 週五下午、週六不營業

**Best Buy** http www.bestbuy.com

## 34街 34th St.

購物地圖見P.196

位於34街、第六大道與百老匯大道的路口，是另一個激戰商圈。May's百貨坐擁老大哥的地位，其他知名的服飾店也不遑多讓，門面、樓層面積夠大、納客量夠多，沿著34街往第五、第七大道並列開來。Victoria's Secret、American Eagle Outfitter等都在這裡。34街是個地鐵大站，不論地下或地上往來的人很多，通常一出地鐵站就馬上淪陷在人潮跟商店裡了。

這裡有一些還算精緻的紀念品店，可以看看，但價錢不會太便宜，反倒是找便宜餐點的好地方。

Macy's百貨標榜是全世界最大的百貨公司

## 熨斗大樓街區
### Flatiron District
購物地圖見P.213

從23街的熨斗大樓(Flatiron Building)沿著第五大道及百老匯大道往下，一直到14街的聯合廣場，也有許多的購物商店。知名品牌如Paul Smith、Banana Republic、Victoria's Secret、ZARA、Michael Kors等，也有不少值得一逛的家飾用品店，ABC是絕對不能錯過的一家店。

聯合廣場的購物機能非常齊全

## 肉品包裝區
### Meatpacking District
購物地圖見P.211

原本只是肉品加工的工廠區，近年來卻翻身一變成為時髦的代表，最IN的商店、夜店、餐廳等，一一遷入進駐，有好買好吃的雀爾喜市場(P.210)。若要悠閒地在這裡逛街購物，建議週間的白天來，可以順道參觀惠特尼美術館(P.104)，以及空中鐵道公園(P.212)。

另一處靠近此區的購物街，是位在西村的Bleecker St.，附近餐廳很多，也是用餐的好地方。

時髦購物商圈，是影視取景熱門地點

## 世貿金融區
### Financial District

世貿遺址經過多年的規畫重建，成為一處新興的商場中心，不論是改裝重生的Brookfield Place，或是外觀吸睛的West Field，都引來逛街購物的人潮。更何況最老牌的折扣百貨Century 21總店也在附近，還有即將完工的南街海港，讓你逛遍整個金融商區。

明亮、新穎是金融區的商場特色

## 蘇活區、諾利塔
### SoHo、Nolita
購物地圖見P.238～240

SoHo以大品牌旗艦店為主，Prada、Adidas、Top Shop在Broadway大道上，DKNY、MaxMara則在West Broadway大道上，還有時尚寵物用品店、書店、藝廊、咖啡廳等，週末假日的人潮絡繹不絕。

Nolita的逛街氛圍輕鬆許多，安靜有趣，有許多設計新穎的服飾用品店，店面都不大，店員也都很隨和，跟SoHo的緊張擁擠完全不同，很難相信它們只相隔兩條街。

幾乎所有的流行品牌在Soho都找得到

## 1 折扣期

1月及6月是主要的折扣期，折扣數為5～7折左右，越接近折扣季末折扣下得越多，讓你以3折的價錢買到行李裝不下。另外假日、節慶期間也會有折扣活動，如2月情人節、3月復活節、5月母親節、6月父親節、7月國慶日、9月勞工節、11月感恩節(感恩節隔天稱為Black Friday，是年度最大的折扣日，大商場、百貨公司通常半夜就開始營業了)、12月聖誕節等。

## 2 消費稅

紐約市的消費稅為8.875%，商品的標價均為未稅價，而且沒有退稅的制度。藥品、維他命、部分食品類及部分售價低於US$110的衣物類是免消費稅的。若不清楚要購買的物品是否免稅，最好先詢問店裡的服務人員。

## 3 營業時間

商店、超市、百貨公司幾乎每天營業，通常於10:00開店，一般商店約營業到19:00、20:00；百貨公司、熱鬧商圈約營業至21:00、22:00，週日的打烊時間會稍微提早，約18:00、19:00。

## 4 講價規矩

商店大都是不二價，不能殺價，若非折扣季節，不妨親切詢問店家是否有促銷活動或折扣，說不定可以要到不錯的優惠價格喔！地攤則可視情況而定，通常買越多越便宜，也較容易講價。

## 5 付費方式

一般商店、超市、百貨公司均接受信用卡付費，小雜貨店等則以現金付費為佳，不過部分地攤也開始有信用卡的服務喔！使用信用卡時，店員都會問要刷「Debit(直接從金融帳戶扣款)or Credit(信用卡)」，遊客回答「Credit」就可以了。另外，現金以10或20美元面額最為流通，許多商店不收面額100美元鈔票，結匯時請多注意。

少數地攤也收信用卡喔，讓你買的更方便

## 6 退換貨制度

只要你買的物品保持完整(物品已拆封或使用過也可退換)，並持有購買時的收據，商店大都可接受退換貨，退換貨的方式大略有：

**「Refund」**——即全額退費，現金付費退現金、信用卡付費則退至信用卡帳戶裡。

**「Store Credit」**——即退給你相同金額的消費額，商店會給你一張Store Credit的證明收據，只能在同一家商店使用。

**「Exchange Only」**——即只能換貨。

# 百貨公司 購物中心

## Department Stores

百貨公司商品齊全、選擇多樣、服務周到，全家大小都可以找到適合的樓層、物品，累了還可就近在附設的餐廳、咖啡廳休息，有些百貨公司還提供直接配送到住宿飯店的服務。

紐約的百貨公司除了購物外，內部裝潢或外觀也很値得欣賞，就連商品展示都是一種藝術。而櫥窗展示也是百貨公司的強項賣點，不同時節有不同主題，尤其是聖誕節櫥窗，往往都是最華麗、最具創意，就連看櫥窗還得排隊呢！

## Lord & Taylor

http www.lordandtaylor.com
✉ 424 5th Ave. (W 39th St.口)
☎ (212)391-3344
➡ 搭乘地鐵⑦線至5th Ave.站，Ⓑ Ⓓ Ⓕ Ⓜ線至42nd St./Bryant Park站
🕒 週一～六10:00～21:00
週日11:00～19:00
MAP P.11 / G5

成立於1826年，是紐約最具歷史的百貨零售商，是一間精品百貨公司，商品種類齊全，沒有擁擠的觀光客，深受紐約客所信賴。6樓駐有紐約早餐名店Sarabeth's Cafe，5樓則有Sarabeth's餐廳。

## Time Warner Center

http www.theshopsatcolumbuscircle.com
✉ 10 Columbus Circle (50th～60th St.之間)
☎ (212)823-6300
➡ 搭乘地鐵Ⓐ Ⓒ Ⓑ Ⓓ ①線至59th St. / Colimbus Circle站，出站過馬路即至
🕒 週一～六10:00～21:00
週日11:00～19:00
MAP P.10 / B3

1～3樓爲The Shop at Columbus Circle購物中心，集合流行服飾品牌、彩妝美容、廚具用品店等。B1的Whole Foods超市，一向都是大排長龍，下班時段更是熱鬧。

超挑高的中庭廣場，有許多的藝術品展示，尤其以兩尊超級大的胖裸男、胖裸女雕像最吸引人。

## Bloomingdale's

http www.bloomingdales.com
✉ 1000 3rd Ave.
(Lexington Ave.、59th～60th St.之間)
☎ (212)705-2000
➡ 搭乘地鐵4 5 6線至59th St.站
⏲ 週一～六10:00～20:30
週日11:00 ～19:00
MAP P.11／B6、P.169

1872年創業，是紐約首家販售高級名牌的高檔百貨公司，樓層面積

占了一整個的街區，Lexington Ave.上有一列醒目的旗幟。百貨公司的裝潢色調以黑白爲主，簡單大方，具有1920年代的風華氛圍。

Bloomingdale's百貨商品種類繁多，若對流行服飾有興趣者，不妨來這裡逛一逛，而彩妝品、香水也是這裡的銷售強項。

## Barneys New York

http www.barneys.com
✉ 660 Madison Ave. (61st St.口)
☎ (212)826-8900
➡ 搭乘地鐵N R W線至5th Ave./59th St.站，往東走至Madison Ave.
⏲ 週一～五10:00～20:00，週六10:00 ～19:00，週日11:00～19:00
MAP P.11／B5、P.170

曾被雜誌列爲全球最頂級10家店之一，以銷售高級精品爲主，是紐

約百貨公司時尚的風向球，每每可以從它的櫥窗展示裡嗅到流行的味道，以及感受文化、藝術的訊息。

地下樓有保養品、香水，1樓爲飾品配件，2～8樓設計師服飾、休閒服裝用品，9樓爲生活家具。

## Henri Bendel

http www.henribendel.com
✉ 712 5th Ave. (55th～56th St.之間)
☎ (212)247-1100
➡ 搭乘地鐵N R W線至5th Ave./59th St.站，E M線至5th Ave./53rd St.站
⏲ 週一～六10:00～20:00
週日12:00～18:00
MAP P.11／C5、P.197

以女性商品爲主的小百貨公司，是名媛淑女的聖地，一旦推門而入

就難以踏出店門。Henri Bendel一向有最新款的彩妝品、香水等，總是比其他百貨公司快那麼一步。

1樓化妝品，2樓服飾配件，3樓內睡衣，4樓有專屬沙龍，讓你進門後從頭美到腳，淑女們衝啊！

# Bergdorf Goodman

http www.bergdorfgoodman.com
754 5th Ave. (58th St.口)
(212)753-7300
搭乘地鐵N R W線至5th Ave./59th St.站，F線至57th St.站，E M線至5th Ave./53th St.站
週一～六10:00～20:00
週日11:00～19:00
MAP P.11 / C5、P.197

創業百年，坐擁紐約最高級百貨公司的地位，位在第五大道的黃金地段，男女百貨兩棟隔著第五大道面對面，內部裝潢展現過往貴族的風華，百貨公司內集合了世界的名牌精品，高檔商品齊全。

Bergdorf Goodman最爲有名的，就是聖誕節的櫥窗展示，新奇的創意加上華麗的展示，讓大排長龍看櫥窗的人潮總是流連忘返。

# Kmart

http www.kmart.com
250 W. 34th St. (7th Ave.口)
(212)760-1188
搭乘地鐵1 2 3 B D F M N Q R W線至34th St.站
週一～五06:30～23:00
週六07:00～23:00，週日08:00～22:00
MAP P.12 / A3、P.196

如果想購買平價的禮物，Kmart絕對是個好選擇，不但商品種類多，價格更是平易近人。包括衣服、家電、書籍、食品、玩具、鞋子、文具、雜貨等，商品齊全的有如百貨公司，讓你從小孩到大人的禮物，以絕佳的預算一次購齊。

# Saks Fifth Avenue

http www.saksfifthavenue.com
611 5th Ave. (49th～50th St.之間)
(212)753-4000
搭乘地鐵B D F M線至47～50th St./Rockefeller Center站，E M線至5th Ave./53th St.站
週一～六10:00～20:30
週日11:00～19:00
MAP P.11 / D5、P.197

樓層面積非常大，要全部逛完可不容易，1樓的化妝品、香水品牌齊全，想要美美地逛街，直接請彩妝大師幫你畫吧！這裡最大的賣點，就是讓女性朋友瘋狂的鞋子專區，Gucci、Fendi、Dior等各大名牌，從平底鞋、高跟鞋、宴會鞋到靴子都有，隨你要怎樣試穿都行。

# Macy's

http www.macys.com
✉ 151 W. 34th St.
(6th Ave.、7th Ave.、Broadway口)
☎ (212)695-4400
➡ 搭乘地鐵①②③ⒷⒹⒻⓂⓃⓆⓇⓌ線至34th St.站，出站即至
🕘 10:00～22:00
MAP P.12 / A4、P.196

以星星為標誌，創業於1858年的百貨零售商，自稱「全球最大的百貨公司」(World's Largest Store)，說真的，它實在很大。Macy's以平民的價格為招牌，10個樓層讓你一整天也逛不完，這裡絕對需要一份樓層地圖，不然保證會迷路。

Macy's以大拍賣最有名，週三的One Day Sale或是換季大特價，一大早就有人來排隊等著搶購了。



# Century 21

http www.c21stores.com
✉ 22 Cortlandt St. (Church St.～Broadway之間)
☎ (212)227-9092
➡ 搭乘地鐵Ⓡ線至Cortlandt St.站
🕘 週一～三07:45～21:00，週四～五07:45～21:30，週六10:00～21:00，週日11:00～20:00
MAP P.16 / C4、P.263，上西城店P.10 / A2

讓你以超低的價錢買到高級名牌是這裡的賣點，商品集合各大知名廠牌，從男女裝、眼鏡到鞋襪、內衣褲都有，成衣倉庫般的展示販售方式，自助式的試穿，讓你挑得過癮，買得開心，適合添購名牌紀念品。在上西城也有分店(見P.156)。

就算遠點還是值得的Outlet

# Woodbury Common Premium Outlets

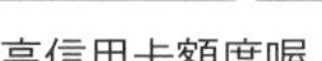

位於紐約上州，是大規模的開放式購物中心，讓你有彷彿到了主題樂園般的感覺，這裡聚集了兩百多家世界名牌商店，價格遠比紐約市低很多，便宜了約市價的25%～65%，相信任何人都會想去搶購一番。若有購物的打算，不妨將行程挪出一整天，到Outlet一次買齊所有的服飾精品，不過出發前記得提高信用卡額度喔！

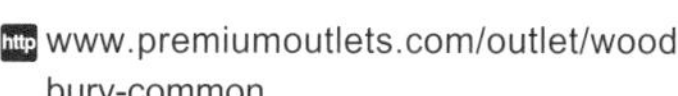

http www.premiumoutlets.com/outlet/woodbury-common
➡ 從巴士總站(Port Authority，42nd St.與8th Ave.口)搭乘Gray Line巴士前往；單趟車程約需1個小時，去程及回程的發車時刻表請出發前上網確認www.newyorksightseeing.com/woodbury
🕘 10:00～21:00
$ 巴士：成人$30.00、37.00，兒童$21.00(來回票，可網路上購票)

# 紐約紀念品

購買紀念品、伴手禮似乎已成為旅行必做的一件事，除了鑰匙圈、明信片、機場巧克力外，買些什麼紀念旅行紐約的種種回憶？送些什麼才能讓朋友一同感受紐約的樂趣呢？

**M&M自由女神巧克力機** A
火炬手臂往下扳，巧克力就從基座跑出來囉！

**自由女神小雕像** C
有大有小，擺在桌上最好看

**自由女神巧克力小熊** D
有吃又有玩，送禮紀念兩相宜

**Hello Kitty自由女神鑰匙圈** B
紐約限定商品隨身帶著走

**Hello Kitty I Love NY玩偶** B
只有紐約才有小女生個個搶著買

**自由女神米奇** E
迪士尼+紐約，任誰都會瘋狂買下

**我愛紐約小熊吊飾** C
熊熊身上滿滿的紐約愛心既可愛又有紐約特色

**地鐵圖馬克杯** C
邊喝水邊認路，下次來就不會坐過站了

A

**M&M's World**

http www.mmsworld.com
✉ 1600 Broadway (48th St.口)
➡ 搭乘地鐵N R W線至49th St.站，1線至50th St.站
MAP P.10／E3、P.198

B

**Toys Я us**

http www.toysrus.com
✉ 1466 Broadway(42nd St.口)
➡ 搭乘地鐵1 2 3 N Q R W S 7線至42nd St./Times Square站
MAP P.10／F4、P.198

C

**Grand Slam**

http www.grandslamnewyork.com
✉ 1557 Broadway (46th～47th St.之間)
➡ 搭乘地鐵N R W線至49th St.站，1線至50th St.站
MAP P.10／E3、P.198

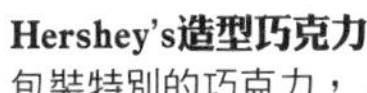

**Hershey's造型巧克力**
包裝特別的巧克力，
伴手禮最佳選擇

**超好吃的花生醬**
帶點吃的回家吧，
可以在家回味紐約美味
(Whole Foods超市)

**音樂劇樂譜**
看得不過癮，買回家
自彈自唱過戲癮

**大都會筆筒**
名畫帶不回家，
小筆筒放辦公桌上
剛剛好

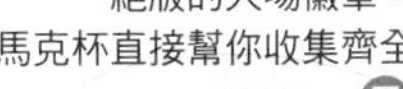

**大都會門票馬克杯**
絕版的入場徽章，
馬克杯直接幫你收集齊全

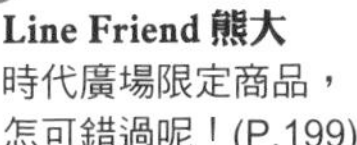

**漢堡、披薩、熱狗實用小袋**
把紐約小吃隨身帶，既特別又有趣
(MoMA美術館 P.100、P.241)

**透視孕婦鑰匙圈**
小嬰兒會動來動去
有點嚇人，但是超特別的
(Evolution P.231)

**樂高帝國大廈**
自己組合最有fu，
也有洛克斐勒中心
喔！(洛克斐勒中心
的樂高旗艦店也買
得到)

**紐約版大富翁**
買回家，再把紐約玩一次

**Line Friend 熊大**
時代廣場限定商品，
怎可錯過呢！(P.199)

## Hershey's

www.hersheys.com
701 7th Ave. (47th St.口)
搭乘地鐵 N R W 線至49th St.站，1線至50th St.站
P.10／E4、P.198

## Disney Store

www.disneystore.com
1540 Broadway (45th～46th St.之間)
搭乘地鐵 1 2 3 N Q R W S 7 線至42nd St./Times Square站
P.10／E4、P.198

## The MET Store

store.metmuseum.org
620 5th Ave. (洛克斐勒中心廣場旁)
搭乘地鐵 B D F M 線至47-50th Sts./Rockefeller Center站
P.11／E5

# 紐約吃不停

New York Gourmet

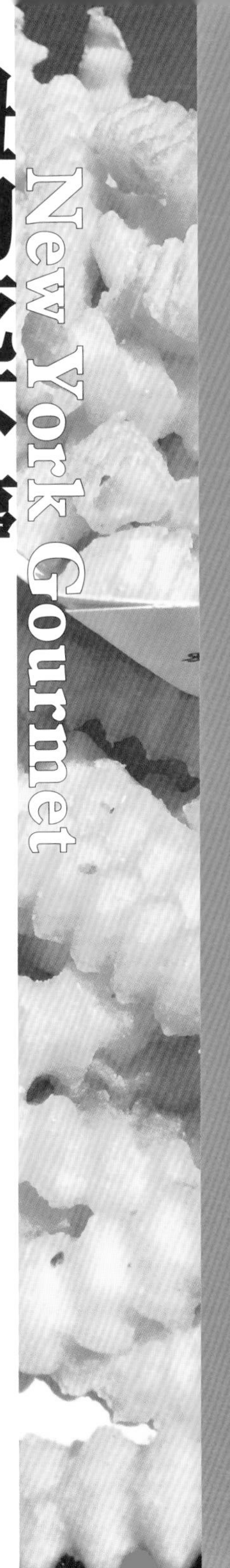

## 披薩、焙果都美味

旅行途中，最重要的就是塡飽肚子！如何找吃的、要吃什麼道地的食物，其實不用特別擔心，紐約是個餐廳、小吃店到處都有的城市，因爲有廣大的外食人口，所以餐廳口味也不至於太差。從高級料理、家庭風味到路邊攤美味，紐約都能滿足你的胃口。吃膩了漢堡、義大利麵？放心，紐約一樣可以找到你想念的家鄉味！

# 紐約餐廳種類

Restaurants

## 咖啡輕食

用餐價位約$15.00～25.00

Café是餐廳外的另一個用餐選擇，氣氛更輕鬆，也沒有用餐時段的限制，大部分供應較簡單的餐點，可選擇沙拉、三明治或義大利麵，再點個飲料就可以輕鬆地邊聊天邊愉快用餐。或是專售餅乾、蛋糕、冰品等甜點的咖啡廳，通常甜點就是該店的重點，有法式、義式的，配咖啡、茶飲最對味，是逛街購物後最佳的歇腳方式。

咖啡廳有美味的三明治、義大利麵

## 一般餐廳

用餐價位約$20.00～50.00

有時尚風的、有連鎖型的、也有家庭式的，可以依你想吃的料理選擇餐廳，若是較爲熱門的餐廳，最好事先預約訂位。午餐較爲簡單，可以點麵類或沙拉；晚餐則點用前菜再加個主餐就可以了，飯後視需要再點用甜點、咖啡，或轉到心儀的甜點店品嘗。Pizza House也是一種用餐選擇，更簡單輕鬆。一般餐廳的用餐氣氛，比起高級餐廳輕鬆多了。

小巧的餐廳通常都有不錯的餐點，用餐價位合理

## 高級餐廳

用餐價位約$70.00～120.00

大部分高級餐廳都位在中城區、上城區或五星飯店裡附屬的餐廳，以法國料理、日本料理、義式料理爲主，食物精緻美味、用餐環境高雅，通常需要著正式服裝，須事前預約訂位。用餐費用高，對自助旅行者來說是個頗大的預算開銷。

高級餐廳大都位在五星級飯店內，須注意穿著

## 小吃店

用餐價位約$4.00～10.00

小吃店通常也是上班族迅速解決午餐的地方，以販售三明治、沙拉、Pizza、Bagel為多數，很容易找。披薩有單純的起士口味，也有加香腸或沙拉較豐富的；Bagel則可以選你喜歡的口味及各式填料包夾，再加個咖啡或飲料就很飽了。單片Pizza約$2.50～5.00、有餡料的Bagel約$5.00～10.00，食物簡單又美味，最重要的是用零錢就可以填飽肚子。

披薩是簡單、美味又便宜的裹腹美食

## Deli

用餐價位約$10.00～15.00

類似台灣的自助餐，只不過菜色更爲豐富多樣，有西餐、中餐，也有沙拉跟水果。它是以重量計價，夾取想吃的放進餐盒，再拿飲料一起至櫃台結帳即可，店內也設有用餐區，也適合帶去野餐，非常方便又好吃。Deli幾乎集中在中城區辦公大樓附近，也兼賣雜貨、食品等，也有各種現點現做的三明治。每家Deli自助餐的菜色差不多，非常合台灣人口味喔！

懷念台式自助餐嗎？來Deli體驗一下

## 速食店

用餐價位約$8.00～12.00

麥當勞、漢堡王、溫蒂漢堡、肯德基，都是紐約常見的速食店，每個鬧區、街角大致上都找得到，口味幾乎全球一致，是迅速飽餐的好方法。還有三明治類的Subway潛艇堡，也是不錯的選擇，幾乎在各個觀光街區都找得到。

時代廣場的麥當勞果真超級閃亮

## 路邊攤

用餐價位約$3.00～10.00

路邊攤多聚集在辦公大樓或觀光客多的地方，推車式的大都販賣熱狗、烤肉、猶太扭結餅(Pretzel)和飲料等；小貨車式的則食物種類較多，類似簡餐的米飯加烤肉或香腸。要問哪一攤好吃，看看最多上班族排隊的那一攤就是了。

沒時間上餐廳的話，路邊攤快速又便宜

異國料理哪裡找——

# 民族大熔爐 尋找家鄉味

## 1 德國料理

不少來自德國或東歐的移民住在此處，街道多少都還有一些歐洲的風味，德國餐廳有正統的家鄉風味，裝潢也充滿巴伐利亞風情。餐點中，香腸拼盤、炸馬鈴薯餅很值得推薦，喜歡啤酒的人，可以在這裡喝到德國風味的啤酒。

🖂 80th～86th St.
1st Ave.與2nd Ave.附近

## 2 韓國料理

這裡稱為韓國城(Koreatown)，可以找到正統的韓國料理，包括水餃、烤肉、拌飯等，好吃又便宜，也有韓國超市供韓國人一解鄉愁。不過，這裡最熱門的應該是卡拉OK吧，老是看到滿滿來玩的人。

🖂 32nd～35th St.
位於Broadway～Madison Ave.之間

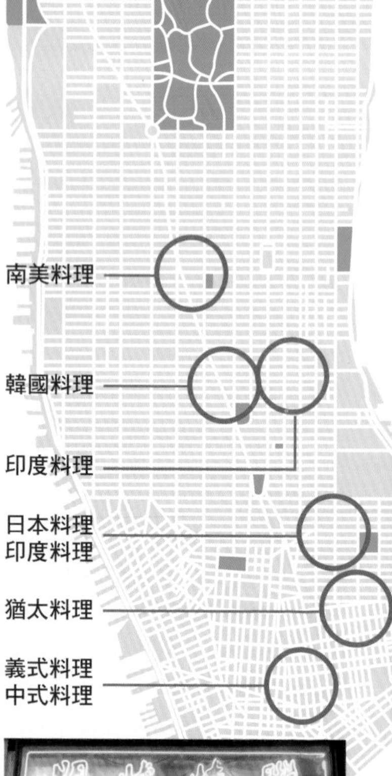

## 3 中式料理

到中國城就對了，走在這個全美最大的中國城，頓時讓你忘了正置身於紐約呢！中國城的餐廳以港式料理最多，點心飲茶、燒臘、烤鴨等，也有東南亞料理，甚至可找到台灣最具人氣的排骨飯、珍珠奶茶等！吃多了漢堡、披薩，想來點家鄉味嗎？這裡的口味最道地了。

🖂 Grand St.以南，Worth St.以北，以Mott St.為中心的區塊

## 4 南美料理

定居於紐約的南美移民不少，家鄉口味的餐廳自然也會跟著開，尤其以巴西料理的餐廳較多，一旦遇上足球比賽轉播，熱情的足球迷都跟著瘋狂了起來。

🖂45th～46th St.，5th～6th Ave.附近

## 5 印度料理

沒有人不喜歡咖哩口味的料理吧，只要一片印度麵包加上一盤咖哩嫩雞或蔬菜，就能讓我齒頰留香一個下午。以往紐約的黃色計程車司機多來自印度系的移民，印度料理其來有自，一般的小餐廳多為家庭風味的料理，口味樸實好吃。

🖂6th St.，1st Ave.～2nd Ave.附近；Lexington Ave.，28th St.周邊

## 6 義式料理

小義大利的範圍不大，在中國城的擴張下，僅剩下幾個街區而已，可以從馬路中間的裝飾看出明顯與中國城的不同之處，夏天甚至還有露天座位，讓你體驗歐洲的風情。各類的Pasta料理當然是首選，還有義式蛋糕甜點配義式咖啡，再來個義式冰淇淋就更讚了。

🖂Canal St.以北，以Mulbery St.為中心的街區

Mulbery St.上的義大利餐廳

## 7 猶太料理

猶太人在紐約為數眾多，政經的影響力也很大，隨著早期移民，猶太食物也逐漸影響紐約的日常飲食習慣。部分猶太人相當好辨認，他們隨時都穿著白襯衫加黑長褲、黑外套，外加黑帽跟獨特的髮型。

🖂E. Houston St.以南，2nd Ave.附近

## 8 日本料理

日本城(Little Japan)裡有傳統的居酒屋、蕎麥麵、拉麵等平價料理，也有高級料亭、握壽司，也因為這一帶聚集了許多日本人，所以日式的生活機能頗齊全，也有日本超市、日式蛋糕店等，日式的招牌很好辨認。

🖂St. Mark's Place周邊，位於2nd～3rd Ave.之間

紐約用餐7撇步——

# 吃飯守規定 小費別忘記

## 1 預約訂位

若有計畫前往高級餐廳用餐，建議事前先預訂，尤其是高檔或熱門的餐廳，通常是一位難求，甚至須提前2週或1個月訂位；有些餐廳則只接受預約訂位，臨時到場會被拒絕。訂位時須提供姓名、人數、日期、時間，若有兒童隨行或特殊需求，如座位位置、素食、過敏食物等，最好能事前提出，以便餐廳為你準備。若是到一般餐廳、小吃店用餐，則通常不太需要訂位。

## 2 服裝規定

可於預約時順便詢問餐廳是否有服裝規定(Dress Code)的問題，高級餐廳通常會要求著正式的服裝，女性以洋裝、套裝為主，男性以西裝領帶為佳(西裝外套於用餐時仍須穿著，冬天大衣則寄放服務台)，穿著T恤、短褲、牛仔褲、球鞋、短袖襯衫等會被拒絕進入。若到一般餐廳、小吃店用餐則沒有規定服裝穿著，乾淨整齊就可以了。

## 3 用餐順序

侍者領位入座後，大都是先點飲料，或請侍者給你酒單(Wine List)，再邊喝飲料邊看菜單。點餐時前菜、主菜每人各點一份，或選擇套餐，也可詢問侍者是否有推薦菜色或今日特餐(Today's Special)等。若飯後想用甜點，請侍者給你甜點菜單(Dessert Menu)即可。若到一般餐廳、小吃店用餐，點套餐、特餐最方便，若不夠再單獨加點就可以。

## 4 結帳付費

結帳時請侍者給你帳單，記得請核對金額是否正確。若以現金付費只要連同小費一起放在帳單上即可，或找錢後將小費留在桌上；若以信用卡付費則在侍者給你的簽帳單上「Tip」欄裡填上小費金額，再將「消費額+小費」的總金額寫在「Total」欄上，完成簽名即可。

## 5 小費

在餐廳用餐，除了需加上消費稅外，記得還要給小費。小費為消費金額(含稅)的15～20%，通常午餐15%、晚餐20%，外帶餐點、速食店則不用給小費。侍者工作辛苦、薪水微薄，所以請不吝給小費，這也是一種用餐禮貌，除非服務真的很差勁！

## 6 付費方式

高級餐廳或一般餐廳幾乎都接受信用卡付費，但Cafe、Deli、小吃店、速食店、Pizza餐廳等，部分餐廳可能只接受現金付費的方式，若有疑問最好一進餐廳就先問清楚。

## 7 餐廳分級

目前紐約實施餐廳分級，主要以用餐環境的清潔度來分，而非食物美味度喔！分級標章都會貼在門口供參考。

# 甜點 Sweets

紐約的甜點非常有名，其中紐約起士蛋糕(New York Cheese Cake)以香濃厚重的口味出名，是搭配咖啡的最佳選擇；杯子蛋糕(Cupcake)則是拜影集《慾望城市》之賜而紅遍紐約，繽紛鮮豔的彩色糖霜是它的特色；甜甜圈(Doughnut)則一直是甜點代表之一，彩虹甜甜圈最搶手；冰淇淋(Gelato)更不用說，大人小孩都愛，是夏天消暑的良方。此外，義式的餅乾、蛋糕在紐約也是非常受歡迎，在傳統的糕餅店都可以找到。不過，這些甜點的共通處就是「甜」，很容易吃到膩。

甜甜圈 Doughnut

起士蛋糕 Cheese Cake

義式夾心捲 Cannoli

義式冰淇淋 Gelato

馬芬 Muffin

杯子蛋糕 Cupcake

**Doughnut Plant**

http doughnutplant.com
✉ 379 Grand St. (Essex St.～Norfolk St.之間)
➡ 搭乘地鐵F M J Z線至Delancey St. / Essex St.站
MAP P.15 / D8、P.257

**Magnolia Bakery**

http www.magnoliabakery.com
✉ 401 Bleecker St. (W. 11th St.口)
➡ 搭乘地鐵1線至Christopher St. / Sheridan Square站
MAP P.12 / F3、P.8 / G3

**Veniero's**

http venierospastry.com
✉ 342 E. 11th St. (1st Ave.～2nd Ave.之間)
➡ 搭乘地鐵L線至1st St.站
MAP P.13 / F8

# 焙果 Bagel

說到代表紐約的小吃，焙果應該是大家第一個想到的——這個由猶太人從東歐帶來美國的傳統麵包，在紐約發揚光大。烘焙焙果最特別的是麵團要先用沸水燙過，之後再放進烤箱烤成迷人的咖啡色，形成非常有嚼勁的Q韌口感。焙果口味非常多種，有芝麻、肉桂、罌粟籽、裸麥、藍莓等等；夾餡也多到讓你無從選起，雞肉沙拉、鮪魚沙拉、新鮮番茄、鮭魚、煎蛋培根等多達十幾種，當然最基本的起士醬(Cream Cheese)也不缺，只是口味選擇更多了。

原味焙果
Plain

芝麻焙果
Sesame

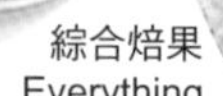
綜合焙果
Everything

罌粟籽焙果
Poppyseed

## 如何點餐：

1. **選焙果種類：**服務人員會問你要哪種口味的焙果，櫥窗上都會有焙果的名牌。
2. **選擇內餡：**接著選你要的餡料，口味隨你搭配，內餡多價錢也多一些囉！
3. **到櫃台結帳：**告訴收銀人員你點了什麼，咖啡在結帳時一起點，也可先從飲料櫃裡拿飲料，再一起結帳。
4. **開心品嘗：**可在店內坐下來慢慢品嘗，或帶去公園野餐也很方便。

**Murray's Bagels**

http www.murraysbagels.com
✉ 500 6th Ave.
(12th～13th St.之間)
➡ 搭乘地鐵❶❷❸ⒻⓂⓁ線至14th St.站
MAP P.12 / E4

**H & H Bagels**

http www.hhmidtownbagelseast.com
✉ 526 Columbus Ave.
(85th～86th St.之間)
➡ 搭乘地鐵❶線至86th St.站
MAP P.8 / C3

**Ess-a-Bagel**

http www.ess-a-bagel.com
✉ 831 3rd Ave.
(50th～51st St.之間)
➡ 搭乘地鐵❻線至51st St.站
MAP P.11 / D7

# 披薩 Pizza

臘腸起士披薩
Pepperoni

起士披薩
Plain Cheese

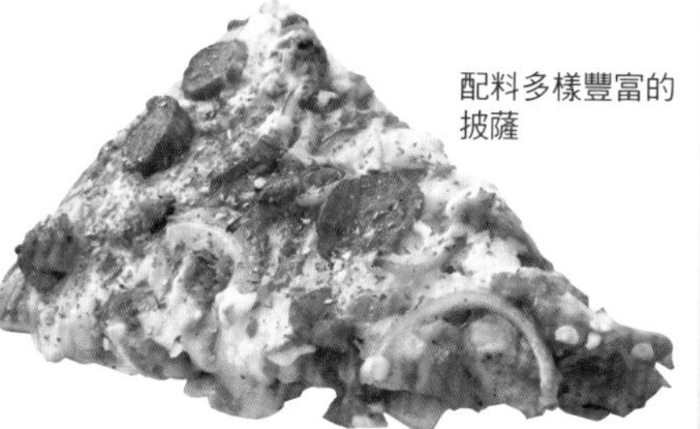
起士羅勒披薩
Mozzarella & Basil

配料多樣豐富的披薩

披薩是另一個在紐約最常見的小吃，披薩小吃店很普遍，最普通的口味就是單純的起士披薩，價錢也最便宜(約$3.00／片)，其他還有臘腸、蘑菇等口味可以選擇，配料越豪華越貴。披薩小吃店都是一片一片賣的(當然也可以買一整個Whole Pie)，大大的一片就可以解決午餐或當作下午的點心，紐約披薩與義大利披薩一樣，都是薄餅皮，口味也較傳統單純，台灣人喜歡的鳳梨、海鮮配料或花式餅皮，在紐約幾乎看不到，也不受紐約客歡迎。

## 如何點餐：

1. **點選披薩口味：**通常店家都是烤好切好，現成的放在櫥櫃裡，直接跟服務人員點就可以，當然也可以加點你要的配料，例如在起士披薩上多加鯷魚、香腸等配料。點完披薩時可順便點飲料，可樂當然是最對味的。
2. **披薩入烤箱加熱：**會將你點的披薩送入烤箱加熱，讓你有熱騰騰、起士會牽絲的披薩可吃。
3. **到櫃台結帳：**告訴收銀人員你點了什麼(有些店家的飲料是結帳時再點)。
4. **開心品嘗：**拿著烤好的披薩，撒上胡椒粉、辣椒片、蒜粉或香料，學紐約客將披薩對折用手拿著吃就對了！

### Champion Pizza

http championpizzanyc.com
✉ 17 Cleveland Pl. (Kenmare St.口)
➡ 搭乘地鐵⑥線至Spring St.
MAP P.15／C5、P.282／H4、P.239

### Two Boots

http www.twoboots.com
✉ 201 11th St. (7th Ave.口)
➡ 搭乘地鐵①②③線至14th St.站
MAP P.12／F4、P.15／A5 P.10／F2

### Ben's Pizza

✉ 177 Spring St. (Thompson St.口)
➡ 搭乘地鐵Ⓒ Ⓔ線至Spring St.站
MAP P.14／C3、P.238／B1

# 漢堡
# Hamburger

漢堡算是美國的標準食物，無論是哪個城市都有著名的漢堡，各個連鎖速食店的漢堡餐也是遊客的最愛，不過還是推薦簡餐店內的漢堡最為好吃。紐約除了少數專賣漢堡的店外，一般的餐廳也大都供應有獨家口味漢堡，滿到麵包夾不起來的層層配料，加上香酥的薯條，嗯，好吃！

### 如何點餐：

看著菜單點就可以了，點套餐最划算。

紐約流行一口漢堡，兩三口便能解決，一份通常有2～3個，雖然小小一個，但配料一點也不馬虎呢，好吃程度也不在話下！

**Shake Shack**

http shakeshack.com
✉ 691 8th Ave.(44th St.口)
➡ 搭乘地鐵①②③ⓃⓆⓇⓌⓈ⑦線至42nd St./Times Square站
MAP P.8 / E3、P.9 / C7、P.10 / F3、P.13 / C6、P.198、P.213

**Corner Bistro**

http cornerbistrony.com
✉ 331 W. 4th St.(8th Ave.與Jane St.口)
➡ 搭乘地鐵①②③ⒶⒸⒺⒻⓂⓁ線至14th St.站
MAP P.12 / F3

**Brgr**

http brgr.com
✉ 287 7th Ave.(26th～27th St.之間)
➡ 搭乘地鐵①線至28th St.站
MAP P.8 / E1、P.12 / C4、P.11 / B7、P.169

**POP Burger**

http popburger.com
✉ 83 University Place(11th～12th St.之間)
➡ 搭乘地鐵④⑤⑥ⓁⓃⓆⓇⓌ線至14th St.-Union Sq.站
MAP P.13 / F6

# 熱狗 Hotdog

熱狗是紐約街頭的著名小吃，觀光區、辦公區的街角都會有熱狗攤的身影，是紐約客快速解飢的小食。麵包夾著一小根香腸，加上洋蔥或德國酸菜，再淋上番茄醬或芥末醬，就是一個簡單又便宜的路邊小吃了。這種陽春的熱狗不見得攤攤都好吃，還是要看顧客的人潮囉，人多排隊的保證好吃啦！

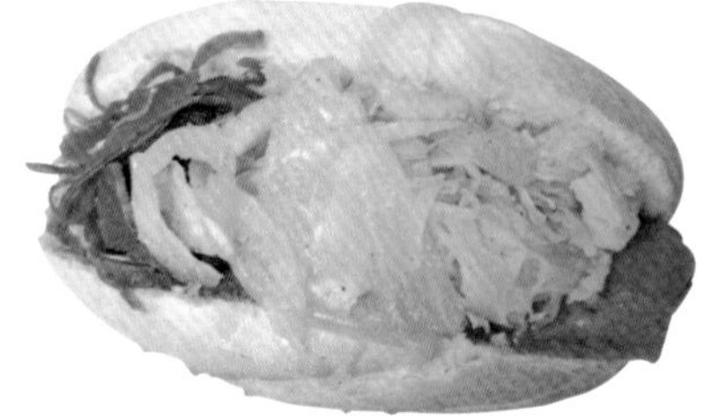

**如何點餐：**

告訴攤主你要加洋蔥或酸菜，番茄醬或芥末醬，或全部都加也可以。若是店面的熱狗店通常都有配料吧檯，可以自由取用。

### Gray's Papaya

- http grayspapayanyc.com
- ✉ 2090 Broadway (72nd St.口)
- ➡ 搭乘地鐵①②③線至72nd St.站
- MAP P.8 / F2 (介紹見P.158)

### Nathan's

- http nathansfamous.com
- ✉ 761 7th Ave. (50th St.口)
- ➡ 搭乘地鐵①線至50th St.站，N R W線至49th St.站
- MAP P.10 / D4 (總店見P.289)

### Crif Dogs

- http www.crifdogs.com
- ✉ 113 St. Marks Place (1st Ave.～Ave. A之間)
- ➡ 搭乘地鐵⑥線至Astor Pl.站，R W線至8th St.-NYU站
- MAP P.13 / F8、P.282

# 紐約最好玩

# Sightseeing Tours

## 上天、下海玩紐約

來到紐約，想參觀的太多，卻又只能短暫停留，若要跑遍紐約各大景點，除了靠地鐵、巴士、計程車外，就是走路了，除非分身有術，不然絕對會是時間不夠。這時候眞希望一天能有48小時可利用，或者有那種既輕鬆有趣、又能一次滿足觀光客的行程出現。來搭觀光巴士、遊輪或直升機吧，體驗不一樣的觀光方式。

觀光巴士停靠站都有「TOUR」的標示

旅行時間有限嗎？觀光巴士絕對能滿足你一次看遍曼哈頓所有大景點、經過各大街區、停留各購物區的需求，這種隨時可以上車、下車的便利性，既能短時間內跑遍曼哈頓，還能隨性地下車散步、購物。

或是搭遊輪玩紐約如何？當然也值得推薦。有別於在地面上單向看紐約，搭船可以讓你從左到右地欣賞高樓特有的天際線，還能一窺一般觀光客較少接觸的哈林區、上曼哈頓、布朗士區等，更別說是從橋底下通過了，新奇又有趣。

觀光巴士搭乘處都設有售票服務人員招攬生意

至於很少有機會搭乘到的直升機，紐約當然也有囉！這種稍高價的旅遊方式，越來越受歡迎，從空中鳥瞰這個偉大的城市，新鮮又刺激，帶你登上比帝國大廈還高的天空。不過，短短的體驗時間，要價卻不低！

至於要不要3種交通工具都試試看？要是你的旅行經費足夠，保證你玩得比別人還盡興又滿足。

觀光巴士、遊輪和直升機這三項，一般都有彼此合作的套餐專案，比如「船+巴士」、「船+直升機」或是「船+帝國大廈」等各種搭配景點的合作方式，至少都可以省下一些費用，各家公司都有不同的配套方案，不妨上網查詢比較哪個最超值又最好玩。

夏天人潮多，經常得大排長龍等船、等車

### 坐船、搭直升機注意事項

1. 時間、班次會因天候狀況而決定，前往搭乘前，最好以電話或網路查詢當天狀況。
2. 盡量提早到達碼頭或停機坪，因為會需要安檢或其他要求，請至少提早30分鐘。
3. 請攜帶護照、學生證、駕照等身分證明，尤其搭直升機一定會需要。
4. 碼頭或停機坪都位在河岸邊，交通較為不便，均無地鐵直達，所以需要轉搭公車或計程車，當然也可以徒步前往，不過得多預留點時間喔！
5. 所有行程幾乎都可在網路上訂位購票，不妨多加利用，也可請飯店櫃台代為預訂。

# 搭觀光巴士玩紐約

若你的時間有限，不妨選擇搭乘觀光巴士，這種隨時都可上下車的服務，讓旅行多了些許的機動性，不僅全城跑透透、不會錯失重要的觀光景點，停靠站相當多，車上還有解說員，走到哪介紹到哪。

觀光巴士是全紐約最熱門的，走在路上隨時都可看見雙層巴士來來去去，車次之頻繁，超乎你的想像。CitySight NY與Gray Line New York是紐約老牌的觀光巴士公司，除了基本路線外，這兩家公司還有超多的配套行程，如搭配直升機、搭配著名景點等超值方案，也有多種天數的選擇，各有相當多的行程方案吸引觀光客。

時代廣場最容易找到觀光巴士，可當場買票搭乘

紐約除了以上兩家老牌觀光巴士外，近幾年來更新增了幾家觀光巴士公司，一起投入搶食這塊觀光大餅，不過搭配內容較為陽春，基本路線行程大同小異。出發前不妨上網比較看看，哪家有優惠折扣、哪家的搭配最適合你，搭配出最省錢的行程。

另外介紹帶你遊覽電視、電影場景的主題觀光巴士，《慾望城市》、《蜘蛛人》的影迷們可別錯過了。

## 紐約觀光巴士推薦

(整理、製表／許志忠)

| 巴士公司 | (以下各觀光巴士都可以在時代廣場或帝國大廈等大景點，找到銷售員及搭乘) |
|---|---|
| CitySight NY | http www.citysightsny.com<br>✉ 服務處：777 8th Ave. (47th～48th St.之間)<br>☎ (212)812-2700<br>$ 2日票：成人$69.00起 (網路購票另有優惠)<br>i 發車地點各路線不同，詳情請上網參考 |
| Gray Line New York | http www.newyorksightseeing.com<br>✉ 服務處：777 8th Ave. (47th～48th St.之間)<br>☎ (212)445-0848<br>$ 2日票：成人$69.00起 (網路購票另有優惠)<br>i 發車地點各路線不同，詳情請上網參考 |
| Big Bus | http www.bigbustours.com/en/new-york/new-york-bus-tours<br>☎ (212)685-8687<br>$ 2日票：成人$70.00起 (網路購票另有優惠)<br>i 發車地點各路線不同，詳情請上網參考 |
| Go New York Tours | http www.gonytours.com<br>✉ 服務處：501 5th Ave. (42nd St.口)<br>☎ (212)664-0300<br>$ 2日票：成人$59.00起 (網路購票另有優惠)<br>i 發車地點各路線不同，詳情請上網參考 |
| The Ride | http experiencetheride.com<br>✉ 服務處：584 8th Ave. (38th～39th St.之間)<br>☎ (212)221-0853<br>$ 成人$69.00<br>i 結合表演藝術的另類觀光巴士，行程75分鐘 |

＊價格、時間、內容時有異動 ，以官方最新公告為準，出發前請再次查詢最新資訊

## 電影主題巴士團 New York's TV & Movie Tours

| 行程 | 紐約電視與電影景點之旅 NYC TV & Movie Tour | 慾望城市景點之旅 Sex & the City Hotspots Tour | 英雄電影場景之旅 The Super Tour of NYC | 花邊教主景點之旅 Gossip Girl Sites Tour |
|---|---|---|---|---|
| 搭乘 | 51st St.<br>靠近Broadway | 58th St.<br>靠近5th Ave. | 時代廣場 | 51st St.<br>靠近Madison Ave. |
| 時間 | 每日10:00<br>行程約2.5～3小時 | 每日11:00<br>行程約3.5小時 | 週六、日12:00<br>行程約3小時 | 週五、六、日10:00<br>行程約3小時 |
| 費用 | $45.00 | $49.00 | $49.00 | $49.00 |
| 內容 | 巴士帶你前往在電視影集、電影中出現的紐約場景，如《六人行》、《歡樂合唱團》、《摩登家庭》、《歡樂單身派對》等熱門影視景點。 | 這是近年來最熱門的巴士團，帶你前往紅遍全球的影集《慾望城市》裡出現過的紐約場景，如凱莉住的公寓、夏綠蒂工作的畫廊、劇裡出現過的蛋糕店等。 | 超人在哪裡上班、蜘蛛人在哪些大樓盪來盪去、蝙蝠俠從哪裡竄出，巴士將帶你前往這些在英雄電影裡出現過的場景。 | 跟著影集暢遊上東城、中城區等，這些上流時髦女孩們曾經出現過的地方與商店。 |
| 資訊 | http onlocationtours.com<br>@ office@onlocationtours.com<br>☎ (212)913-9780<br>i 網路預訂購票 | | | |

＊價格、時間、內容時有異動，以官方最新公告為準，出發前請再次查詢最新資訊 (整理、製表 / 許志忠)

## 水上計程車 New York Water Taxi

| 行程 | All-Day Access Pass | New York Water Taxi & One World Observatory | 夜景路線 Statue by Night |
|---|---|---|---|
| 搭乘 | 79號碼頭(W. 39th St.) | 73號碼頭、16號碼頭 | 16號碼頭(南街海港) |
| 時間 | 10:00～17:35<br>(可上網參考各碼頭的時刻表) | 10:00～17:35<br>(可上網參考各碼頭的時刻表) | 19:30，行程約1小時 |
| 費用 | 成人$35.00，兒童$21.00 | 成人$62.00，兒童$42.00 | 成人$31.00，兒童$26.00 |
| 內容 | 從79號碼頭(W. 39th St.)出發，可在5個碼頭自由上下參觀周邊景點，包括：**1.**Christopher St底的45號碼頭，**2.**砲台公園，**3.**金融區的11號碼頭，**4.**1號碼頭的布魯克林橋公園、DUMBO區，**5.**布魯克林的Red Hook Dock。 | 除了包含All-Day Access Pass的內容外，還包含紐約最新觀景景點，世貿一號大樓頂樓觀景台的門票(世貿一號大樓頂樓觀景台的門票，須在86或16號碼頭上船時領取)。 | 從水上計程車欣賞紐約港的浪漫夜色，將自由女神、布魯克林橋、還有下城區與中城區美麗的天際線夜景，全部一網打盡。 |
| 資訊 | http www.nywatertaxi.com<br>@ info@nywt.com<br>☎ (212)742-1969<br>i 可上網預購套裝行程，除上述3個行程介紹外，尚有多種套裝行程可選擇 | | |

＊價格、時間、內容時有異動，以官方最新公告為準，出發前請再次查詢最新資訊 (整理、製表 / 許志忠)

# 搭直升機玩紐約

坐遊輪、搭巴士已經不能滿足你了嗎？只要有足夠預算，在紐約不難找到五花八門另類的旅遊方式，或許你都從左從右看過了曼哈頓，接著帶你從空中鳥瞰紐約景色如何？搭上直升機一覽全島，相信是一個讓你難忘的美妙回憶。

這裡整理出兩家直升機遊覽公司，各有不同的行程組合，從基本的到豪華的包機，讓你玩味不同的紐約。

記得隨身攜帶護照喔！登機前的機場安檢步驟少不了。

## Helicopter Tours of New York

| 行程 | The New Yorker Tour | The Ultimate Tour | The Deluxe Tour |
|---|---|---|---|
| 時間 | 12～15分鐘 | 17～20分鐘 | 25～30分鐘 |
| 費用 | $214.00／人 | $264.00／人 | $354.00／人 |
| 內容 | 這是最基本行程，直升機帶你從空中鳥瞰中央公園、帝國大廈、布魯克林橋、自由女神等紐約著名地標。 | 除了基本行程外，還帶你往上城區，鳥瞰喬治華盛頓橋、洋基球場、聖約翰大教堂、哥倫比亞大學、哈林區等上城區優美景色。 | 行程包括The New Yorker和The Ultimate的路線，以及曼哈頓最北端的景色，也帶你欣賞布魯克林風景及康尼島美麗的海岸線。 |
| 資訊 | http www.heliny.com　@ info@heliny.com<br>☎ (212)355-0801(最晚須48小時前預約，可網路預約、付費)<br>⏲ 客服：每日08:00～22:00<br>✉ 搭乘地點：下城區6號碼頭Downtown Manhattan Heliport (Pier 6, East River)，前往碼頭的方式可參考網站解說及地圖<br>i 除行程固定費用外，還須外加直升機場及燃油費共$35.00／人 | | |

＊價格、時間、內容時有異動，以官方最新公告為準，出發前請再次查詢最新資訊　(整理、製表／許志忠)

## Liberty Helicopter Tours

| 行程 | The Big Apple | New York, New York | Aerial Experience |
|---|---|---|---|
| 時間 | 12～15分鐘 | 18～20分鐘 | 18～20分鐘 |
| 費用 | $214.00／人 | $299.00／人 | $1,700.00／專機 |
| 內容 | 空中鳥瞰全曼哈頓，如中央公園、帝國大廈、布魯克林橋、自由女神等紐約著名地標，以及紐約港灣風景。 | 帶你遊覽鳥瞰全曼哈頓著名景點、地標建築、紐約港風景以及另外紐約4個行政區風光。 | 鳥瞰曼哈頓，中央公園、帝國大廈、布魯克林橋、自由女神等著名地標。還贈送紀念照片，適合慶祝特別的日子攜伴搭乘(可乘坐5人，費用包含燃油安檢費)。 |
| 資訊 | http www.libertyhelicopter.com<br>@ reservations@libertyhelicopters.com<br>☎ (800)542-9933(最晚須48小時前預約，可網路預約、付費)<br>⏲ 週一～六09:00～18:30，週日09:00～17:00<br>✉ 搭乘地點：下城區6號碼頭Downtown Manhattan Heliport (Pier 6, East River)，前往碼頭的方式可參考網站解說及地圖<br>i 除行程固定費用外，還須外加燃油費、直升機場費、安檢費$40.00／人 | | |

＊價格、時間、內容時有異動，以官方最新公告為準，出發前請再次查詢最新資訊　(整理、製表／許志忠)

# 搭遊輪玩紐約

紐約是個港口城市，三面環水，除了通勤用的船隻外，還有不少的觀光遊船，不分日夜載著遊客，飽覽水岸的優美風光。尤其曼哈頓的夜景最不可錯過，與其從地面上觀賞有限的角度，不如從河港上把它全景看個夠。

觀光遊船的選擇多，可依個人需求及時間允許，挑選最適合你的一艘。最重要的是，夏天防曬防暑不可少，秋冬保暖最重要，烈日、冷風不饒人哪！

## 曼哈頓觀光遊輪之旅 Circle Line Sightseeing Cruises

Circle Line是紐約最大的一家遊輪公司，1945年營業以來，一直是觀光客的首選，不但船體最大最多種、行程最多樣，價格也最能讓一般觀光客接受，相對的就是參加的遊客較多，船上總是非常熱鬧。雖悠閒不足，但旅行嘛，總是人多才好玩、熱鬧才夠盡興。若預算有限，選這家就對了，不同的行程等你來參加。登船的碼頭很大，曾經出現在電影《一日鍾情》裡，視野頗寬闊。

| 行程 | 曼哈頓環島之旅<br>Best of NYC Cruise | 曼哈頓夜景之旅<br>Harbor Lights Cruise | 國慶煙火之旅<br>July 4th Fireworks Cruise | 鯊魚快艇之旅<br>The Beast Speedboat |
|---|---|---|---|---|
| 時間 | 航程2.5小時<br>1/1～3/13：14:30<br>3/14～4/26：<br>10:00、14:00<br>4/27～9/7：<br>10:00、 12:00、14:00<br>9/8～10/25：<br>10:00、12:00<br>10/26～12/31：12:00 | 航程2小時<br>3/14～4/26<br>19:00 (週五、六、日)<br>4/27～10/25<br>19:00 (每日)<br>10/26～11/22<br>19:00 (週五、六、日) | 航程5小時<br>7月4日<br>17:15登船、16:00開船，23:00靠岸 | 航程30分鐘<br>5～9月10:00～18:00<br>每個整點一班 |
| 費用 | 成人$41.00<br>兒童$27.00 | 成人$36.00<br>兒童$25.00 | $179.00起／人 | 成人$29.00<br>兒童$23.00 |
| 內容 | 從83號碼頭出發，一路沿著哈德遜河(Hudson River)下行，經過自由女神、繞過金融區，最後沿著東河(East River)而上，整整把曼哈頓島繞了一圈。 | 從83號碼頭出發，一路沿著哈德遜河(Hudson River)下行，經過自由女神、繞過金融區及布魯克林橋，把曼哈頓最經典的夜景一次看夠。 | 若剛好美國國慶日來訪，不妨選搭這個節日限定的遊輪行程，帶你乘著夏夜涼風欣賞曼哈頓美麗夜景，跟著DJ隨樂起舞開趴，還有以最佳的位置觀看壯觀絕美的國慶煙火秀。 | 想體驗看看快艇的速度感，就來搭這種鯊魚快艇。外型非常討喜，不僅飆速度也飆人氣，只需30分鐘，下曼哈頓、自由女神一樣看得到。 |
| 資訊 | www.circleline42.com<br>info@circleline42.com<br>Pier 83 (42nd St.與Hudson河岸)<br>(212)563-3200<br>搭乘地鐵1 2 3 7 A C E B D F M N Q R S線至42nd St./Times Square站，再轉搭巴士M42線至42nd St.的底站，Pier 83<br>尚有多種行程可選擇；開航時間、班次依季節調整，請行前查詢最新公告 | | | |

＊價格、時間、內容時有異動，以官方最新公告為準，出發前請再次查詢最新資訊　(整理、製表／許志忠)

## 曼哈頓豪華帆船之旅 The Schooners Adirondack & Imagine

沒坐過有風帆揚起的豪華帆船嗎？這艘1890年代風情的帆船，最適合富有冒險精神的遊客，滿足你乘風破浪的幻想，完全開放的甲板，伴隨清涼的海風，頗具愜意。想體驗俱樂部會員般的服務與樂趣嗎？選這艘豪華帆船就對了。

| 行程 | 曼哈頓週末悠閒之旅 Brunch Cruise | 曼哈頓天際線之旅 Architecture Tour | 紐約港落日美景之旅 Sunset Sail aboard | 曼哈頓璀璨夜景之旅 City Light Cruise |
|---|---|---|---|---|
| 時間 | 週六、日10:00<br>航程2小時45分鐘 | 日期、時間隨季節不同，航程1.5小時(詳細航行日期、時間請上網查詢) | 日期、時間隨季節不同，航程2小時(詳細航行日期、時間請上網查詢) | 日期、時間隨季節不同，航程1.5小時(詳細航行日期、時間請上網查詢) |
| 費用 | 成人$108.00 | 成人$48.00 | $72～82.00／人 | $56.00／人 |
| 內容 | 在環繞曼哈頓島一周的同時，你可在船上享用精緻的早午餐，並悠閒地欣賞曼哈頓美景。 | 帶你暢遊下曼哈頓的天際線風光，環遊紐約港與自由女神面對面。 | 帶你暢遊下曼哈頓的天際線風光，環遊紐約港欣賞傍晚的夕陽美景。 | 帶你夜遊下曼哈頓的天際線風光，欣賞紐約獨一無二的璀璨夜景。 |
| 資訊 | http www.sail-nyc.com<br>Pier 62 (Hudson河岸，Chelsea Pier) | | @ info@sail-nyc.com<br>(212)627-1825 | |

＊價格、時間、內容時有異動，以官方最新公告為準，出發前請再次查詢最新資訊 (整理、製表／許志忠)

## 玻璃船饗宴之旅 Bateuax New York

這是一艘平底遊艇，裝潢的像餐廳般，接待遊客在船上用餐。這艘特別的遊艇，提供主廚料理的新鮮午餐、晚餐，再加上浪漫的音樂，燈光、美酒，讓你體驗在水上用餐的趣味。一到晚上，整個曼哈頓閃爍的燈光都是你的背景了！午餐可以穿得悠閒些，晚餐則建議穿得稍整齊正式些，牛仔褲、短褲、球鞋、拖鞋都是不許可的。

| 行程 | 悠閒午餐之旅 Lunch Cruises | 浪漫晚餐之旅 Dinner Cruise | 週末Brunch之旅 Brunch Cruise |
|---|---|---|---|
| 時間 | 航程2小時<br>週一～六12:00～14:00<br>(11:30開始登船) | 航程3小時<br>19:00～22:00<br>(18:15開始登船) | 航程2小時<br>週日12:00～14:00<br>(11:30開始登船) |
| 費用 | $61.90起／人 | $146.90起／人 | $89.90起／人 |
| 內容 | 邊享用精美豐富午餐或晚餐，邊細細欣賞曼哈頓的景色，是個滿不錯的觀光經驗。 | | |
| 資訊 | http www.bateauxnewyork.com<br>Pier 61 (Hudson河岸，Chelsea Pier) | @ cruise.newyork@spiritcruises.com<br>(866)817-3463 | |

＊價格、時間、內容時有異動，以官方最新公告為準，出發前請再次查詢最新資訊 (整理、製表／許志忠)

# 省錢聯票，讓你景點門票 all pass!

## New York City Pass

是以參觀紐約六大景點爲主的聯合票券，若充分運用，這張聯合票券可幫你省下約40%的門票費，加上它的使用期限有9天之長，New York City Pass是個不錯的省錢選擇，最重要的是省去排隊買票的寶貴時間，而這張票券也包含幾個觀光景點或購物消費的優惠。

http www.citypass.com/new-york / $ 成人$126.00，6～17歲$104.00 / ⁉ 票券使用連續9天有效，每個景點參觀一次

## The New York Pass

是一張涵蓋紐約90個以上景點的聯合票卡，使用範圍除了曼哈頓外，也涵蓋了其他行政區，是一張全方面的觀光優惠票券。根據它所提供的使用範圍，若你能全部玩上一遍，那絕對是物超所值，名副其實的玩越多省越多。每個景點都可以重複參觀，你可以白天上帝國大廈參觀，晚上再來看夜景。若你是個善於計畫時間、規畫路線、並能確切執行的旅行者，這張卡絕對建議購買；若再搭配觀光巴士隨時上下車搭乘，保證是紐約走透透、看透透。

http cn.newyorkpass.com / $ (成人 / 兒童)1天：$124.00 / $94.00、2天：$189.00 / $159.00、3天：$222.00 / $169.15、5天：$263.00 / $203.15、7天：$295.00 / $220.15、10天：$329.00 / $237.15 / ⁉ 票券以天數計算，當天一早就使用最划算，每個景點不限參觀次數

## New York City Explorer Pass

一張以觀光巴士、導覽行程、博物館爲主要優惠的聯合票卡，如「單車遊中央公園」、「洛克斐勒觀景台」、「水上計程車」等，就連「Woodbury Outlet」購物行程也都在它的選單內，你可以自行搭配3～10項行程。好處是這張卡有效期爲30天，不用爲了在短期限內用完而早晚趕行程，搞到精疲力竭，反而可以充分運用在你旅行計畫裡。

http www.smartdestinations.com(下拉選單點選New York City) / $ (成人 / 兒童)3個景點：$84.00 / $65.00、4個景點：$110.00 / $80.00、5個景點：$125.00 / $90.00、7個景點：$160.00 / $110.00、10個景點：$199.00 / $145.00 / ⁉ 票券開始使用後30天內有效，每個景點參觀一次

### 如何搭配運用

若想要省到最極致，建議先將你想要參觀的景點或參加的導覽，先清楚列出再參考你排定的行程，看看哪種組合搭配最適合你，然後作行程上的調整。不妨先選定一張卡，刪除已經包含的部分，再將其他剩下的景點搭配在另一張卡上。

# 參加導覽看紐約 聽故事，練英文 all good!





紐約的深入導覽團之多，讓你歎爲觀止，從博物館、百老匯、音樂廳、私人豪宅等都有，有公辦、有私營，收費都算合理。免費的導覽也不少，雖然解說者大都是義工性質，但是各個都很專業呢！這裡介紹幾個有趣的導覽，讓你省到錢、也看到紐約。不過這些導覽都講英語，語言通者不妨多參加，英語能力有限的，雖聽不懂但跟著多看看也無妨。

### 記得給小費

若是參加免費的導覽，結束後記得給小費喔！至少解說人員也是很辛苦的，約莫$5.00～10.00，誠意到即可。

## 聯邦儲備銀行之旅
## The Federal Reserve Bank

http ww.newyorkfed.org/aboutthefed/visiting
✉ 44 Maiden Lane集合(安檢入口)
☎ (212)720-5000
➡ 搭乘地鐵❷❸❹❺ⒶⒸⒿⓏ線至Fulton St.站
⏲ 週一～五13:00、14:00
$ 免費
!? 有安檢，需提前30分鐘集合(需帶護照)；行程約45分鐘，需提前預約(只能透過網路預約，可在欲參觀日的30日前提出預約申請，但每梯次僅25個名額)
MAP P.17／C5

進入全世界最有錢的銀行是什麼滋味？想知道銀行運作的祕密？想體驗進入地下金庫的興奮？跟著導覽員一起深入聯邦儲備銀行內部，揭開銀行神祕面紗。

## 下東城美食漫步之旅
## Lower East Side Food Tour

http freetoursbyfoot.com/new-york-tours/food-tours/lower-east-side-food-tour
✉ Yonah Schimmel's Kinsh Bakery麵包店前集合(137 E. Houston St.)
➡ 搭乘地鐵Ⓕ線至2nd Ave.站
⏲ 週四、六、日13:00(夏天增加週二13:30)，行程約需2小時
$ 免費，但記得給小費
!? 可網路預約，5人以上可團體預約
MAP P.15／B7

藉由美味的食物認識下東城，體會下東城的變遷，如何從治安的死角，變身為時髦的新興區域，新與舊的交會展現今日的下東城，還有不同族裔所帶的味蕾衝擊。

## 紐約地鐵藝術欣賞之旅
## NYC Subway Art Tour

http nycsubwaytour.com
✉ 麥當勞內集合(51st St.與Broadway口)
☎ (212)977-2510
➡ 搭乘地鐵❶線至50th St.站
⏲ 週二、三10:00，週一、五、六14:00，提前15分鐘集合
$ 成人$30.00，12歲以下$15.00(費用包含來回兩趟的地鐵搭乘)
!? 可上網預約，或直接前往參加
MAP P.10／D3

別再匆匆忙忙進出地鐵站囉！這次讓專業的導覽員，帶你在紐約各知名地鐵站裡跑透透，欣賞各地鐵站不同風格的藝術裝飾，還有為人不知的背後故事。

## 威廉斯堡街頭塗鴉藝術之旅
## Williamsburg Street Art Tour

http freetoursbyfoot.com/new-york-tours/brooklyn-tours/williamsburg-street-art-tour
✉ Bedford Ave.與N. 7th St口集合(地鐵站出口)
➡ 搭乘地鐵Ⓛ線至Bedford Ave.站
⏲ 週四09:45，行程約需2小時
$ 免費，但記得給小費
!? 需網路預約
MAP P.282

位於布魯克林，人氣滿點的威廉斯堡，是新興的藝術區，跟著導覽人員來一趟最夯的街頭塗鴉藝術之旅，欣賞精采的街頭藝術家作品，順便一遊以餐廳、文創、二手服飾店出名的威廉斯堡。

# 博物館、美術館挑對時間參觀 all saving!

紐約的高房租、高物價眾所皆知，就連博物館、美術館的參觀門票費也是年年調漲，若想全數參觀，保證荷包吃不消。可是難得來一趟紐約，昂貴的機票也花了，這些世界級的藝術收藏不看可惜啊！除了極少部分的博物館、美術館免費開放外，大都要收費，門票從$10.00～25.00不等，除非能安排個半天以上的時間參觀，不然實在很不划算，可是身爲遊客，時間就是金錢，兩者間如何取捨值得好好做個行前功課。

以下針對紐約的博物館、美術館，整理出省錢的參觀方法。不過，在省錢的條件下，人潮一定比平常多，開放時間較短，這時候最好事前做功課，把你想參觀的重點選出來，利用時間把它參觀一遍，不要像無頭蒼蠅般亂飛一通、又沒看到重點，白白浪費時間及參觀機會。 ＊以下資料整理：許志忠

## 建議票價制

### El Museo del Barrio

http www.elmuseo.org
✉ 1230 5th Ave. (E. 104th St.口)
☎ (212)831-7272
🕒 週二～六11:00～18:00；休週一、日；7/4、感恩節、12/25、1/1
MAP P.7／F6 (介紹見P.168)

### Brooklyn Museum

http www.brooklynmuseum.org
✉ 200 East Parkway, Brooklyn
☎ (718)638-5000
🕒 11:00～18:00(週四～22:00)，每月第一個週六11:00～23:00；休週一、二
MAP P.2、P.287 (介紹見P.286)

### The Metropolitan Museum of Art

http www.metmuseum.org
✉ 1000 5th Ave. (E. 82nd St.口)
☎ (212)535-7710
🕒 週日～四10:00～17:30，週五、六10:00～21:00；休感恩節、12/25、1/1
MAP P.9／D5 (介紹見P.86)

### American Museum of Natural History

http www.amnh.org
✉ 725 Central Park West (W. 79nd St.口)
☎ (212)769-5100
🕒 10:00～17:45；休感恩節、12/25
MAP P.8／E3 (介紹見P.94)

### 建議票價制？

意思就是參觀票價是「建議」，至於實際給多少就憑個人「良心」了。若是你付的是建議票價，部分櫃台賣票的服務員會要求你提供當地的郵遞區號，你可以使用住宿地點的郵遞區號即可。

## 全時段免費參觀

### The Museum at FIT

http www.fitnyc.edu/museum
✉ 7th Ave. (W. 27th St.口)
☎ (212)217-4558
🕒 週二～五12:00～20:00，週六10:00～17:00；休週一、日、國定假日
MAP P.12／B4 (介紹見P.108)

### National Museum of the American Indian

http nmai.si.edu/visit/newyork
✉ 1 Bowling Green (State St.～Broadway之間)
☎ (212)514-3700
🕒 10:00～17:00(週四～20:00)；休12/25
MAP P.16／F4 (介紹見P.269)

### The Hispanic Society of America

http www.hispanicsociety.org
✉ 613 W 155th St. (Broadway口)
☎ (212)926-2234
🕒 週二～日10:00～16:30；休週一、國定假日
MAP P.4／B3

## American Folk Art Museum

http folkartmuseum.org
✉ 2 Lincoln Sq. (66th St.與Columbus Ave.口)
☎ (212)595-9533
🕒 週二～四、六11:30～19:00，週五12:00～19:30，週日12:00～18:00；休週一
MAP P.10／A2 (介紹見P.109)

# 特定時段免費或自由付費

### 週二

## 911 Memorial Museum

http www.911memorial.org/museum
✉ 911紀念園區內
☎ (212)227-7931
🕒 週二17:00～20:00入館免費
MAP P.16／B3、C3 (介紹見P.107)

### 週四

## Museum of Arts and Design

http www.madmuseum.org
✉ 2 Columbus Circle (W. 58th St.與Broadway口)
☎ (212)299-7777
🕒 週四18:00～21:00入館自由付費
MAP P.10／C3 (介紹見P.109)

## New Museum

http www.newmuseum.org
✉ 235 Bowery St. (Prince St.口)
☎ (212)219-1222
🕒 週四19:00～21:00入館自由付費
MAP P.15／B6、P.240 (介紹見P.105)

### 週五

## Asia Society and Museum

http asiasociety.org/museum
✉ 725 Park Ave. (E. 70th St.口)
☎ (212)288-6400
🕒 週五18:00～21:00入館免費(7～8月除外)
MAP P.9／G7

## Museum of the Movie Image

http www.movingimage.us
✉ 3601 35 Ave., Astoria (Queens)
☎ (718)784-0077
🕒 週五16:00～20:00入館免費
MAP P.2

## The Morgan Library & Museum

http www.themorgan.org
✉ 225 Madison Ave. (E. 36th St.口)
☎ (212)685-0008
🕒 週五19:00～21:00入館免費
MAP P.11／G6 (介紹見P.108)

## The Museum of Modern Art

http www.moma.org
✉ 11 W. 53rd St. (5th～6th Ave.之間)
☎ (212)708-9400
🕒 週五16:00～20:00入館免費
MAP P.11／D5 (介紹見P.100)

## Whitney Museum of American Art

http whitney.org
✉ 99 Gansevoort St. (Washington St.口)
☎ (212)570-3600
🕒 週五19:00～21:30入館自由付費
MAP P.12／F2 (介紹見P.104)

## New York Historical Society

http www.nyhistory.org
✉ 170 Central Park W. (W.76th～77th St.之間)
☎ (212)873-3400
🕒 週五18:00～20:00入館自由付費
MAP P.8／E3

## The Frick Collection

http www.frick.org
✉ 1 E. 70th St. (5th Ave.口)
☎ (212)288-0700
🕒 週三14:00～18:00入館自由付費，每月第一個週五18:00～21:00入館免費
MAP P.9／G6 (介紹見P.167)

### 週六

## Solomon R. Guggenheim Museum

http www.guggenheim.org/new-york
✉ 1071 5th Ave. (E. 89th St.口)
☎ (212)423-3500
🕒 週六17:45～19:45入館自由付費
MAP P.9／C6 (介紹見P.102)

## The Jewish Museum

http thejewishmuseum.org
✉ 1109 5th Ave. (E. 92nd St.口)
☎ (212)423-3200
🕒 週四17:00～20:00入館自由付費
週六入館免費
MAP P.9／B6 (介紹見P.167)

# 紐約 NEW YORK 主題旅遊

Where switching meets
saving
BE MVP
HARRY POTTER

# 紐約博物館

## 逛美術館培養氣質

紐約到底有多少間博物館、美術館呢？大大小小加起來上百間應該有吧，而且還不斷增加中。想要全數參觀嗎？這應該是個不可能的任務，而且門票費用驚人。既然這樣，哪幾間博物館、美術館是你拜訪紐約之餘不能錯過的？介紹給你世界知名、紐約最具人氣、收藏也最豐富多樣的博物館、美術館。

# 八大必看首選博物館、美術館

## Museums

大都會博物館是所有藝術愛好者的聖堂，從古代到近代藝術，收藏豐富而且件件都是佳作，埃及神廟、蘇州庭園、希臘雕刻、古典畫作等，都不容錯過；自然歷史博物館則是大小朋友都愛的地方，超乎你想像的展示方式，完整且有系統地將全球所有地區的自然人文一網打盡，更千萬別錯過精采的恐龍化石。

若你喜歡現代藝術，則一定要去參觀MoMA，經典的現代畫作、雕塑、設計，一次讓你看個夠；以獨特外觀出名的古根漢美術館，看建築本身比看藝術有趣，往上看、往下看各有風景；惠特尼美術館則經常有最特別的裝置藝術、影像藝術的展覽，新館位於鐵道公園旁，於2015年春天開幕；而位於河岸邊的無畏號航母博物館，有太空梭、有潛水艇，是老少皆宜的好去處。

除了室內的館藏，室外的藝術一樣精采

參觀完各博物館、美術館，別忘了附屬的禮品商店，可以買到經典館藏的明信片、書籍、海報，也可以找到不少新奇有趣的設計商品，當作旅行的小小回憶！

無法擁有原作，買個複製紀念品一樣有氣質

大都會博物館的埃及文物收藏豐富，絕對值得你專程造訪

參觀博物館6建議

# 充分使用館內的設施

旅遊旺季時，安檢跟寄物經常都是大排長龍

## 1 挑選主題欣賞有效率

若參觀時間有限，不妨事先計畫出想看的內容，才不至於好像什麼都看到了，事後卻對任何一件藝術品都沒印象。幾個經典的館藏幾乎都會列在博物館、美術館的網頁或簡介上，正好方便規畫你的參觀路線，或者依照自己有興趣的主題做挑選參觀、或館方舉辦的特展也是參觀重點。

## 2 參觀博物館不迷路

由於博物館的展覽室非常多，很容易讓人常常逛到不知身在何處，參觀之前記得在入口大廳的資訊處拿取免費的館內平面圖，不僅路線清楚也會有展覽室及重要館藏的簡單說明介紹。

大廳的資訊服務台多備有中文簡介及地圖

## 3 拍照請先關掉閃光燈

各大館內幾乎都可以自由拍照(特展除外)，但不能攜帶、使用三腳架及自拍棒；為保護藝術品，拍照更是禁止使用閃光燈，尤其是拍攝畫作或織品時。若不清楚展覽或館藏是否可拍照，最好事先詢問館方的服務人員。

## 4 隨身物品以輕便爲佳

參觀博物館、美術館其實頗累人的，而且進出各大館都必需通過安檢，所以隨身攜帶的物品越簡單越方便。或者利用館內的寄物服務置放行李、外套等，讓參觀行程更輕鬆；若不放心寄放，記得後背包請背在胸前。

## 5 解渴充飢不用愁

館內大都設有飲水機，不必要隨身帶著水瓶，而且館內也嚴禁邊參觀邊喝水。湯湯水水、味道重的食物也不要帶，免去不必要的安檢麻煩，館內都設有咖啡雅座，飲料、簡餐都有，不妨休息時多利用。

多利用館內的咖啡廳，休息時順便來個下午茶

## 6 利用館中的導覽服務

若不善於或沒時間規畫你的參觀行程，不妨參加館內的導覽團或租、借用館內的語音導覽設施。一路跟著走，不僅重要收藏都看到了，欣賞的重點也有專人說明，一舉兩得。導覽團都是英文解說，有些博物館備有中文語音導覽機提供租借，可以多加利用。或下載官方APP，除了掌握展覽消息外，也可預先欣賞、導讀館方的收藏品。

博物館外的階梯，總是坐滿了來自世界各地的觀光

# 大都會博物館
## The Metropolitan Museum of Art (MET)

http www.metmuseum.org
✉ 1000 5th Ave. (82nd St.口)
☎ (212)535-7710
➡ 搭乘地鐵❻線至86th St.站，出站後向西走，至5th Ave.左轉往下走至82nd St.，步行約15分鐘
🕒 週日～四10:00～17:30，週五、六10:00～21:00
休 感恩節、12/25、1/1，以及5月的第一個週一
$ $25.00，學生$12.00，12歲以下免費。一張票券可於購票日起連續3天內參觀大都會博物館、修道院博物館與布勞耶分館(原惠特尼美術館舊館址)
MAP P.9 / D5、P.132

大都會博物館名列世界四大博物館之一，自1870年成立以來，從剛開始的1件收藏開始，到目前擁有200萬件以上的館藏，廣泛的年代以及不同文化層面的收藏品，從史前時代到20世紀的現代藝術品，無一不在它的館藏之列，其收藏之精美豐富無人能比擬。

屋頂花園總是有讓人驚喜的展覽，輪番上演

3個樓層的博物館，共有200多
展覽室，依不同主題、文化、
類，有系統地將文物品擺設展出
就連埃及神廟、蘇州庭園、教堂
西班牙小廣場等建築藝術，也在
都會的館藏之列。除了精采的永
館藏，大都會博物館也會舉辦許
特別的展覽，如世界各大博物館
美術館的借展，或私人提供的珍

通往2樓的主要階梯，猶如希臘神殿朝聖般氛圍

博物館高挑寬敞大廳(上圖)；伊斯蘭館，藏品的量與質都屬一流(下圖)

展，都是很少有機會看到的藝術品，所以一旦遇上特展時期，館內除了觀光客外，還會擠滿愛好藝術的紐約客。

而博物館的禮品部也是參觀重點之一，超多樣的選擇，甚至行銷到世界各地。我喜歡它位在中央公園旁，綠色空間視野及從天窗灑落而下夏日金黃的陽光，讓參觀博物館多了那麼一點點的悠閒氣氛。

與藝術、建築相互交錯的光影，室內室外融為一體

## 大都會博物館分館

### 修道院博物館

修道院博物館(The Cloisters)是大都會博物館的附屬博物館，專門收藏中世紀的藝術品為主，館內以獨角獸的織毯最為出名，成為博物館的代表。

- http www.metmuseum.org/visit/met-cloisters
- ✉ Fort Tryon Park
- ☎ (212)923-3700
- ➡ 搭乘地鐵Ⓐ線至190th St.站，再往北沿Margaret Corbin Dr.步行約10分鐘
- ⏲ 3～10月10:00～17:15、11～2月10:00～16:45
- 休 感恩節、12/25、1/1
- MAP P.4／C1

### 布勞耶分館

布勞耶分館(The Met Breuer)以收藏展示20世紀至近期的藝術品為主。

- http www.metmuseum.org/visit/met-breuer
- ✉ 945 Madison Ave. (E. 75th St.口)
- ☎ (212)731-1675
- ➡ 搭乘地鐵⑥線至77th St.站
- ⏲ 週二～四、日10:00～17:30，週五、六10:00～21:00
- 休 感恩節、12/25、1/1
- MAP P.9／F6、P.171

## 大都會博物館平面圖及展覽館介紹

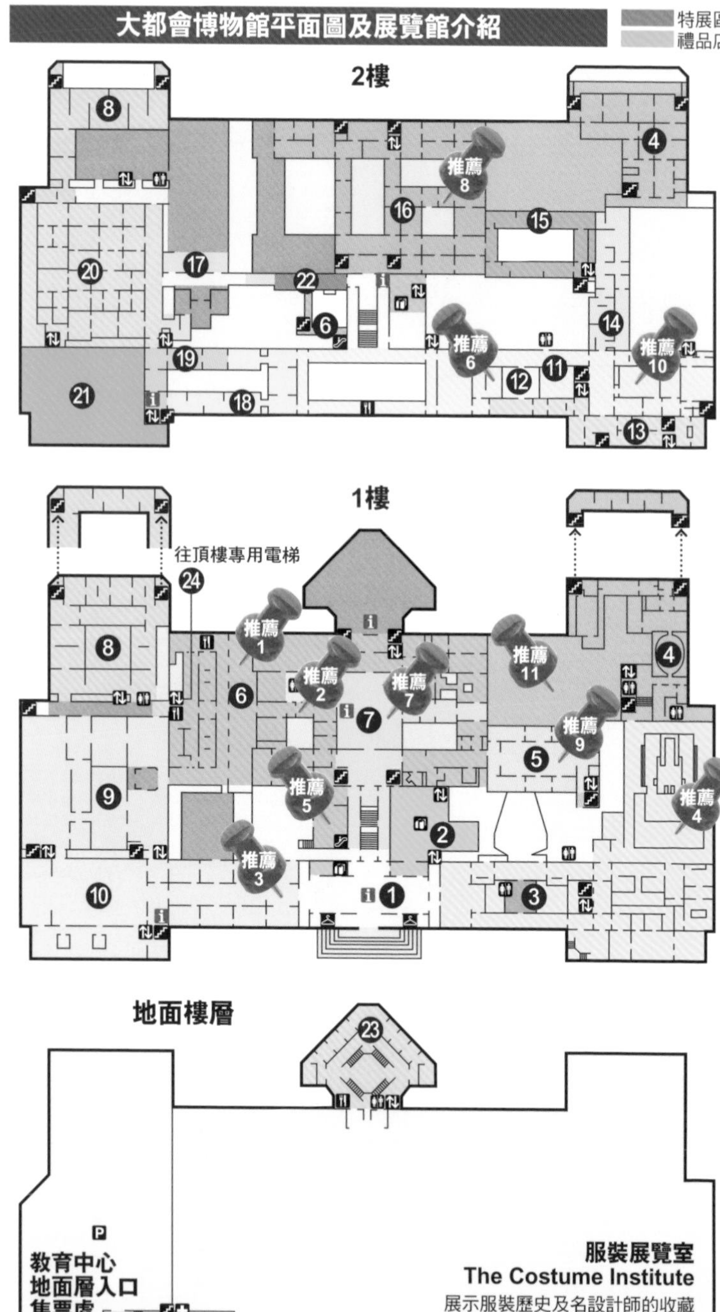

**❶ 博物館大廳**
**The Great Hall**

古典挑高的博物館大廳，是你對大都會的第一印象，以中央八角形的資訊服務台為中心，寄物服務、購票櫃台都在這裡。

**❷ 博物館禮品部**
**Main Shop**

館內最大的禮品部，各類書籍、複製品、禮品、紀念品等，種類非常齊全，購物人潮很多，是你參觀完全館後必到之處。

**❸ 埃及館**
**Egyptian Art**

橫跨5千多年歷史的埃及藝術品，依照年代陳列展示，包括棺槨、王室珠寶、工藝品及必看的「丹德神廟」(The Temple of Dendur)。

**❹ 美國館**
**The American Wing**

展出從殖民時期到20世紀早期的美國繪畫、雕刻、工藝品等3千多件的館藏，以生活起居的實景做展示，內容非常豐富。

**❺ 武器與盔甲**
**Arms & Armor**

從歐洲、亞洲等地蒐集來的近2萬件的盔甲、武器，尤其以中世紀武士盔甲最為精采，中庭裡的騎馬隊伍氣勢十足。

**❻ 歐洲雕塑和裝飾藝術**
**European Sculpture & Decorative Arts**

包括文藝復興時期到20世紀的歐洲雕像、裝飾家具、玻璃金屬工藝等收藏。有著天窗的長廊，非常明亮。

**❼ 中世紀藝術**
**Medieval Art**

歐洲中世紀及早期4～16世紀的藝術收藏，有雕像、壁畫，宗教聖器、珠寶、武器等，如同中世紀教堂般的空間展示。

**❽ 20世紀藝術**
**Modern and Contemporary Art**

收藏20世紀近代繪畫、雕塑、工藝、家具設計等藝術作品，有米羅、馬諦斯、達利、安迪．沃荷等藝術大師的作品。

**❾ 非洲、大洋洲、南北美洲藝術**
**Arts of Africa, Oceania& the Americas**

有紀元前2000年的考古品，也有近代製作精美的工藝品，是以原住民的藝術收藏為主的展館。

### ⑩ 希臘和羅馬藝術 Greek & Roman Art

橫跨數千年歷史的希臘和羅馬藝術收藏，大量精美的雕像、工藝、水瓶、壁畫等，總數超過5千件以上的館藏，豐富多元。

### ⑪ 中國藝術 Chinese Art

收藏有大量的中國藝術品，從大型壁畫、佛像雕刻、繪畫、書法，甚至整個拷貝至館內的「蘇州庭園」都值得欣賞。

### ⑫ 韓國藝術 Korean Art

韓國館的範圍較小，被包圍在中國館當中，以生活器具、雕像、畫作為主。

### ⑬ 東南亞藝術 South & Southeast Asian Arts

包含南亞以及印度的藝術收藏，大量的佛像雕刻是收藏重點，神韻有別於中國或日本的佛像。

### ⑭ 日本藝術 Japanese Art

日本館收藏豐富，從古日本繩文文化至近代藝術品都有，漆器、金工、屏風、版畫都不容錯過，精美的和服也是館藏之一。

### ⑮ 樂器館 Musical Instruments

收集了來自世界各地從古至今的各種樂器，有西方的吉他、大鍵琴、小提琴，也有東方的鑼、鼓等，還有許多你從沒見過的樂器。

### ⑯ 歐洲繪畫 European Paintings

專門收藏12～19世紀早期的歐洲繪畫藝術，有大量的肖像畫、風景畫、及以宗教為主題的畫作等，是不可錯過的展覽區。

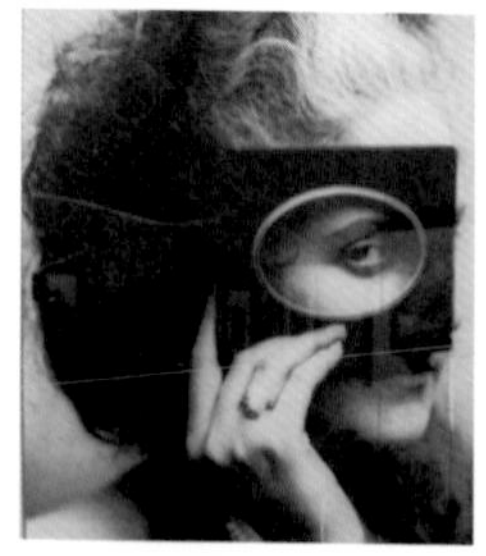

### ⑰ 攝影藝術 Photographs

收藏19世紀～近代，歐洲及美國攝影大師的經典作品，若遇精采的特展，不要錯過了。

### ⑱ 古代近東藝術 Ancient Near Eastern Art

精采完整的古代中東、西亞地區的藝術館藏，其中以亞述帝國的人頭獸身雕像最為有名。

⑲ **塞浦路斯藝術**
**Cypriot Art**

收藏塞浦路斯及其周邊地區的古代藝術，以人像雕刻、水瓶、各類生活用品、首飾為最多、最精采。

⑳ **19世紀繪畫和雕刻**
**19th and Early 20th Century European Paintings & Sculpture**

以專門收藏19～20世紀近代歐洲繪畫藝術品為主的展覽館，如印象派大師莫內的作品，都在館藏之列。

㉑ **中東藝術館**
**Art of the Arab Lands, Turkey, Iran, Central Asia, and Later South Asia**

集伊斯蘭世界的藝術精華，有碩大的地毯、天幕、水池、完整的房間等，收藏相當豐富，不看太可惜。

㉒ **素描與版畫**
**Drawings & Prints**

有達文西、米開朗基羅、拉斐爾等大師的素描作品。

㉓ **羅伯特・雷曼收藏室**
**Robert Lehman Collection**

私人收藏捐贈的精采館藏，包括文藝復興時期到20世紀的藝術品，有繪畫、素描等。1樓有可往下的樓梯。

## ㉔ 博物館頂樓花園 Roof Garden

行家導覽

大都會博物館的頂樓展出戶外的現代雕塑作品，天氣好時經常聚滿參觀的遊客，空間不大、但展出的作品通常都很有意思，均為不定期的展覽，雕塑品會隨展覽更換。頂樓設有飲食販賣部，可以買個飲料坐在長椅上休息看藝術，這裡也是眺望中央公園及市區高樓景致的好地方喔！

# 11大展覽空間

作者推薦

大都會博物館大到讓你不知從何參觀起嗎？
第一次造訪它時，我也是一頭霧水，
只能走到哪看到哪，一路頭昏腦脹+眼花，
這11個展覽空間是我經過數次參觀後，
個人最喜歡的，推薦給你參考！

推薦1

位在「歐洲雕塑和裝飾藝術」區，有許多生動的大理石雕像，配上紅磚的牆面、及玻璃天窗的設計，當陽光從上灑下時，真的有置身在歐洲車站的感覺，經常有人在這裡寫生，不妨在一旁的咖啡廳裡，來個悠閒的下午茶。

推薦2

同樣位在「歐洲雕塑和裝飾藝術」區，這裡有數間完整的廳堂展示，宛如將住家內部原封不動地搬進了博物館。這間有著浮雕牆面及羅馬雕像的房間，是我最喜歡的一間。

推薦3

位在「希臘和羅馬藝術」區，同樣有著透明天窗的設計，四周圍著希臘石柱，雕像則分散在水池四周，很像到了古希臘的中庭廣場，氣氛滿點。

推薦4

來大都會必看的「丹德神廟」位在埃及區，挑高廣大的空間將中央公園的景色也一起納入，神廟前方有個大水池及兩座雕像，給人一種很不可思議的空間感。

同樣位在「歐洲雕塑和裝飾藝術」區，將歐洲的中庭廣場整個搬到了博物館內，細緻的圓柱圍欄、美麗的窗口陽台，如同羅密歐與茱麗葉夜晚私會的祕密空間。

一進入「中國藝術館」內，這間碩大的展覽室裡巨幅壁畫幾乎占據了整個牆面，坐在長椅上靜下心來，細細品味藝術吧！

位在「中世紀藝術」區內，超挑高的天花板，以及細緻的鑄鐵雕花圍欄，讓你有參觀歐洲大教堂般的感受，連說話都輕聲細語了起來，後頭的祭壇畫像是觀賞焦點。

這個小小的展覽室，是以芭蕾舞者畫作著名的藝術家竇加(Edgar Degas)的專屬空間，中間立著舞者的雕像，加上四周相關的名畫作，放慢腳步停留欣賞，每個角度都很美。

「武器與盔甲」區內的騎士隊伍，昂首闊步地行列在陽光的照射下，生動而有氣勢，有如置身中古世紀時光中。

將中國的工匠及建材直接搬運來館內興建造景，有竹林、有花窗、有涼亭、有書房，將整個蘇州的園林景致100%拷貝，真讓人轉個彎眼界完全改觀，蘇州庭園位在「中國藝術館」。

2009年夏天完成整建的美國館，將美國風味的建築、藝術，原汁原味地搬進了博物館，噴泉、雕像、涼廊……大都會博物館又多一個讓人著迷、流連的好地方。

超級大的鯨魚飛躍在你頭頂上，是海洋館最有人氣的巨大招牌

# 自然歷史博物館
## American Museum of Natural History

http www.amnh.org
✉ 725 Central Park West (79nd St.口)
☎ (212) 769-5100
➡ 搭乘地鐵Ⓑ Ⓒ線至81st St.站、① 線至79th St.站，步行5分鐘
🕘 10:00～17:45
休 感恩節、12/25
$ 一般票券：成人$23.00，學生$18.00，2～12歲$13.00
全套票：成人$33.00，學生$27.00，2～12歲$20.00
i 博物館與天文館皆有各自的入口，但兩館的內部互通，只需購買一次票券就都可以參觀(不過太空中心內的太空劇場、IMAX雷射秀等，須另外購票，有不同組合的綜合票券可購買)
**免費導覽(英文)：**10:15、11:15、12:15、13:15、14:15、15:15
MAP P.8 / E3、P.132

人文歷史也是博物館的主要館藏之一

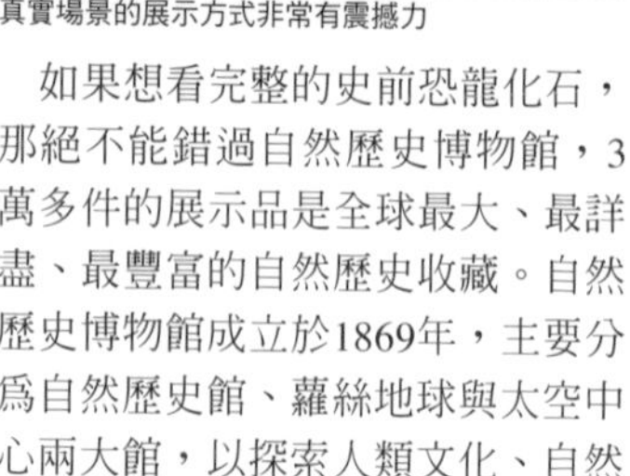
真實場景的展示方式非常有震撼力

如果想看完整的史前恐龍化石，那絕不能錯過自然歷史博物館，3萬多件的展示品是全球最大、最詳盡、最豐富的自然歷史收藏。自然歷史博物館成立於1869年，主要分爲自然歷史館、蘿絲地球與太空中心兩大館，以探索人類文化、自然世界及宇宙科學爲主要的任務，教育的意義極爲鮮明。

自然歷史博物館最適合親子同遊了

自然歷史館展示了動植物的標本，其中以史前生物的巨大化石標本最令人讚歎，完整的恐龍、猛瑪象、鯨魚化石，用最近的距離與你面對面；而動物的標本也以情境式地逼眞展示，讓你完全身歷其境。還有模仿眞實雨林的植物館、海洋館、印第安人館等，也都是環境擬眞的展場設計，非常精采，最適合全家大小一起參觀。

蘿絲地球和太空中心則是以地球科學及太空探索爲主題，從地球的地理、地質、環境到太空的科學、

想要一探天文科學，地球太空中心絕不能錯過

大廳裡的這兩隻恐龍是自然歷史博物館的招牌

發現、形成等知識，全部讓你一次清楚了解。館內的太空劇場(Space Theater)、宇宙大爆炸體驗館(Big Bang)、IMAX劇院最受遊客歡迎，館內外以九大行星的整體設計非常吸引人。

自然歷史博物館的入口大廳爲2樓，所以你可以從2樓參觀起，共有4層樓的展示，建議多安排一些時間參觀。由於整個館非常大，一

天內是沒辦法仔細參觀完全部的展示，挑有興趣的參觀即可；1樓跟4樓有咖啡廳，餐廳則在地下樓，可以稍作休息後再轉往太空館參觀。

參觀之餘也別錯過了精采的博物館商店，有專賣恐龍的、天文方面的等等，不選購一些回家太可惜。

巨大的恐龍骨骼標本最吸引大小遊客

禮品店永遠是人潮洶湧，忍不住也跟著瘋狂買了起來

## 自然歷史博物館平面圖及展覽館介紹

自然歷史博物館　地球和太空中心　停車場

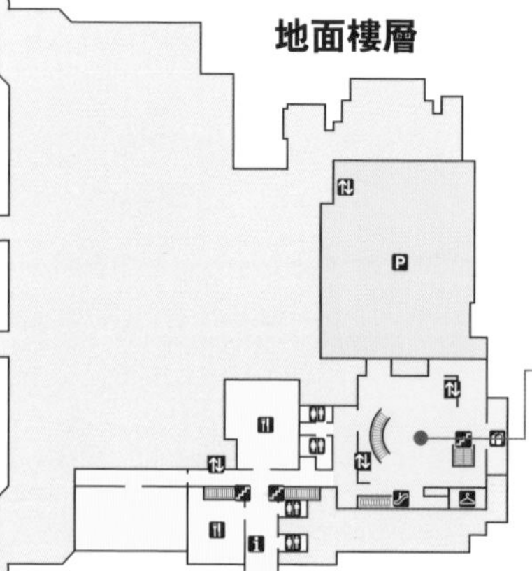

### 宇宙館
**Cullman Hall of the Universe**

與宇宙相關的各種知識，還有可以讓你動手嘗試的各種設施，也有宇宙相關影片放映，大人小孩都愛玩。

### ❶ 北美洲哺乳動物
**North American Mammals**

以北美洲的哺乳動物為主，非常擬真的展示，大棕熊、美洲野牛很受歡迎。

### ❷ 多樣化生物館
**Hall of Biodiversity**

各種龍蝦、蝴蝶、水母等，一起展示箇中的差異性，有如一面製作精美的標本牆。

### ❸ 海洋生物館
**Hall of Ocean Life**

中間的那隻大鯨魚，會讓你目瞪口呆好一陣子，海中生物躍出水面彷彿活了起來。

**④ 北美洲森林**
**North American Forests**

展示森林生態活動、植物及動物，館中有一片樹齡1,891歲的巨木切片，非常壯觀。

**⑤ 紐約州環境紀念館**
**New York State Environment**

介紹紐約州四季變化的生態環境，地理、氣候等解說非常清楚生動。

**⑥ 人類生態和演化**
**Human Origins**

把人類的演進說明得非常清楚，有各種頭骨跟文化的比較展示。

**⑦ 隕石館**
**Hall of Meteorites**

收集大大小小從外太空來的隕石標本，告訴你隕石成分有什麼不同及精采故事。

**⑧ 礦石館**
**Hall of Minerals**

蒐集全世界不同的礦石，以原石或切面的展示方式，讓你除了眼看，還可以觸摸。

**⑨ 寶石館**
**Morgan Hall of Gems**

寶石人人愛，連玉石都有這麼多種類，也有成套的貴重珠寶設計展示。

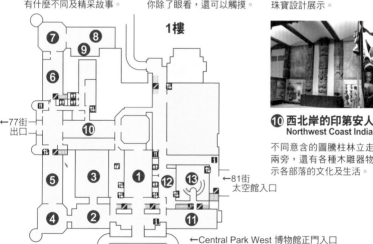

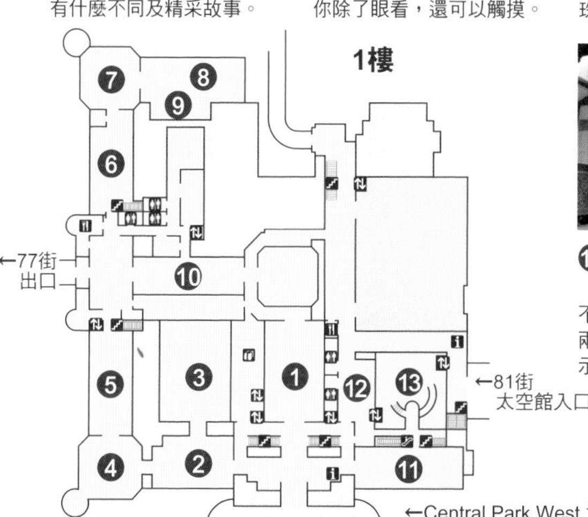


**⑩ 西北岸的印第安人**
**Northwest Coast Indians**

不同意含的圖騰柱林立走道兩旁，還有各種木雕器物展示各部落的文化及生活。

**⑪ 地球館**
**Hall of Planet Earth**

詳細說明地球的形成、地質、地理、氣候等地球科學，有各種地質展示。

**⑫ 蘿絲館**
**Rose Gallery**

太空人登陸月球及從事太空活動的照片展覽，讓你從太空看地球。

**⑬ 宇宙步道**
**Heilbrunn Cosmic Pathway**

繞著大球體一路而下的步道，上頭有行星的模型，步道邊有關於宇宙的知識。

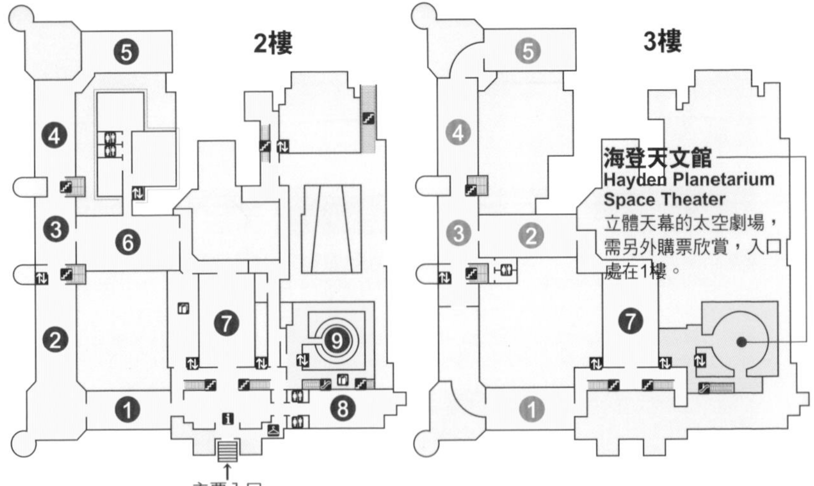

❶ **亞洲哺乳動物館**
**Asian Mammals**

以亞洲的哺乳動物為主，有大象、老虎等大型動物，擬真的展示非常吸引人。

❷ **亞洲人類館**
**Hall of Asian Peoples**

展示亞洲、近東的文化、生活為主，日本館跟中國館的展品非常特別。

❸ **世界鳥類館**
**Birds of the World**

蒐集世界的鳥類標本，甚至一些你從沒見過、聽過的鳥，企鵝也屬鳥類喔！

❹ **墨西哥及中美洲館**
**Mexico and Central America**

展示墨西哥及中美洲的文化、生活，有各種建築、陶器，及黃金器具、面具等。

❺ **南美洲人類館**
**South American Peoples**

展示南美洲的文化、生活，有各種打獵器具、面具、織品等。

❻ **非洲人類館**
**African Peoples**

展示非洲的各種族文化、生活，有各種服飾、面具、生活用品等。

❼ **非洲哺乳動物館**
**African Mammals**

以非洲的哺乳動物為主，位於本館中央焦點的非洲象群是拍照留念的熱門點。

❽ **海鳥館**
**Hall of Oceanic Birds**

蒐集來自世界各地不同的海鳥標本，生動的展示方式栩栩如生！

❾ **大爆炸劇院**
**Big Bang Theater**

短片說明宇宙的形成過程，有立體的螢幕及震撼的音效，免費參觀。

4樓

**環境介紹中心**
**Wallach Orientation Center**
資訊中心，可索取各類簡介，大廳還有影片的播放。

**❶ 爬蟲類和兩棲動物**
**Reptiles and Amphibians**
包括蛇、青蛙、鱷魚、蜥蜴等生物標本及生態，還有動物解剖的詳細器官解析。

**❷ 北美洲鳥類館**
**North American Birds**
蒐集北美洲的各種鳥類標本，擬真的展示有時讓人根本不覺得只是標本。

**❸ 靈長類**
**Primates**
靈長類動物的標本、骨骼及演化的比較，表情、動作都製作得非常可愛。

**❹ 東部印第安人館**
**Eastern Woodlands and Plains Indians**
不同部落的文化、語言、服飾等，詳細地分類展示。

**❺ 太平洋沿岸人文館**
**Pacific Peoples**
太平洋島國民族的文化、語言、生活、服飾等，Moai巨石像最受遊客歡迎。

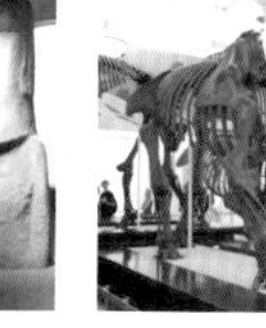

**❶ 高等哺乳動物館**
**Advanced Mammals**
高等哺乳動物的骨骼標本，如大象、牛、犀牛、羚羊等。

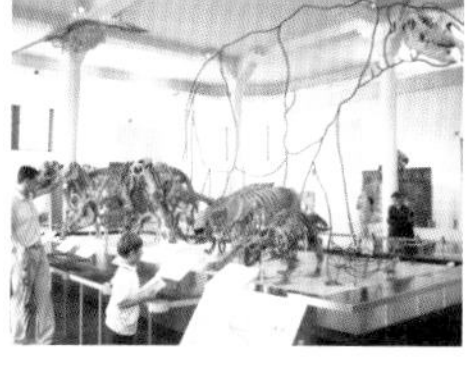

**❷ 原始哺乳動物館**
**Primitive Mammals**
古代原始哺乳動物的骨骼標本展示。

**❸ 似鳥類恐龍館**
**Ornithischian Dinosaurs**
古代似鳥類的骨骼化石標本，古代鳥真是巨大。

**❹ 蜥蜴類恐龍館**
**Saurischian Dinosaurs**
讓大小朋友都瘋狂的恐龍化石館，能近距離接觸巨大化石，是拍照留念的焦點。

**❺ 脊椎動物的起源**
**Vertebrate Origins**
海中生物的標本、化石，大小魚骨、鯊魚齒，一樣精采有可看性。

經過裡外整修改造的MoMA，展場空間開闊、明亮，藝術品收藏則更有看頭

# 紐約現代美術館
## The Museum of Modern Art (MoMA)

http www.moma.org
✉ 11 W. 53rd St. (5th～6th Ave.之間)
☎ (212)708-9400
➡ 搭乘地鐵Ⓔ Ⓜ線至5th Ave./53rd St.站
🕒 10:30～17:30 (週五10:30～20:00)
12/24 10:30～15:00
休 感恩節、12/25
$ 成人$25.00，學生$14.00，16歲以下免費；每週五16:00～20:00入館免費
i 票券包含可參觀位於皇后區的MoMA PS1(前往方式請參考官方網站)
**語音導覽：**語音藝術作品導覽機為免費，可向大廳服務台索借使用，導覽機有中文的服務！
MAP P.11 / C5

成立於1929年，從創館的9件收藏到現在擁有超過15萬件現代藝術品、2萬多部的影片及4百多萬幅的攝影等收藏，MoMA是世界上收藏現代藝術最爲傑出的美術館，也是紐約第一座致力於現代藝術作品收藏的美術館。美術館曾於2002閉館整建，由日本建築師谷口吉田所設計的新館，在眾人期待的目光下於2004年重新開幕啓用，黑色大理石、玻璃帷幕的外觀整個讓人耳目一新。挑高33.5公尺的中庭，讓整個美術館充滿自然的光線，透過大片的玻璃反射，整個城市景觀似乎也成了美術館另一個特別的收藏。

除了租借語音導覽機，導覽團也是參觀方式之一

戶外庭院的雕塑品跟牆外大樓，都成了美麗的風景

MoMA的禮品店，商品創意十足，保證滿載而歸

許多美國現代藝術家的經典作品，都可以在這裡看到，如波拉克(Jackson Pollock)、歐姬芙(Georgia Totto O'Keeffe)、安迪·沃荷(Andy Warhol)、愛德華·霍普(Edward Hopper)等。當然，享譽國際的藝術家，如梵谷(Vincent van Gough)、畢卡索(Pablo Ruiz Picasso)、馬諦斯(Henri Matisse)、達利(Salvador Dali)、莫內(Claude Monet)、塞尚(Paul Cezanne)等，也都有名作在這裡跟你面對面。

週五免費參觀時段的人潮就是這麼的踴躍

靜態的藝術、動態的參觀者，各有欣賞的風景

MoMA不止只有畫作，它的現代藝術收藏範圍相當廣泛，還包括了雕塑、建築模型、家具，甚至汽車零件、直升機及飛機引擎等。看膩古典雕像、畫作了？MoMA不時都會有特別的展覽，它的新奇設計一定會讓你大開眼界。

獨特的建築外觀，是古根漢美術館最好認的註冊商標

# 古根漢美術館
## Solomon R. Guggenheim Museum

- http www.guggenheim.org/new-york
- ✉ 1071 5th Ave. (89th St.口)
- ☎ (212)423-3500
- ➡ 搭乘地鐵④⑤⑥線至86th St.站，往5th Ave.方向步行10分鐘
- 🕘 10:00～17:45(週六10:00～19:45)
- 休 週四、感恩節、12/24～25
- $ 成人$25.00，學生$18.00，12歲以下免費；每週六17:45～19:45入館自由付費
- MAP P.9 / C6

免費參觀的時段一定會出現長長的排隊人龍

古根漢美術館成立於1937年，它獨特的螺旋狀外觀造型興建於1959年，一舉成為眾人注目的焦點。這是建築大師萊特(Frank Lloyd Wright)的作品，純白、簡潔線條的造型與周圍第五大道上的古典豪宅，形成強烈的對比，讓人要不去注意它都難。

古根漢美術館曾一度因外牆過於老舊、龜裂、掉漆，自2005年起展開為期4年的大規模外觀整建工程，並於2009年以嶄新的外觀迎接50週年的館慶。

除了外觀奇特外，古根漢美術館內部也與外觀同樣採螺旋狀設計，沿著緩坡道，可以環繞著中央挑高的中庭一路走到頂層，而畫作就依序沿著牆面展示，雕塑品也會在走

美麗的天窗是藝術品外另一個讓人注目的焦點

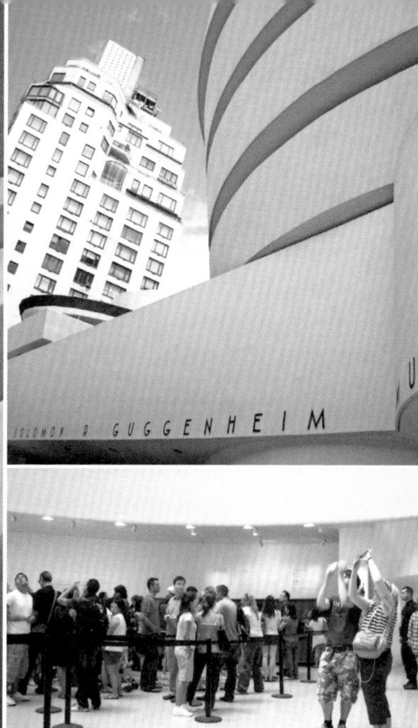

這個拍照姿勢是古根漢美術館的註冊商標

道途中與你相遇。而中庭的天窗則是另一個令人驚豔之處，相較於樸素的牆面，這片讓陽光灑落的簡潔天窗，眞的有說不出的現代美感，難怪中庭幾乎是人潮最多之處，而「仰頭觀天」是參觀古根漢時遊客的招牌動作。

若是你想緊靠在牆邊欣賞中庭或拍照，因安全理由，工作人員會馬上來制止；也會請你將背包背在前面，以免不小心碰到藝術品。參觀最後，別忘了到博物館商店逛一逛，買件藝術紀念品再離開。

古根漢美術館以展出現代派、前衛派藝術家的作品爲主，早期如康丁斯基、蒙德里安、畢卡索等藝術大師，他們的作品都是在這裡展出的常客，也是美術館館藏的重點。館內的展覽定期會更換，想知道來造訪時會有哪些讓你驚喜的作品，不妨先上網預習一下。

迴旋狀的走道，能360度欣賞獨特的藝術創作

博物館商店以建築外觀造型的馬克杯最受歡迎

嶄新明亮的美術館外觀

館內的展覽總是前衛新潮，讓人驚豔

# 惠特尼美術館
## Whitney Museum of American Art

http whitney.org
✉ 99 Gansevoort St.(Washington St.口)
☎ (212)570-3600
➡ 搭乘地鐵 1 2 3 A C E 線至14th St.站、L線至8th Ave.站，出站往肉品包裝區方向步行約8分鐘
🕒 10:30～18:00
(週五、六10:30～22:00)
休 週二、感恩節、12/25
$ 成人$25.00，學生$18.00，18歲以下免費；週五19:00～21:30入館自由付費
i **免費導覽：**每個樓層每日都有一個梯次的導覽，時間均不同，請上網查詢
MAP P.12 / F2、P.211

惠特尼美術館有多元的展覽風格，尤其是以前衛藝術最爲出名，不時都會舉辦裝置藝術、行爲藝術、網路藝術等特展，不管看得懂或看不懂，它的前衛精神令人佩服，最主要的是讓人看得有趣。

惠特尼美術館也是許多美國當代藝術家成名發跡的地方，並以收藏美國現代藝術而聞名，寫實派、抽象派、普普風或前衛藝術，都在它的館藏之列，其中以美國藝術家愛德華霍普(Edward Hopper)的作品最爲豐富完整。而兩年一度在春天舉辦的惠特尼雙年展(Whitney Biennial)是藝術界的重要大事。

每個樓層都有戶外觀景台，可以欣賞落日或夜景

位於High Line高架鐵道公園旁的惠特尼美術館，於2015年春天落成開幕，由上城轉往下城落腳。

堆疊的外觀，隨著光線變化而有不同表情　新奇的展覽總讓人摸不著頭緒

# 新當代藝術館
## New Museum

連洗手間都以藝術來妝點

- www.newmuseum.org
- 235 Bowery St. (Prince St.口)
- (212)219-1222
- 可搭乘地鐵J Z線至Bowery站，6線至Spring St.站
- 11:00～18:00(週四11:00～21:00)
- 休 週一、二
- $ 成人$18.00，學生$12.00，18歲以下免費；週四19:00～21:00自由付費
- MAP P.15 / B6、P.240

原位於百老匯大道上的當代藝術館，再經過長時間的沉寂，2007年在新的位址重新開幕。當代藝術館成立於1977年，是一間沒有永久收藏品的新概念藝術館，專注於藝術創作還未被評論、大量傳播、出版的當代藝術家，館體的功能性不是它強調的重點，展覽本身的概念與策畫才是它想要傳達給大眾的。

New Museum外觀相當耐人尋味，頗似隨性地將大小不一的白色積木層層相疊，與周遭環境或文化都是如此的突兀，但卻因此讓它更具有獨特性。內部也以白色來呈現，咖啡廳、禮品部、服務台設置在1樓，將2～4樓的空間完全讓給藝術創作品，就連樓梯間都是展示空間，讓人連轉個彎都有驚喜。

不管展覽是否打動你心，光是它把音樂、視覺、影像、空間裝置、行動藝術等，混在一起展出的勁爆想法，就非常讓人精神一振。把看懂或不懂的問題先拋在腦後，全新的藝術感官體驗才是參觀重點。

這個與眾不同的博物館，可以參觀平時難以靠近的航空母艦、潛水艇與太空梭

# 無畏號海、空暨太空博物館
## Intrepid Sea, Air and Space Museum

- http www.intrepidmuseum.org
- ✉ Pier 86 (W. 46th St.與12th Ave.)
- ☎ (212)957-7041
- ➡ 搭乘地鐵1CE線至50th St.站，NR線至49th St.站，轉搭M50線公車，或步行前往；也可搭乘地12 37ACENQRWS至42nd St.站，再徒步前往
- ⏲ 4/1～10/31：週一～五10:00～17:00，週六～日、假日10:00～18:00
  11/1～3/31：10:00～17:00
- 休 感恩節、12/25
- $ 通行套票：成人$33.00，5～12歲$24.00，4歲以下免費；語音導覽$10.00(有中文)
- MAP P.10／E1、紐約地鐵路線圖(拉頁地鐵圖)

若想對美國留下深刻的印象，不妨安排參觀這座由退役的航空母艦改造而成的海空軍事博物館。在你還未踏上艦艇，它碩大的體積就已經震攝人心，實實在在的一整艘航空母艦就矗立在你的眼前。

模擬的船艙駕駛室，讓遊客體驗駕船的樂趣

艦體內豐富地展示了美國的航空史、戰機史，除了靜態展示外還有可以讓遊客拍照的體驗裝置，一償當空少、船長的宿願。你也可以一一參觀船艙內部，一窺航空母艦內的設備與軍人在艦上的生活方式。

上層寬廣的甲板上展示著許多退役戰機，一旁也有潛水艇讓你一探究竟，最吸引人的就是有一架實體的太空梭讓遊客參觀、體驗，絕對是一個與眾不同的博物館。

從廢墟中最後移走的鋼梁，成為館中的精神象徵

當時搜尋失蹤親友的告示，以影像投射於牆面上

# 世貿紀念博物館
## 9/11 Memorial Museum

- http www.911memorial.org/museum
- ✉ 世貿紀念園區內(園區入口於Liberty St與Greenwich St、West St口)
- ☎ (212)227-7931
- ➡ 搭乘地鐵Ⓔ線至World Trade Center站；ⓇⓌ線至Cortlandt St站；❶線至Rector St站；❷❸❹❺ⒶⒸⒿⓏ線至Fulton St站
- ⏲ 週日～四09:00～20:00，週五～六09:00～21:00，閉館前2小時最後入館
- $ 成人$24.00，13～17歲$20.00，7～12歲$15.00，7歲以下免費 週二17:00～20:00參觀免費
- i 館內禁止攜帶水，以及任何食物
- MAP P.16／C3，P.261

當時因救災而受困毀損的救護消防車

建於世貿遺址上的紀念博物館，於2014年5月對大眾開放參觀，館內展示的主題就是於2001年9月11日早上發生激進恐怖份子挾持4架民航客機撞擊世貿雙塔、五角大廈的整個恐怖攻擊事件的始末。

紀念博物館入口位於世貿紀念園區內，以世貿地下地基遺址爲空間，從地面樓一路往下，帶領參觀者了解整個事件發生的詳細過程，播放當時飛機撞擊大樓，以及警消人員救援與犧牲的影像與錄音。更從各種遺物展示緬懷因攻擊事件而罹難的所有人員，讓參觀者無不動容，靜默、感傷、緬懷的氣氛環繞整個博物館。

參觀博物館須通過機場般的嚴格安檢，嚴禁攜帶任何食物及飲水。

# 紐約有人氣的博物館、美術館 all fun!

紐約的博物館、美術館數量，多到讓人不知如何選擇參觀起，每一間的展覽內容各有不同，有主題性的、有收藏性的、有玩樂性的，種類豐富且多元。挑選出一些大眾較為有興趣的主題博物館、美術館介紹給大家，若你的行程還有剩餘的時間，不妨從中挑個幾間來參觀。

## 摩根圖書與收藏博物館 The Morgan Library & Museum

http www.themorgan.org
✉ 225 Madison Ave.(36th St.口)
☎ (212)685-0008
➡ 搭乘地鐵⑥線至33rd St.站
🕒 週二～四10:30～17:00，週五10:30～21:00，週六10:00～18:00，週日11:00～18:00
休 週一、感恩節、12/25、1/1
$ 成人$20.00，學生$13.00，12歲以下免費；週五19:00～21:00入館免費
MAP P.11 / G6

有豐富的書籍、文件、樂譜及插畫收藏，有精美的中世紀手抄本，還有個專業的演奏廳。

## 性博物館 Museum of Sex

http www.museumofsex.com
✉ 233 5th Ave. (27th St.口)
☎ (212)689-6337
➡ 搭乘地鐵R W線至28th St.站
🕒 週日～四10:00～22:00
週五、六10:30～23:00
休 感恩節、12/25
$ 18歲以上成人$20.50，學生$18.50
MAP P.13 / B5

18歲以上才能參觀的博物館，展出與性相關的歷史、藝術、影片等，禮品部有不少新奇的商品。

## FIT時尚博物館 The Museum at FIT

http www.fitnyc.edu/museum
✉ 7th Ave. (27th St.口)
☎ (212)217-4558
➡ 搭乘地鐵①線至28th St.站
🕒 週二～五12:00～20:00
週六10:00～17:00
休 週一、日、國定假日
$ 免費參觀
MAP P.13 / B4

展出流行時尚的歷史，一覽服裝時尚的演進過程，FIT(Fashion Institute of Technology)也是一所時尚的教學學校。

## 航海博物館 South Street Seaport Museum

http southstreetseaportmuseum.org
✉ 12 Fulton St. (近南街海港碼頭)
☎ (212)748-8600
➡ 搭乘地鐵②③④⑤ⒶⒸⒿⓏ線至Fulton St.站，沿Fulton St.步行約15分鐘
🕒 週三～日11:00～17:00
休 週一、二
$ 成人$12.00，學生$8.00，2～17歲$6.00
MAP P.17 / C7

票券包含參觀停靠於碼頭旁，Lightship AMBROSE與Wavertree兩艘船。

## 美國金融博物館 Museum of American Finance

http www.moaf.org
✉ 48 Wall St. (Pearl St.口)
☎ (212)908-4110
➡ 搭乘地鐵②③④⑤線至Wall St.站，ⒿⓏ線至Broad St站，沿Wall St.步行
🕒 週二～六10:00～16:00
休 週一、週日、國定假日、股市休市日
$ 成人$8.00，學生$5.00，6歲以下免費
MAP P.17 / D6

讓民眾認識美國經濟，展出美國金融歷史與文物，展出股票、紙鈔，甚至大富翁遊戲，也有歷史上經濟犯罪的展示。

## 兒童博物館 Children's Museum of Manhattan

http cmom.org
✉ 212 W. 83rd St.
(Amsterdam Ave.～ Broadway之間)
☎ (212)721-1223
➡ 搭乘地鐵①線至86th St.站
🕘 10:00～17:00(週六10:00～19:00)
休 週一
$ 1歲上兒童、成人$14.00
MAP P.8／D2

適合親子同行，有各種互動性的遊戲設施，可塗鴉、可角色扮演，還可為小朋友辦生日Party。

## 宗教藝術博物館 Rubin Museum of Art

http www.rubinmuseum.org
✉ 150 W. 17th St.(6th～7th Ave.之間)
☎ (212)620-5000
➡ 搭乘地鐵①線至18th St.站
🕘 週一11:00～17:00，週三11:00～21:00
週四11:00～17:00，週五11:00～22:00
週六、日11:00～18:00
休 週二、感恩節、12/25、1/1
$ 成人$15.00，學生$10.00，12歲以下免費
週五18:00～22:00免費
MAP P.12／E4

收藏來自喜馬拉雅地區的繪畫、雕塑、文件等，宗教藝術藏品精美豐富，非常值得參觀。

## 美國民俗藝術博物館 American Folk Art Museum

http folkartmuseum.org
✉ 2 Lincoln Sq.
(66th St.與Columbus Ave.口)
☎ (212)595-9533
➡ 搭乘地鐵①線至66th St.站
🕘 週二～四、六11:30～19:00，週五12:00～19:30，週日12:00～18:00
休 週一
$ 免費參觀
MAP P.10／A2

收藏並展出美國具民俗色彩的工藝品、藝術品、畫作等。

## 藝術與設計博物館 Museum of Arts and Design

http www.madmuseum.org
✉ 2 Columbus Circle(58th St.與Broadway口)
☎ (212)299-7777
➡ 搭乘地鐵①Ⓐ©ⒷⒹ線至59th St.-Columbus Circle站
🕘 週二～日10:00～18:00(週四10:00～21:00)
休 週一、國定假日
$ 成人$16.00，學生$12.00，18歲以下免費；週四18:00～21:00入館自由付費
MAP P.10／C3

展覽收藏以藝術創作、設計美學為重點的博物館，紀念品店也相當吸引人。

## 紐約市消防博物館 NYC Fire Museum

http www.nycfiremuseum.org
✉ 278 Spring St.
(Varick St.～Hudson St.之間)
☎ (212)691-1303
➡ 搭乘地鐵©Ⓔ線至Spring St.站
🕘 10:00～17:00
休 國定假日
$ 成人$8.00，學生、2～12歲以下$5.00
MAP P.14／C2

展出自18世紀以來至今，紐約市的消防歷史與文物，1樓開闢為911事件紀念館。

## 野口勇博物館 Noguchi Museum

http www.noguchi.org
✉ 33rd Rd., Long Island City, Queens
☎ (718)204-7088
➡ 搭乘地鐵ⓃⓌ線至Broadway站
🕘 週三～五10:00～17:00，週六～日11:00～18:00
休 週一、二
$ 成人$10.00，學生$5.00，12歲以下免費
MAP P.2

收藏日裔美籍雕塑家野口勇的立體作品。

### 藝術長廊 Museum Mile

另外，上東城第五大道上博物館、美術館聚集，這條渾然天成的「藝術長廊」(Museum Mile)也是不容錯過的，詳細介紹請參照P.167。

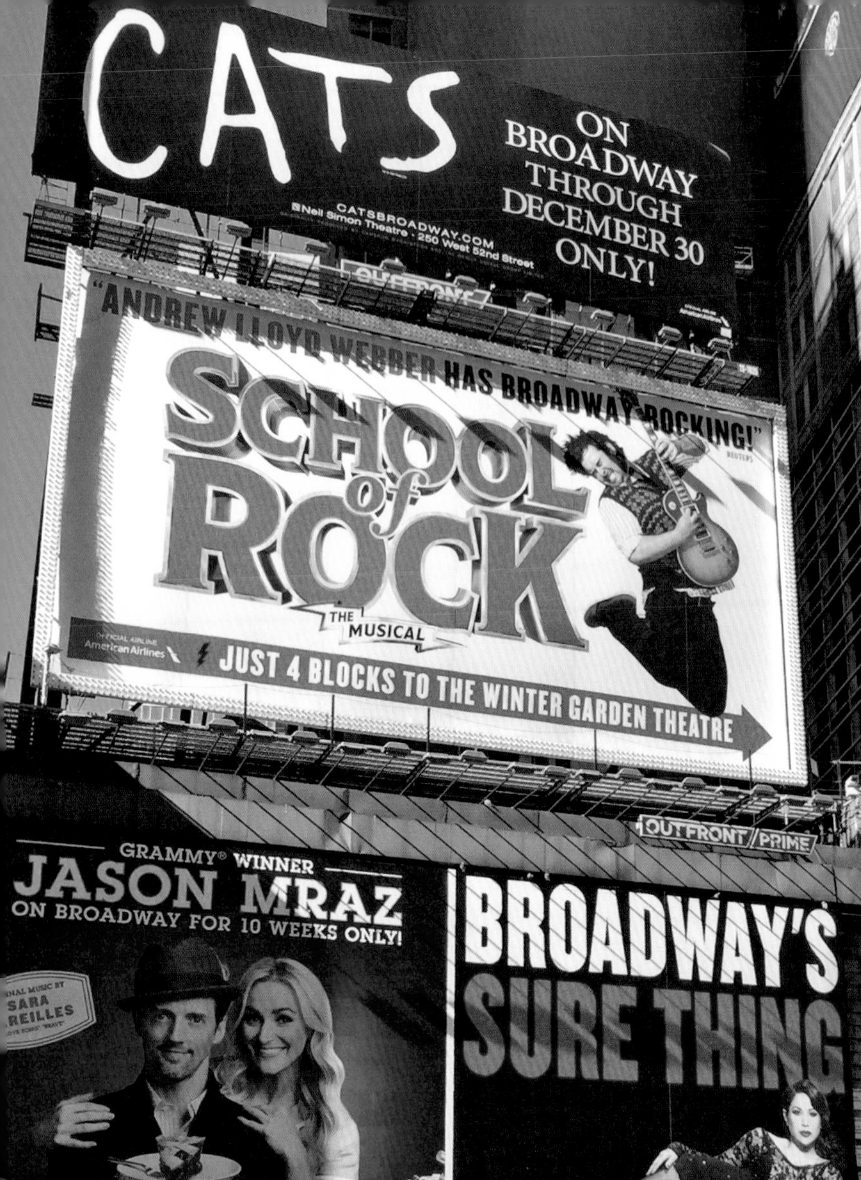
CATS
ON BROADWAY THROUGH DECEMBER 30 ONLY!
CATSBROADWAY.COM
Neil Simon Theatre · 250 West 52nd Street
"ANDREW LLOYD WEBBER HAS BROADWAY ROCKING!"
SCHOOL of ROCK
THE MUSICAL
American Airlines
JUST 4 BLOCKS TO THE WINTER GARDEN THEATRE
OUTFRONT/PRIME
GRAMMY® WINNER
JASON MRAZ
ON BROADWAY FOR 10 WEEKS ONLY!
SARA
REILLES
WAITRESS
BROADWAY'S
SURE THING
CHICAGO
HOT DOGS
BBQ IN AMERICA
BEST
HOTDOG

# 紐約百老匯

## 輕鬆享受音樂劇歌舞的歡樂

百老匯是劇院區表演的總稱，它包含有音樂劇(Musical)和戲劇(Play)的演出類型，觀光客當然是爲了鼎鼎有名的音樂劇慕名而來的囉！聽不聽的懂不重要，歌曲感人好聽、舞台酷炫豪華、歌舞熱鬧有勁，讓你覺得看得過癮、意猶未盡、值回票價，這就是百老匯最高的享受了。

# 音樂劇的代名詞「百老匯」Broadway Musical

## 精緻同時動人的紐約劇場文化

紐約雖是美國較早期開發的城市，不過直到18世紀中期才略有劇場文化的出現，這些小型的戲院當時以民俗歌劇、或莎士比亞戲劇的表演爲主，直到18世紀末才有大型的劇院興建，這時候的劇場文化集中於聯合廣場及麥迪遜廣場附近，演出的還是古典的歌劇舞蹈類型。

時代廣場成爲劇院區的代表則是

每年6月舉辦的東尼獎是劇院區的年度大事(網頁畫面擷取自東尼獎官方網站www.tonyawards.com)

在20世紀的初期，表演的形式也轉爲輕鬆的歌舞方式，早期以《齊格非》(Ziegfeld)的大型歌舞秀最爲經典，身材曼妙的女郎搭配華麗的服裝造型及舞台；1940年代百老匯進入黃金時期，1943年百萬製作的音樂劇《奧克拉荷馬》(Oklahoma!)，空前轟動、連續演出2,212場，引起之後的暢銷音樂劇一部接著一部推出，將紐約百老匯推舉到國際知名的層次。

華麗精緻是百老匯劇場的特色，燈光布景、服裝造型、豪華舞台等，都是音樂劇不可或缺的噱頭，但最重要的還是動人的音樂，許多你聽過的經典歌曲，其實都是出自於百老匯音樂劇呢！而目前每年都會舉辦的東尼獎(Tony Awards)，始於1947年，是爲了獎勵這些辛苦

### 時代廣場百老匯導覽

想要一窺時代廣場劇院區的祕辛，不妨加入由百老匯資深的劇場工作人員，跟著遊逛知名的劇院，百老匯的私藏景點，以及百老匯音樂劇的幕後故事。

- http walkinbroadway.com
- 出發點：The Actor's Chapel (239 W. 49th St.，Broadway～8th Ave.之間)
- (212)997-5004
- 時間隨季節變動，可上網預約時查詢；徒步導覽約90分鐘
- 休 全年無休
- $ 成人$30.00，學生$30.00，6～12歲$20.00，12歲以下免費
- MAP P.10 / D3、P.198

越夜越熱鬧的時代廣場，是劇院區的中心地帶

的舞台藝術工作者所成立的，如今已成爲紐約百老匯的年度盛事之一，一旦得獎，便是票房的保證。

## 遊樂園般的時代廣場劇院區

百老匯的劇院區(Theatre District)以時代廣場爲中心，劇院集中於Broadway～8th Ave.、42nd～50th St.之間，這區域裡約有40家左右的大小戲院，規模從600～1,500個座位左右都有，其中以上演近年最賣座音樂劇《女巫》(Wicked)的George Gershwin Theatre擁有1,933個座位最大。劇院區周邊也有很多的餐廳，大都提供有看戲前的餐點(Pre-Theater Menu)。

劇院區最醒目的不外乎是46街周邊的音樂劇廣告看板，看板越大的就是越熱賣的戲碼，而商業廣告則讓時代廣場極度燦爛醒目，以43街及47街上的兩個電子廣告塔最爲有名。尤其一到晚上，當所有的科技霓虹燈、跑馬燈、LED燈亮起時，簡直就是燈火輝煌，再加上觀光、購物、看戲的人潮，時代廣場就像一座遊樂園，非常熱鬧。

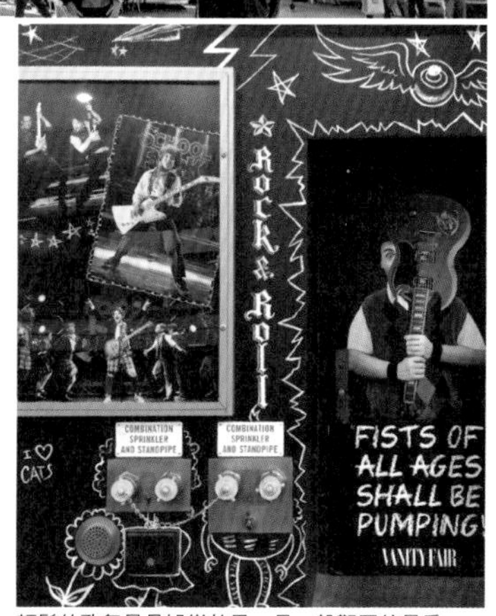


輕鬆的歌舞最具娛樂效果，是一般觀眾的最愛

## 人氣就是百老匯音樂劇演出壽命的指標

百老匯是劇院區表演的總稱，它包含有音樂劇(Musical)和戲劇(Play)的演出類型，觀光客當然是爲了鼎鼎有名的音樂劇而來的囉！

多數的音樂劇都是爲商業量身訂作的，若你的賣座好，表示有機會無限期地演出，若票房一旦欠佳，二話不說馬上被迫下檔，環境其實是很現實的。百老匯爲了提升知名度及賣座，也會邀請影視明星加入表演的陣容裡，但都有檔期限定。

幾齣世界有名且賣座的百老匯音

樂劇，如《貓》(Cats)、《西貢小姐》(Miss Saigon)、《吉屋出租》(Rent)、《歌舞線上》(A Chorus Line)、《媽媽咪啊》(MammaMia!)、《澤西男孩》(Jersey Boys)等，目前雖然都已經下檔，但你從來不知道它何時可能會再重登舞台，像目前正上演的《俏紅娘》(Hello, Dolly!)、《窈窕淑女》(My Fair Lady)、《芝加哥》(Chicago)等，都是50、70年代的名作，重新製作再推出的。

目前最受親子歡迎，是迪士尼製作的音樂劇《獅子王》(TheLion King)、《阿拉丁》(Aladdin)及《冰雪奇緣》(Frozen)；而最受觀光客喜愛的就是歷久不衰、持續上演的

歌劇魅影是紐約百老匯當今最長壽的音樂劇

獅子王是老少咸宜的音樂劇，遺憾的就是一票難求

《歌劇魅影》(The Phantom of the Opera)、《芝加哥》(Chicago)，還有口碑好、賣座佳的《女巫》(Wicked)、《摩門經》(The Book of Mormon)、《長靴妖姬》(Kinky Boots)、《漢密爾頓》(Hamilton)；改編自電影的《搖滾教室》(School of Rock)、《女侍情緣》(Waitress)、《真假公主》(Anastasia)；還有最新的《哈利波特：被詛咒的孩子》(Harry Potter and the Cursed Child)等。

紐約百老匯除了音樂歌舞劇外，也有許多的舞台戲劇，經常都會邀請影視明星客串演出，相當精采。

## 欣賞百老匯前看一下這裡！

欣賞百老匯音樂劇其實是很輕鬆的，不需正襟危坐或輕聲細語，別把它當成要去國家音樂廳般盛裝打扮，想像成情侶約會看電影地穿著整齊輕鬆就可以了。不過有幾個重點提醒：

T恤、牛仔褲是觀光客看戲常見的穿著

- 望遠鏡不是看戲的必須品，百老匯的劇院其實都不大，即使坐到最後一排也看得很清楚，看戲輕鬆方便最重要。節目表為免費，領位員會給你。
- 英文聽不聽得懂不重要，歌曲感人好聽、舞台酷炫豪華、歌舞熱鬧有勁，讓你覺得看得過癮、值回票價就是種享受了。若你真的想聽懂、看懂，不妨出發前買張音樂劇CD聽個仔細，或租電影版的DVD熟悉劇情(大部分的音樂劇都是改編自電影，或有拍成電影版本)，都是不錯的預習方式。
- 演出時大都有15分鐘的中場休息，除了上廁所，老外喜歡這時候排隊買飲料、聊天，你可以趁機到禮品部購買音樂劇的紀念品，CD、樂譜、T恤、馬克杯、棒球帽等，都是相當受歡迎的紀念品。
- 出發旅行前上網察看一下目前正在演出的有哪些，推薦維基百科(Wikipedia)所列出的表格，將劇院、戲碼、位置、檔期等都列得非常清楚。
http en.wikipedia.org/wiki/Broadway_theatre

紐約百老匯
賣座音樂劇
Biggest Hits
No.1


女巫 (Wicked) 首演：2003年10月30日

以下列出的10齣百老匯賣座音樂劇裡，《歌劇魅影》是百老匯有史以來，上演最久的一齣音樂劇，1988年首演至今，轉眼已經迎接第30週年了；第二長壽的則是1996年再次重新搬上舞台的《芝加哥》；而名列賣座榜首、永遠一票難求的，就是最受歡迎的《女巫》，以及1997年上演至今的《獅子王》；還有近年獲得東尼獎的《摩門經》、《漢密爾頓》等。

音樂劇的壽命全靠商業賣座來決定，百老匯每年有無數的劇碼推出或退下舞台，若有心儀的劇碼正在上演，記得把握機會欣賞，因爲你永遠不知道她何時會下檔。

＊劇院地圖請見P.198

**獅子王**
**The Lion King**
首演：1997年11月13日

**漢密爾頓**
**Hamilton**
首演：2015年8月8日

**摩門經**
**The Book of Mormon**
首演：2011年3月24日

**阿拉丁**
**Aladdin**
首演：2014年3月20日

**搖滾教室**
**School of Rock**
首演：2015年12月6日

**女侍情緣**
**Waitress**
首演：2016年4月24日

**歌劇魅影**
**The Phantom of the Opera**
首演：1988年1月26日

**芝加哥**
**Chicago**
首演：1996年11月14日

**長靴妖姬**
**Kinky Boots**
首演：2013年4月4日

購買戲票7方法——

# 收集折扣券 提早去排隊

在時代廣場TKTS排隊買票的人潮

## 1 TKTS時代廣場折扣票亭

位於47th St.與Broadway路口的TKTS購票亭，重新整修後以嶄新的面貌服務戲迷們，不但服務窗口變多、連信用卡都可以使用了，只要看到很多人在排隊的梯形建築就是了。

這裡分為午場跟晚場的售票時間，午場售票時間為10:00～14:00(週三、四、六、日)，晚場售票時間則為週一～六15:00～20:00(週日至19:00)。由於購票排隊的人潮非常多，一定要提早到票口排隊，以免想看的售完或窗口關閉時你還在排隊。若你不在乎一定要看哪齣，不妨在票口關閉前1～2小時，等人潮較少的時候再去排隊，看哪齣還有票就看哪齣吧！

窗口只賣當天的戲票，無法做預購，卻可以買到相當於半價的票！

MAP P.10 / E3、P.198

買票人潮多，記得提早去排隊

## 2 TKTS南街海港折扣票亭

位於Front St.與John St.口，這裡只發售當天晚上及隔天下午場的票券。南街海港TKTS票亭排隊的人數比時代廣場明顯少太多了，唯一缺點就是離地鐵站稍遠了些。

週一～六11:00～18:00
週日11:00～16:00
MAP P.17 / C7

位於南街海港的TKTS售票亭

## 3 使用折價券(Coupon)

飯店櫃台或觀光資訊中心都有折價券可自由索取，拿著折價券就可以直接至劇院窗口以優惠價買票，通常可優惠原票價的$25.00，雖沒有折扣票亭的便宜，卻可省去排隊的時間，但記得，還是要提早前往購票。

商店、景點、戲票等各種折扣券，可多加利用

## 4 網路購票

一些票務機構的網站也會提供百老匯戲票的購買，每家的折扣數不同，最好多比較、挑最划算的購買。最主要是省去排隊的時間，也可使用信用卡付費。

http www.nytix.com/Broadway
www.broadwayinsider.com
www.toptickets.us
www.ticketmaster.com/broadway
www.telecharge.com
www.broadway.com
www.broadwaybox.com

## 5 買劇院特價票(Rush Ticket)

若已打定主意今天要看哪齣戲，可先直接前往劇院購買當日特價票，備票量不多但排隊買票的人不少，最好提早去劇院詢問當日是否有票券出售，票價約$40.00。若沒有票券出售或售完，就可轉往TKTS票亭排隊。

劇院另外有留給學生專門購買的「Student Rush Ticket」，票價更便宜，約為$20.00～30.00，但需要出示有效學生證。特價票只收現金。

設於劇院內的售票窗口

## 6 買站票、樂透票

若沒有買原票價的預算，又想看最熱門的音樂劇，如《女巫》、《摩門經》等，有兩個方法；**1.買站票**：要好幾個鐘頭前就先去劇院售票窗口前排隊，票價約$25.00；**2.買樂透票**：開演前1～1.5小時會在劇院門口推出，填好樂透卡投入票筒，若幸運被抽中，就可以用約$35的票價買到票。這兩種票每個場次通常都各只有20張票左右，一人限買2張，只是一種要花時間，一種要靠運氣。

THE BOOK OF MORMON

LOTTERY ENTRY FORM
All fields must be completed

Name
# of Tickets (circle one): 1 or 2
State
Phone
Email
☐ I do not wish to receive offer and informational emails from THE BOOK OF MORMON and its partners

開演前推出的樂透票抽獎活動

## 7 購票注意事項

A.TKTS折扣票亭所賣的票券多為原票價的5折或7.5折，可以使用現金、旅行支票或信用卡購票，每張票券還會加收服務費$4.50。

B.若想看《獅子王》《女巫》《摩門經》等熱門音樂劇，則要到劇院的窗口購票，由於太受歡迎，這些熱門戲幾乎不會出現在TKTS折扣票亭。

C.若你已計畫好行程，也不在乎多花一些錢看戲，建議出發前提早上網購票，但要注意票務規定，每家網站不同，最好先詳讀說明。

### TKTS看板資訊怎麼看！

電子看板會顯示出目前有票販售的劇碼，建議依最想看的順位最少依序寫下3齣，以免等你排到窗口時，想看的戲票已售完，而又沒有其他資訊可參考。也可詢問窗口票券座位情形來選擇看哪齣。

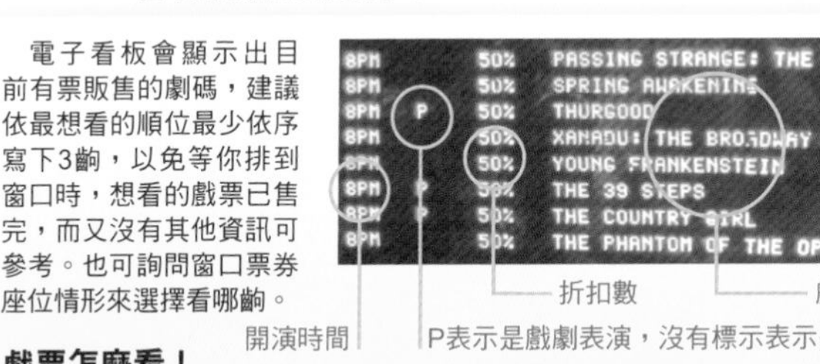


### 戲票怎麼看！

CITY
MUSIC
HALL
RADIO
CITY

# 紐約賞夜景

# New York Night Lights

## 紐約越夜越美麗

白天的紐約魅力四射、活力無窮；夜晚的紐約則閃亮著如鑽石般完美的火光，除了觀賞音樂劇、混夜店酒吧外，看看無價的夜景也是人生一大享受。璀璨的天際線夜景是紐約吸引觀光客的賣點，高樓尖塔、辦公大樓玻璃帷幕、港邊船隻、跨河橋梁、五彩的霓虹燈，在夜晚展現出與白天不同的浪漫風情，整個曼哈頓有如披上一件寶石彩衣，閃耀又多采。

**紐**約哪裡有最美的夜景、哪處的夜景最有特色？除了幾個須付費的景點外，也分享給你幾個不用花大錢，但夜景一樣漂亮的好去處！

## 時代廣場
**Times Squareg**

➡ 前往方式等資訊請參照P.192
MAP P.10 / E4、P.177、P.198

時代廣場的白天雖讓人驚奇不已，但它的夜景才眞是讓人佩服，廣告霓虹燈全部點亮，以廣場兩頭立起的廣告高塔最吸引遊客的目光。加上忙碌的交通車燈，牆上的、馬路上的，連地鐵站都以霓虹燈裝飾，果眞是越夜越美麗。

## 帝國大廈
**Empire State Building**

➡ 前往方式等資訊請參照P.178
MAP P.13 / A5、P.177、P.196

帝國大廈是紐約最出名的大樓，沒有人不想登上頂樓一覽曼哈頓的景色，除了白天可360度清楚地眺望外，晚間的夜景也不容錯過喔！可以看見四周大樓點上的美麗燈光，往下是以時代廣場爲中心、向兩端伸展開來的車河，非常漂亮。

## 洛克菲勒觀景台
### Top of the Rock

➡ 前往方式等資訊請參照P.184
MAP P.11 / E5、P.177、P.197

重新開放的頂樓觀景台，是一處相當熱門的參觀景點，以全透式的玻璃牆當護欄，曼哈頓景色以360度的姿態讓你一覽無遺，白天可以眺望中央公園，也可以從這裡看到帝國大廈，建議傍晚時分上來看夕陽，兼賞夜景！

## 世貿中心一號樓
### One World Trade Center

➡ 前往方式等資訊請參照P.275
MAP P.16 / B3、P.263

原名自由塔，是911事件後所重建的高樓，樓高541公尺，是紐約第一高樓。來到360度的全透式觀景樓層，不僅可以遙望整個曼哈頓，也能清楚地將河岸風景、布魯克林大橋，以及整個紐約港映入你眼中，是相當難得一見的景色。

## 南街海港

South Street Seaport

➡ 前往方式等資訊請參照P.276
MAP P.17／C8、P.263

南街海港是個商業開發區，除了可以看見碼頭的夜色外，對岸的新澤西州一樣燈光處處，不過，最主要是這裡不用出城就可以近距離欣賞布魯克林橋夜晚點燈的美景。再回頭一看，金融區的大樓才是夜晚的魔術師，加上船隻也是燈火點點，氣氛浪漫極了。

## 空中纜車

Roosevelt Island & Aerial Tramway

➡ 前往方式等資訊請參照P.166
MAP P.11／B7

這是紐約最特別的交通工具，可以從移動的纜車上，欣賞上東城河岸天際線。此處美麗的夜景曾出現在電影《蜘蛛人》第一集裡，你也可以在羅斯福島上停留散步，這裡是住宅區，非常地安靜，春天櫻花盛開時節也美麗宜人。

## 布魯克林
### DUMBO, Brooklyn

➡前往方式等資訊請參照P.284
MAP P.285

想飽覽曼哈頓下城夜景，布魯克林是最佳場所。Brookly High有一長排的公園座椅，正對港灣景色，氣氛悠閒；DUMBO則位於布魯克林橋及曼哈頓橋下方，不僅可以逛街購物，夜景更是無敵美麗，曼哈頓下城天際線就在眼前綻放開來，加上布魯克林橋更是美上加美。

## 賞夜景遊船
### Sightseeing Cruises

➡遊船資訊請參照P.74、75
➡史泰登島渡輪資訊請參照P.42

不論是從布魯克林或搭纜車，你看到的都只是曼哈頓東邊的夜景，而觀光遊船的夜景路線則可以讓你由西至東，將整個中、下城區的美麗景色盡收眼底，從數座橋底穿越賞景是非常特別的體驗，最主要的是，還可以欣賞到自由女神在夜晚打上燈光後的面貌。

跨頁夜景攝影／梁鶴獻

# 紐約街景：聖誕節夜景

Merry Christmas

說起夜景，曼哈頓的聖誕景色你一定要找機會來看看，全紐約大街小巷都裝飾著濃濃的過節氣氛，尤其以商店、百貨公司最有看頭，比創意、比新奇，連看個櫥窗都得要排隊呢！幾家人氣百貨公司的聖誕櫥窗都值得欣賞：Barneys New York最具藝術氣息、Bergdorf Goodman最華麗有創意、Saks Fifth Avenue則充滿童話般的可愛色彩，Macy's、Time Warner Center、Bloomingdale's也不容錯過，每家百貨公司各有特色及巧思。

除了櫥窗創意外，洛克菲勒中心的聖誕裝飾是焦點中的焦點，每年以號稱「全美最大棵的聖誕樹」吸引全球目光，燈光裝飾更是美輪美奐，不過賞景的人潮爆多，想要找個好位置拍照留念都很難，若是有機會在廣場上溜冰，那過節氣氛更是滿點。

聖誕節裝飾約持續整個12月，直到新年過後，這期間也是紐約的旅遊旺季，無論到哪裡都是人潮，商店更是擠爆，連試穿、結帳都要大排長龍呢！而時代廣場上的新年倒數活動，是整個假期的最後高潮。

1

1. 洛克菲勒中心的聖誕裝飾是焦點中的焦點，非看不可
2. Tiffany珠寶店擁有最「閃亮貴重」的聖誕櫥窗
3. Bergdorf Goodman的華麗櫥窗
4. Macy's百貨公司的聖誕氣氛最濃厚
5. 爭看Saks Fifth Avenue百貨聖誕櫥窗的人潮
6. 最早的聖誕市集在10月底就搶先開市了
7. 領帶搭成的聖誕樹，真的非常有創意
8. 第五大道上的名牌店將店面整個包裝成巨大的聖誕禮物
9. 在洛克菲勒中心廣場上溜冰是聖誕節的景色

# 紐約 NEW YORK 分區導覽

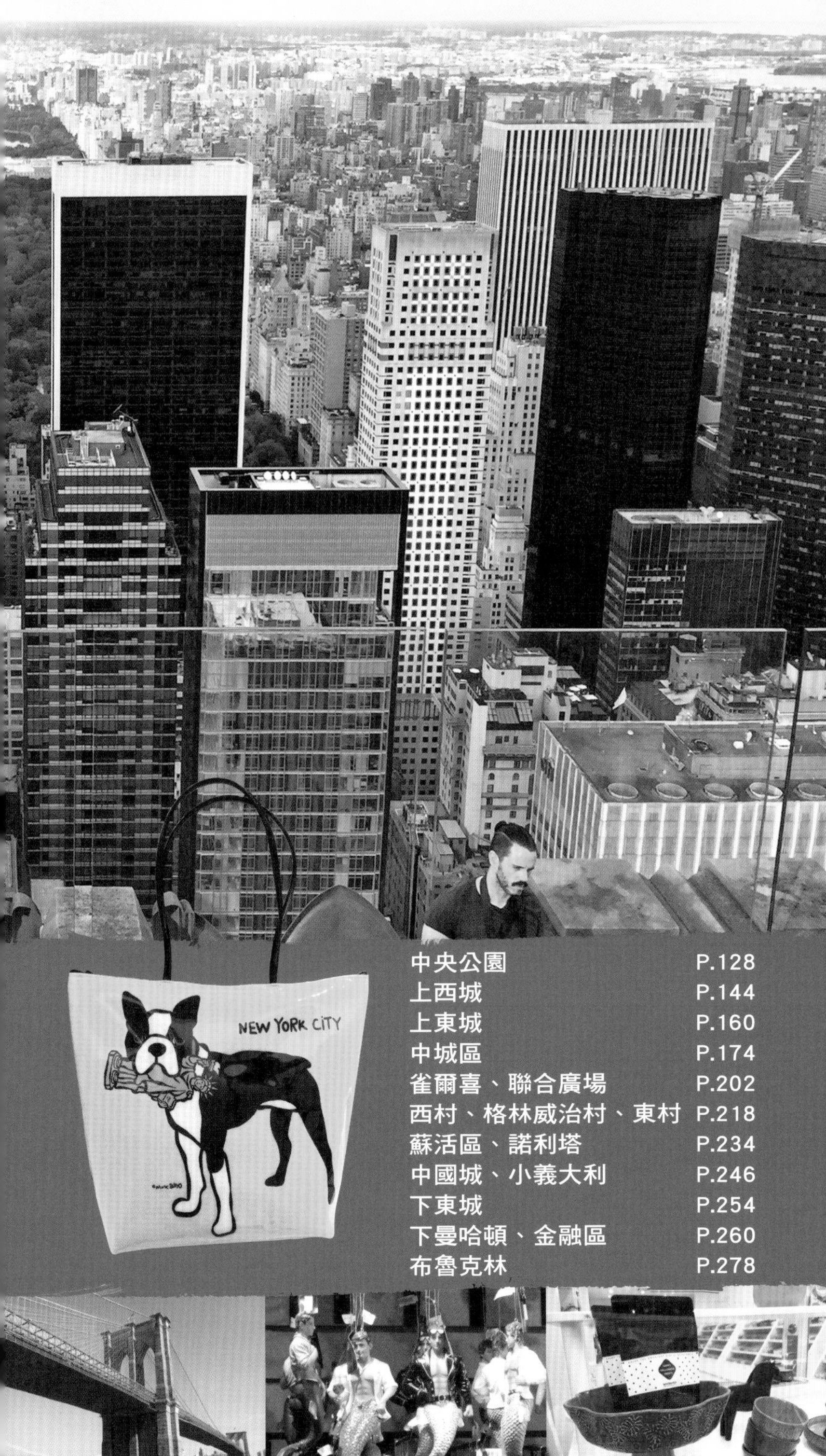
NEW YORK CITY

# 中央公園 Central Park

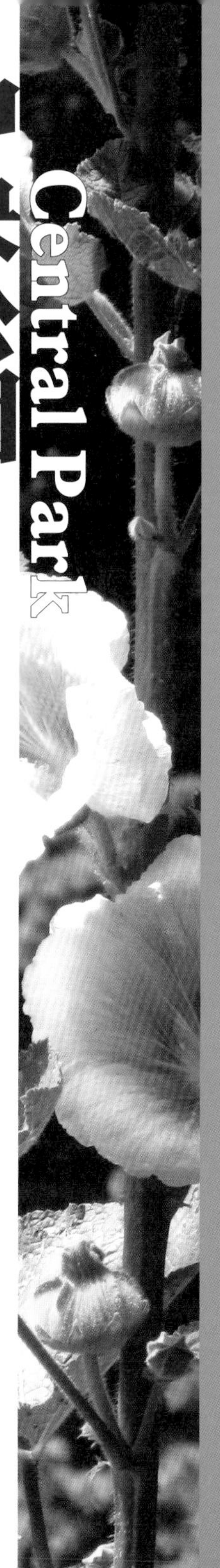

## 摩天大樓群裡的廣大綠洲

東西橫跨4個大道、南北占據51個街口，占地達紐約市面積6%的中央公園，是美國第一個人工造景的公園，豐富茂密的森林、自然的岩石山丘、廣大的湖泊以及多樣的野生動物，漫步其中，讓人很難想像外頭其實被高樓層層圍繞著。中央公園可說是紐約的綠色心臟，四季風情豐富多變，也是紐約客們運動、曬太陽的好去處。

有水塘、有草地、有花園、有樹林的中央公園，是休憩的好選擇

歷經20年的興建，落成於1873年，紐約終於有一處足以媲美倫敦海德公園(Hyde Park)及巴黎布隆森林(Bois de Boulogne)的完美公園，這裡有山丘、有水塘、有森林、有野生動物，更有變化多端的獨特景觀，讓你完全想像不出這是一個完全由人工規畫、建造出來的「自然」公園，它眞的可稱爲曼哈頓的一大奇蹟。

## 四季風情豐富多變

被摩天高樓層層包圍的中央公園，提供了忙碌的紐約客一個休憩、呼吸的好場所，也是個絕佳的運動場，跑步、騎車、瑜珈、划船等，樣樣不缺。公園裡除了各個經典的雕像、建築可看外，它的天然美景也是値得注目的焦點，一年四季的不同風情，更是隨時都充滿了新鮮感。

春天百花爭妍，最適合漫步賞景；夏天綠樹蟲鳴，可以划船、做日光浴；秋天楓紅落葉，來個馬車遊園最浪漫；冬天白雪紛紛，溜冰場上好不熱鬧。

城市跟公園如此貼近，讓人分不清是城市裡的公園、還是公園裡的城市

因爲擁有這樣四季多變的美景，選擇在中央公園取景的電影、電視影集不計其數，而使它擁有「世界上最爲有名的城市公園」之美譽。

## 免費的夏日慶典樂趣多

每到盛夏的7、8月，日照的時間變長了，太陽大約晚上8點之後才緩緩落下，這期間是戶外活動最多的時候。像是莎士比亞戲劇節(Shakespeare in the Park)、中央公園音樂會(New York Philharmonic in

公園音樂會、日光浴及野餐是最喜歡的夏日活動

the Park)等，都是大受當地民眾歡迎、全家出遊野餐的好時機，若這期間來訪，不妨學學在地紐約客，邀個三五好友、準備簡餐美酒、帶張野餐巾墊在公園的草地上、樹蔭下，邊吃喝、邊聊天，邊聆聽露天古典音樂會，然後在燦爛的煙火秀後，結束完美的一天。

http 相關活動與時間請參考網站：www.centralpark.com/things-to-do/activities

## information

http www.centralpark.com

➡ 搭地鐵Ⓝ Ⓡ Ⓦ線到5th Ave./59th St.(東南角入口)；❶ⒶⒸⒷⒹ線到59th St./Columbus Circle(西南角入口)

Ⓒ 每日06:00～翌日01:00

$ 入園免費

i 若不想徒步逛公園，騎單車是不錯的選擇，沿著中央公園南邊的59街上及出入口，都有招攬出租單車的人，或上網租單車(www.centralpark.com/tours/bike-rentals)，或報名參加單車導覽團

夏天是到中央公園戶外寫生的最佳季節

秋天也是中央公園最美麗的季節，黃葉、紅葉與落葉三重奏，散發濃濃的秋色

# 中央公園導覽路線地圖

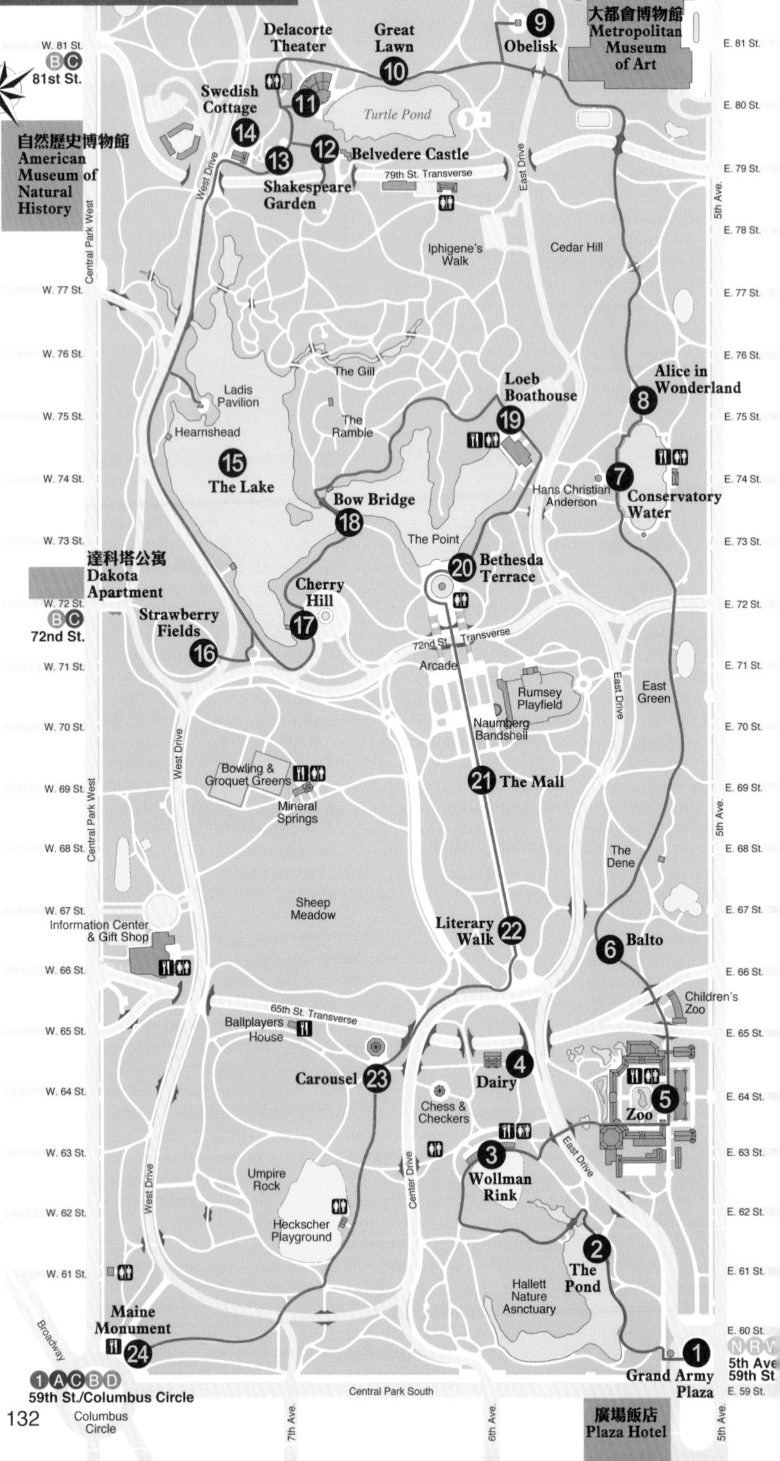
北
W. 81 St.
B C
81st St.
自然歷史博物館
American Museum of Natural History
Central Park West
W. 77 St.
W. 76 St.
W. 75 St.
W. 74 St.
W. 73 St.
達科塔公寓
Dakota Apartment
W. 72 St.
B C
72nd St.
W. 71 St.
W. 70 St.
W. 69 St.
W. 68 St.
W. 67 St.
W. 66 St.
W. 65 St.
W. 64 St.
W. 63 St.
W. 62 St.
W. 61 St.
Broadway
1 A C B D
59th St./Columbus Circle
Columbus Circle
7th Ave.
6th Ave.
Central Park South
E. 82 St.
E. 81 St.
E. 80 St.
E. 79 St.
E. 78 St.
E. 77 St.
E. 76 St.
E. 75 St.
E. 74 St.
E. 73 St.
E. 72 St.
E. 71 St.
E. 70 St.
E. 69 St.
E. 68 St.
E. 67 St.
E. 66 St.
E. 65 St.
E. 64 St.
E. 63 St.
E. 62 St.
E. 61 St.
E. 60 St.
E. 59 St.
5th Ave.
N R W
5th Ave
59th St
大都會博物館
Metropolitan Museum of Art
9 Obelisk
Delacorte Theater
10 Great Lawn
11
Turtle Pond
Swedish Cottage
14
13 Shakespeare Garden
12 Belvedere Castle
79th St. Transverse
West Drive
East Drive
Iphigene's Walk
Cedar Hill
The Gill
Ladis Pavilion
Hearnshead
The Ramble
15 The Lake
19 Loeb Boathouse
8 Alice in Wonderland
7 Conservatory Water
Hans Christian Anderson
18 Bow Bridge
The Point
20 Bethesda Terrace
17 Cherry Hill
16 Strawberry Fields
72nd St. Transverse
Arcade
Rumsey Playfield
Naumberg Bandshell
East Green
Bowling & Croquet Greens
Mineral Springs
21 The Mall
The Dene
Sheep Meadow
Information Center & Gift Shop
22 Literary Walk
6 Balto
Children's Zoo
65th St. Transverse
Ballplayers House
23 Carousel
4 Dairy
Chess & Checkers
5 Zoo
3 Wollman Rink
Center Drive
Umpire Rock
Heckscher Playground
2 The Pond
Hallett Nature Asnctuary
Maine Monument
24
1 Grand Army Plaza
廣場飯店
Plaza Hotel

# 中央公園漫步之旅建議路線

## Walking in the Park

中央公園範圍非常得大，想要在短短幾小時內逛透一圈，根本不太可能辦到，以下所建議行程僅著重於中央公園的下半部分(59th～82nd St.)，全程均是徒步的路線，大約需要4小時左右；若安排的時間不足，也可選擇幾個有興趣的景點即可，重點是記得要帶雙舒適好走的鞋，或租輛馬車、人力車，也是遊公園的好方法。

若真的想要繞中央公園一圈，建議可以先至遊客中心索取詳細路線地圖，再租腳踏車代步，最重要的是注意交通安全。

### 遊園觀光馬車及人力車

若想體驗電影中浪漫的遊園情節，可以搭乘馬車繞公園一小圈，保證別有一番趣味。中央公園的觀光馬車以華麗古典為賣點攬客，連馬匹也打扮得花枝招展，形形色色供遊客選擇，不過在體驗浪漫之餘，也得忍受一下馬車的「氣味」喔！一輛馬車約可乘坐2～5人。

http www.nycarriages.com

✉ 中央公園東南角入口處及沿著59th St.，都找得到馬車搭乘

$ 基本收費：20分鐘$54.08，每增加10分鐘$21.63；或30分鐘的行程$75.00，50分鐘的行程$118.00，1小時的行程$140.00；費用以一車計；小費另計，是搭乘費用的20%

想浪漫一下，不妨乘馬車遊中央公園

人力車(Pedicab)是近年來的新興交通工具，色彩鮮豔，車夫多年輕力壯、體格佳，不僅賞景也賞人，非常受觀光客歡迎。一輛人力車可乘坐2～3人，以下資訊為公訂的價格，可以網路預約付費，較為安全有保障。

http www.newyorkpedicabservices.com

$ 45分鐘行程$45.00、90分鐘行程$90.00；小費另計，是搭乘費用的20%

想讓年輕帥哥為你服務，就要選人力車囉！

公園內的人力車隨招隨搭相當方便，但因計價方式相當紊亂且經常變動(車身大致都會貼有計價方式)，有固定行程時間計費的、也有以分鐘計費的，切記一定要先講好路線、談好價錢再搭乘，車夫也都會沿途做風景的介紹。

✉ 中央公園西南角入口處、西邊72街的入口處、畢士大露台附近都招攬得到

人力車計費方式變動多，先問清楚再上車

## 1 大軍廣場 Grand Army Plaza

廣場位於中央公園東南角的入口處，金黃閃耀的雕像極為醒目，大軍廣場是為紀念美國南北戰爭而興建，落成於1916年。雕像為William Sherman將軍及其駿馬坐騎，前方帶領的則是勝利女神，是藝術家Augustus Saint-Gaudens的偉大作品。這裡永遠都是車潮、人潮鼎沸，也是搭乘遊園馬車的地方。

大軍廣場是中央公園重要的出入口之一

## 2 水塘 The Pond

一道樹牆把公園跟大樓隔了開來，是最靠近商業區的一處綠洲，望出去就是有名的廣場飯店(Plaza Hotel)。水塘中總是有鴨子家族在戲水，座椅上、草地上不乏夏日來此曬太陽的紐約客，也是附近上班族午餐休憩的好去處。

安靜的水塘與廣場飯店只有一樹之隔

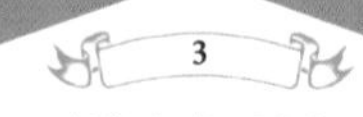

## 3 溜冰場 Wollman Rink

1949年由Kate Wollman花了60萬美元建成，位於中央公園的東南角，離入口處不遠，每天約有4千人來此溜冰遊玩，是冬季的熱門觀光景點之一。天氣雖冷，但溜冰場上可是熱情不減，若是不會溜冰，這裡也有各類程度的溜冰教學課程，兒童及成人的都有，每次30分鐘，詳情可上網查詢及報名。

溜冰場只在冬天營運，其他時間則做為公園遊樂場(Victorian Gardens)使用，有各種遊樂設施，非常適合大人小孩一起同樂。

- http www.wollmanskatingrink.com
- ☎ (212)439-6900
- ⏲ 溜冰場只開放11/1～4/1：週一～二10:00～14:30，週三～四10:00～22:00，週五～六10:00～23:00，週日10:00～21:00
- $ 週一～四：成人$12.00，兒童$6.00；週五～日：成人$19.00，兒童$6.00。租溜冰鞋$9.00、租置物櫃$5.00，另外收取押金$6.00(出場時退還)；不收信用卡

夢想如電影般在中央公園溜冰嗎？要記得11月再來

遊樂園只有夏天時才開放，冬天是溜冰場

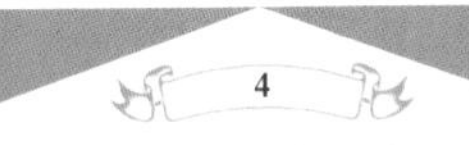


## 遊客中心
### The Dairy (Visitor's Center)

由農場改建而成的遊客中心，混合形式的建築已超過有百年的歷史，頗有鄉村教堂的風味。遊客中心不但提供資訊的取得，這裡也是公園紀念品商店，讓你慢慢挑選。

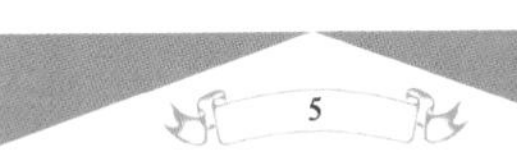


## 動物園
### Zoo and Children's Zoo

動物園有超過130種以上的動物，分為寒帶區(Polar Zone)、熱帶區(Tropic Zone)及溫帶區(Temperate)。寒帶區中最受歡迎的就是北極熊了，也有可愛的企鵝；熱帶區有各種鳥類、蛇類等動物；溫帶區也有浣熊、海獅及天鵝等。

兒童動物園則充滿了兔子、小羊、小豬、小馬等可供兒童觸摸、餵食的動物，園中還有一座動物劇場，演出兒童最愛的寵物秀，很適

有可愛動物雕像的音樂報時鐘

合全家老少同樂。

這裡還有一座音樂時鐘，從早上8點到下午5點，每30分鐘及整點都會報時一次，動物們演奏著各種樂器，非常生動有趣。

- http www.centralparkzoo.com
- (212)439-6500
- 4～10月週一～五10:00～17:00(週末、假日至17:30)，11～3月10:00～16:30
- $ 成人$18.00，3～12歲$13.00，2歲以下免費(費用包含動物園、兒童動物園與4D劇場)

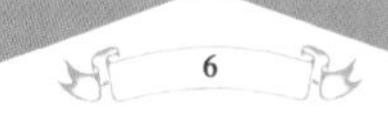


## 銅犬雕像
### Balto

Balto是一隻有名的阿拉斯加哈士奇犬，在惡劣的風雪裡運送藥品，拯救了染上傳染病的人，因而成為家喻戶曉的英雄名犬，真實故事深受喜愛，還曾改編為動畫電影，據說Balto還曾到過這裡與銅像會面。

# 溫室水塘
## Conservatory Water

這裡是住在上東城豪宅裡、上流家庭最愛的公園一隅，以池塘爲中心的廣場，有樹林也有草坡，此地原本是要蓋一座熱帶溫室花園，不過最後卻沒蓋成。

一到週末假日，池塘邊總是擠滿了來這裡玩遙控帆船的人，各種帆船相互競技、大人小孩一起同樂。電影《一家之鼠》(Stuart Little)就是以這裡爲場景，大玩帆船競技。左手邊還有一座安徒生(Hans Christian Andersen)的雕像，也值得一遊合照。

童話大師安徒生的雕像

大人小孩都愛在水塘裡玩遙控帆船

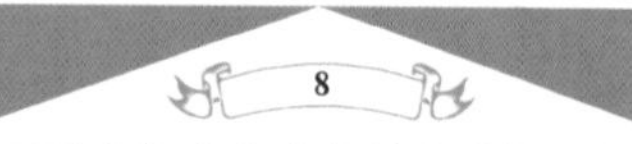

# 愛莉絲夢遊仙境
## Alice in Wonderland

中央公園裡人氣最旺的一座雕像景點，銅製的巨大愛莉絲夢遊仙境雕像，小蘑菇是遊客最愛坐著拍照的地方，一旁的兔子先生也是合照的熱門搭檔，小朋友們則爬上爬下地嬉戲，人一多要拍照留念還得排隊呢！

公園內最受歡迎的雕像，經常有小朋友爬上爬下玩得不亦樂乎

## 埃及方尖碑
### The Obelisk

位於大都會博物館後方的這座方尖碑，是來自埃及Heliopolis紀元前15世紀的眞正古蹟，爲西元1879年埃及致贈給美國的禮物。

## 大草坪
### Great Lawn

這一大片的草坪，是紐約客免費的後院，尤其夏天的週末假日，這裡鐵定擠滿了來野餐的、做日光浴的、玩飛盤的人，滿坑滿谷曬人肉條的景觀眞讓人大開眼界！

大草坪也是戶外活動最愛的舉辦場地，如有名的樂團賽門與葛芬科(Simon and Garfunkel)就在此辦過音樂會，已故教宗若望保祿二世(Pope John Paul II)也曾在此與民眾公開會面，連達賴喇嘛都曾在這裡公開演講。而每年7～8月的夏夜，都固定有免費古典音樂會及歌劇演出等。

## 露天扇形劇場
### Delacorte Theater

仿古希臘劇場形式而建，是夏日莎士比亞戲劇節主要演出場地，戲劇演出爲免費入場，唯獨活動太過熱門，往往得花很長的時間排隊索票，下午1點開始發票，但通常早上10點就出現長長的隊伍了，或傍晚來排第二輪的免費票券，幸運的話就可以免費欣賞一齣戲劇演出。

欣賞夏夜莎士比亞戲劇節的節目演出

歡迎你入境隨俗喔，一起加入豔夏曬肉乾的行列 (Photo by Kathy Chang)

## 觀景城堡
### Belvedere Castle

位於山丘的灰色石造城堡，居高臨下，是賞景的好地點，城堡裡展出與自然相關的歷史，非常適合兒童的自然教育。這裡也是一處氣象觀察站，中央公園地區的氣象報導，就是以這裡的數據爲準則。城堡內的資訊處也備有一些地圖、簡介等，可以免費索取。

## 莎士比亞花園
### Shakespeare Garden

花園優雅美麗，爲紀念英國文豪莎士比亞而命名。園中遍植玫瑰、雛菊等花朵，會隨著季節不同相繼盛開，春天最爲漂亮。

花園附近有羅密歐與茱莉葉的雕像

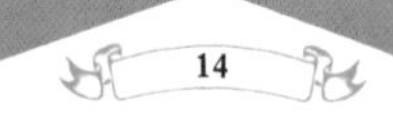

## 北歐小屋劇場
### Swedish Cottage

這間掛著美國及瑞典國旗的木造房屋，是一間有100個座位的兒童木偶劇院，內部裝潢充滿北歐的風情，手工製作的木偶也很精緻。除了有木偶戲表演外，這裡也提供兒童生日派對的場地使用喔！欣賞木偶戲表演需要事先預約。

http cityparksfoundation.org/arts/swedish-cottage-marionette-theatre
(演出日期、時間不定，請上網查詢)

## 公園大湖
### The Lake

這是中央公園內，面積最大的一個湖泊，最熱門的活動當然是划船囉！一眼望去，廣大的湖面被森林圍繞著，摩天高樓則從層層樹林後竄了出來，眞讓人有種遠離塵囂的感覺。

也有人選擇在湖畔進行浪漫的婚禮儀式呢！

雙雙對對好不熱鬧，邀你的另一半也來划船吧！

電影「慾望城市」也曾在這個典雅的涼亭取景

沿著湖周有假山、涼亭等，是欣賞大湖的最佳地點；而在Wollman Rink溜冰場尚未興建以前，這裡可是公園裡主要的溜冰場喔！

16

## 草莓園 Strawberry Fields

以披頭四(Beatles)的歌曲《Strawberry Fields》爲名的這個小廣場，落成於1985年，由約翰藍儂(John Lennon)的遺孀小野洋子(Ono Yoko)爲紀念其亡夫所修繕捐贈的，地點鄰近於其住所，也就是約翰藍儂在1980年12月遭瘋狂歌迷槍殺身亡的達科塔公寓(Dakota Apartment)附近(介紹見P.150)。

此地最著名的就是以黑白二色的馬賽克磚所鋪設而成的紀念碑，不時有歌迷前來悼念，每年的12月8日更有無數的歌迷聚集於此，獻上鮮花或點上一根蠟燭。

這裡每日都有歌迷送來悼念的鮮花及禮物

17

## 櫻桃丘 Cherry Hill

顧名思義，這裡是由櫻桃樹所環繞的小山丘，可由高處觀賞湖面風光。春天一到，繁花似錦，成爲中央公園的焦點，圓環中心還有一座19世紀的歐式噴泉，景色如歐洲皇宮的後花園般美麗。

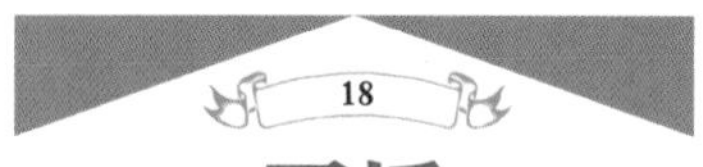

# 弓橋
## Bow Bridge

微微拱起的橋面，加上四周濃密的樹林、平靜的湖水，美麗的景色宛如一幅圖畫。若到湖的對面遠望，還可看到湖面美麗的弓橋倒影，一上一下的虛實橋面，形成極美的畫面。

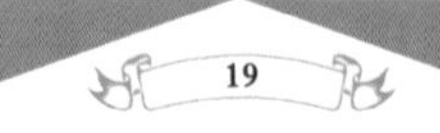

# 船塢
## Loeb Boathouse

船塢是中央公園另一個著名的景點，船塢始於1874年，目前看到的樣貌則是1954年由銀行家Carl Loeb所興建致贈的。遊客可以選擇在船塢餐廳用餐，細賞湖畔風光，尤其是夏日的落日時分，陽光金黃一片更是浪漫。

你也可以在此租賃小船，在湖中划船享受閒情逸致，或者租個腳踏車，把中央公園繞一圈。《慾望城市》裡凱莉與Mr. Big一起跌落池中的那一景，就是在這裡。

http www.thecentralparkboathouse.com

**租船**

4～11月10:00～18:00(隨季節天氣調整)
$ 第一個小時$15.00
之後每15分鐘$4.00；押金$20.00(現金)
i 每艘船最多乘4人

**用餐**

(212)517-2233 (晚餐須訂位)
午餐：週一～五12:00～16:00
早午餐：週六～日09:30～16:00
晚餐：17:30～21:30
i 晚餐只有4～11月營業

夏天遊客多，租船的生意好得不得了

1.在古典的船塢內用餐或在湖面上划船，都是一大享受／2.若想在船塢用晚餐，記得穿著要整齊些／3.初春百花齊放的弓橋景色／4.豔陽下的弓橋倒影

公園內找不到比這個噴泉露台更能讓人心動的了

# 畢士大露台
## Btehesda Terrace

中央公園裡最美麗的噴泉廣場，人氣、景色都是一級棒，這裡是攝影師、電影導演們最喜歡取景的地方了，不時出現在電影畫面中。石造的階梯、拱廊，加上彷若合奏似的樹林、花園及水塘，一年四季風情不同，難怪無時無刻都是人聲鼎沸，爭相取景留念。

其中最讓人心動的就是畢士大噴泉（Btehesda Fountain），噴泉上的天使雕像取材自聖經裡，天使飛來攪動耶路撒冷的畢士大池水，而第一個跳入水池的人，即能得到醫治的故事。尚且不管故事的眞實與否，倒是看到這美麗的噴泉，讓人心曠神怡自然微笑了起來，眞的是什麼病都好了。

這個古典漂亮的拱廊露台曾出現在無數電影、影集裡，是從高處欣賞噴泉廣場最好的位置

週末的噴泉廣場最熱鬧，有趣的活動輪番上陣

# 林蔭大道
## The Mall

穿過畢士大露台，眼前那一條又長又直，兩邊高大的樹木列隊歡迎的，就是有名的林蔭大道。週末假日這裡會有不少街頭表演，畫畫的、演奏的或擺小攤子的，非常得熱鬧。尤其在天氣好的時候，當陽光從樹葉間灑下、一陣涼風徐徐吹來，還真叫人想躺在長椅上睡個舒服的午覺呢！

大道旁有個典雅的小舞台

樹蔭加上涼風一陣，是炎熱夏天的最佳享受

## 夏日戶外活動多又多

行家導覽

冬天的中央公園除了溜冰外，幾乎很少會有其他的活動舉辦，但是夏天可就不同了，一到週末、假日，各種的戶外活動都有，寫生畫畫、搖呼拉圈、攀岩、滑水道、單車特技、滑板特技及各種攤位等一一出籠，這時候人潮最多了，大人小孩一起玩到瘋，熱鬧的不得了。

臨時攀岩場，中央公園果然夠酷！

大小朋友都愛玩呼拉圈

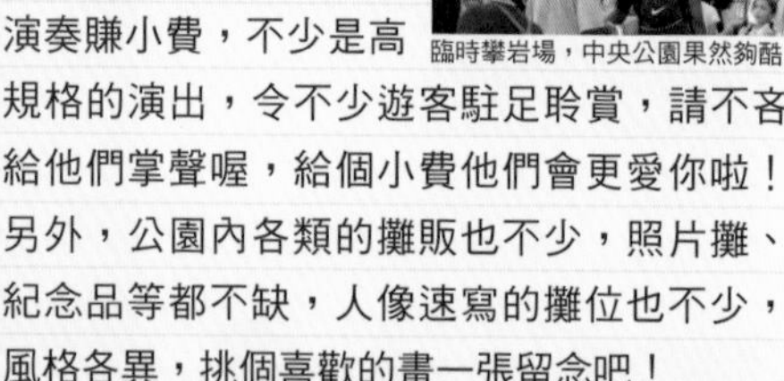

也有許多音樂家擺攤演奏賺小費，不少是高規格的演出，令不少遊客駐足聆賞，請不吝給他們掌聲喔，給個小費他們會更愛你啦！另外，公園內各類的攤販也不少，照片攤、紀念品等都不缺，人像速寫的攤位也不少，風格各異，挑個喜歡的畫一張留念吧！

不只音樂好聽，還可以順便欣賞帥哥樂手，別忘了賞個小費喔！

來張肖像速寫吧，各種畫風任你挑

## 文學步道
### Literary Walk

順著林蔭大道往下走的南端，左右兩側立有數座如：莎士比亞(William Shakespeare)、柏恩斯(Robert Burns)、哥倫布(Christopher Columbus)、貝多芬(Ludwig-van Beethoven)等名人的雕像，而地板上更是有無數文學家的名字列其上，果眞充滿文藝氣息。低頭找找看，你最愛的作家有在上頭嗎？

步道南端地上的大理石拼接

文學步道兩側有花園及雕像

## 旋轉木馬
### Carousel

來到中央公園，不來這裡乘坐一下具百年歷史、古色古香的旋轉木馬就太可惜。原開幕於1871年，是以馬爲動力，後來改爲蒸汽動力，不過於1924年毀於火災；目前的旋轉木馬則是重建於1951年，再於1982年整建。這裡一直是兒童最愛的遊樂設施，每年有超過25萬人乘坐，你不妨也來體驗一下這3分半鐘的樂趣吧！

http www.centralpark.com/guide/attractions/carousel.html
(212)439-6900 分機12
4～10月10:00～18:00(每日)
11～3月開放時間不定，請先去電詢問
$ $3.00，大人、小孩票價一樣

內外皆古典的旋轉木馬，轉得很快喔！

## 緬因艦紀念碑
### Maine Monument

緊臨哥倫布圓環，這裡是中央公園最繁忙的出入口，廣場上的大理石紀念碑，爲紀念1898年被西班牙擊沉於古巴哈瓦那的美國船艦Maine號。紀念碑的雕像非常生動，各代表有勝利、和平、勇氣、堅毅和正義之意。隨著不同節期，廣場上也會有不同的市集輪番上陣，加上來來往往的上班族及遊客，好不熱鬧！

位於哥倫布圓環上，地處交通的樞紐

72
ONE WAY
7 AVE
CROSSOVER
CLOSED
USE THE
TIMES SQUARE
SHUFFLE

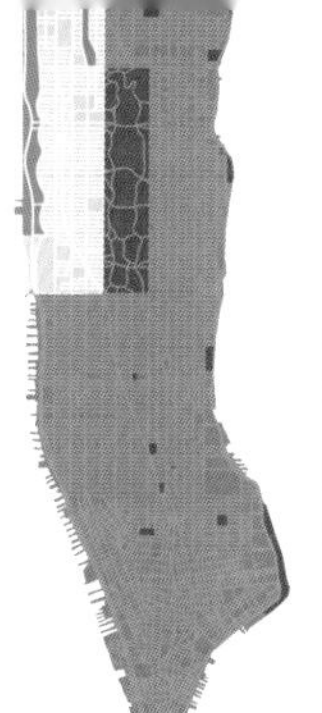

# 上西城

# Upper West Side

## 文人雅士與舞台藝術的殿堂

人文氣息濃厚的上西城，東有自然歷史博物館、西有廣大的河濱公園、南有林肯中心、北有哥倫比亞大學，是許多文人雅士喜愛的居住社區。從59街一路到125街，這裡有百年歷史的高級公寓、有露天餐廳咖啡座、有大學名校、有紐約客採購的超市，想體驗一下紐約文人雅士的生活步調嗎？那你一定要走一趟上西城。

上西城原只是移民的落腳處，加上上流人士也出入其中，這裡一直有著獨特的文化。自1970年代起，因作家、演員、同志陸續移居此處，餐廳、酒吧、書店、咖啡廳、電影院等也隨著落腳，慢慢成為雅痞生活的典型代表。再加上中央公園、河濱公園就在數步之距，上西城成為最令人嚮往的居住地。名人也選擇住在上西城，如達斯汀霍夫曼、小野洋子等。

由於此地自由化的雅痞風格，富有特色的街頭小店和存在已久的小咖啡廳，已是上西城的生活精神象徵，因此還曾抗議反對星巴克(Starbucks)的入駐開設，就是怕機械式的經營毀了傳統人文的風氣。

因電影而聲名大噪的Cafe Lalo

典雅、安靜的公寓，是不是跟電影場景很像呢！

不過，理想仍敵不過商業現實，星巴克最後還是如雨後春筍般四處開店蔓延，情節恰巧與《電子情書》(You've Got Mail)這部由梅格萊恩與湯姆漢克所主演的浪漫愛情喜劇電影中，傳統書店與連鎖大書店之間的抗爭與結果雷同。

若要體驗上西城的悠閒氣氛，不妨出發旅行前先複習一下《電子情書》，電影場景均集中在上西城充滿優雅氛圍的街道，從Broadway上的商業氣息、安靜優雅的住宅公寓到河畔公園的悠閒。以下所介紹的景點也大都圍繞於此。

## information

➡ 搭地鐵①Ⓐ©Ⓑ Ⓓ線到59th St./Columbus Circle站，沿著Broadway兩旁熱鬧的景點、商店，一路往上、邊走邊逛至72nd St.，再搭乘地鐵或公車前往72nd St.以上的景點

72街是上西城最繁忙的路口，人車往來從不間斷

# 熱門景點介紹
Sightseeing

## 時代華納中心
Time Warner Center

http www.shopsatcolumbuscircle.com
✉ 1 Columbus Circle (W. 58～60th St.與Broadway、8th Ave.交叉口)
☎ (212)823-6300
➡ 搭地鐵1 A C B D線到59th St./Columbus Circle站，出站即至
🕒 週一～六10:00～21:00
週日11:00～19:00
MAP P.10／B3

時代華納中心由兩幢高75層的玻璃帷幕大樓所組成，挑高的中庭引進自然的光線，明亮而有氣勢，經常有各種活動或展覽在這裡舉辦。

這裡主要是作爲商業大樓使用，但最出名的還是以流行品牌爲主的Shopping Mall，B1是有名的大型超市Whole Foods、1～3樓爲購物中心The Shop at Columbus Circle、4樓以餐廳爲主、35～54樓層爲五星級的東方文華酒店(Mandarin Oriental)所有。除此之外，林肯中心爵士樂廳(Jazz at Lincoln Center)、還有CNN總部也位於此。

這裡也是由高處欣賞哥倫布圓環的絕佳地點，最吸引人的就是中庭大廳聖誕節的聲光秀了。

玻璃帷幕的時代華納大樓

## 哥倫布圓環
Columbus Circle

✉ W. 59th St.、Broadway與8th Ave.交叉口
➡ 搭地鐵1 A C B D線到59th St./Columbus Circle站，出站即至
MAP P.10／B3

哥倫布圓環座落於中央公園西南角，是1892年爲了紀念哥倫布發現新大陸400週年而興建，落成於1905年，這裡不但是交通樞紐，也是繁忙的商業中心，四周環繞著中央公園、時代華納中心、川普國際飯店等。重新整修啓用的圓環，新設置噴泉、座椅，還有一圈綠意環繞，宛如一個小公園。

# 林肯中心
## Lincoln Center

http www.lincolncenter.org
✉ 132 W. 65th St. at Columbus Ave.
(W. 62nd～66th St.)
☎ (212)546-2656
➡ 搭地鐵①線到66th St.站
MAP P.10／A2

自1960年代成立以來，即成為紐約的藝文中心，也是世界表演舞台的重鎮。噴泉廣場是林肯中心的焦點，一向是市民、遊客最愛的休憩場所，圍繞著廣場的3棟建築，即是最有名的表演場所：大都會歌劇院、大衛高爾劇院及大衛格芬廳。周邊還有表演藝術圖書館、愛麗絲杜立廳，及以表演藝術教學聞名的茱立亞學院等。

這裡除了一般性的表演外，定期會推出一些特別的節目，戶外廣場的演出也是經常可見，也會有城市馬戲團在這裡搭棚演出，一向頗受大小朋友喜歡。

中庭水池與休憩草地、樹林

### 大都會歌劇院
**Metropolitan Opera House**

位於噴泉廣場的正面，是大都會歌劇團的主要表演場地，是世界級的表演舞台，許多大師級的人物都在這裡演出過，如三大男高音、譚盾、吳興國等都曾受邀來此演出。

參觀重點 1

**林肯中心廣場**

廣場是市民休憩的場所，中間的噴泉是參觀焦點，12月會安裝上聖誕樹裝飾，夜間的噴泉景色浪漫極了。

參觀重點 2

**夏卡爾畫作**

大都會歌劇院的大廳兩側有夏卡爾的兩幅巨型畫作，有演出的時間會放下幕簾，從廣場上就可以欣賞到。

隨著季節，演出的節目、檔次都會不同，最好事前先做規畫，上網查看演出時間、節目，再搭配你的行程，就萬無一失了。

位於愛利費雪廳內的資訊服務中心，也有各種的節目表、活動資訊可供索取、詢問，不妨多加利用。

大都會歌劇院內部挑高的大廳

入夜，階梯亮起各種語言「歡迎」燈光

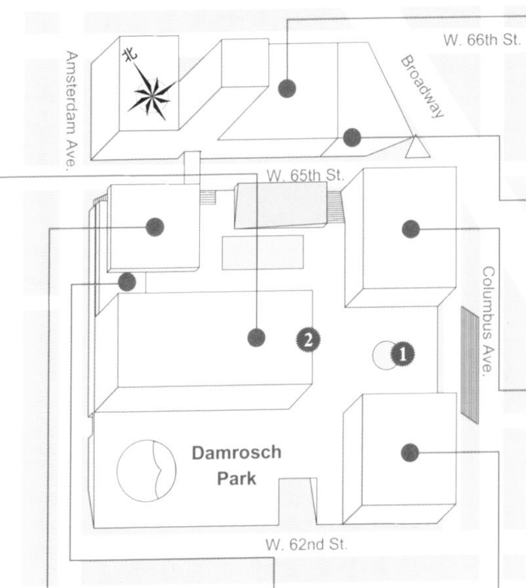


**茱立亞學院**
**The Juilliard School**
成立於1905年，原為音樂學院，於1950年代增設舞蹈教學，是目前世界最知名的表演藝術學校之一。

**愛麗絲杜立廳**
**Alice Tully Hall**
位於茱立亞學院內，是個中型的演奏廳，經常有音樂會的演出，是林肯中心室內樂學會的所在地。

**大衛格芬廳**
**David Geffen Hall**
是紐約愛樂演出的場地，擁有兩千多個座位，建於1962年，因1973年愛樂董事之一的Avery Fisher捐贈1千萬美元給愛樂而得名。

**林肯中心劇院**
**Lincoln Center Theater**
啟用於1965年，劇院內設有兩個表演廳，提供戲劇、音樂、舞蹈等節目演出。

**表演藝術圖書館**
**New York Public Library for the Performing Arts**
收藏音樂廳的演出紀錄和資料，有各類表演藝術影音、書籍的收藏，十分豐富、也不時有相關的展覽。

**大衛高爾劇院**
**David H. Koch Theater**
是紐約市立芭蕾舞團(NYCB)主表演場地，每年歲末推出的應景芭蕾舞劇《胡桃鉗》(The Nutcracker)，已經成為聖誕節活動的一項傳統。

## 深入林肯中心表演舞台

玩家導覽

一般人若想進入劇院人參觀，通常得購買表演節目票券，才能一窺劇院殿堂，若想再進入後台，除非你是工作人員或表演者，不然很難更深入欣賞劇院。不過，林肯中心提供遊客一個深入導覽機會，讓你探索舞台內幕的種種故事，也能讓你一圓登上歌劇院舞台的夢想。

David Rubenstein Atrium服務中心內也可以購買林肯中心的表演票券

http atrium.lincolncenter.org/index.php/guided-tours
(212)875-5350
每日場次時間不同，可上網查詢並預約：www.lincolncenter.org/tours；也可至位於Broadway與62nd St.的「David Rubenstein Atrium」(P.10 / B2)服務中心預約
$ 成人$25.00，學生$20.00
i 參觀行程包括大衛高爾劇院、大都會歌劇院、大衛格芬廳和林肯中心劇院

# 達科塔公寓

## Dakota Apartment

✉ 1 W. 72nd St.(Central Park West口)
➡ 搭乘地鐵Ⓑ Ⓒ線至72nd St.站
MAP P.8 / F3、P.132

建於1884年，一幢超過百年歷史、外觀古典華麗如同城堡般的高級公寓建築，是許多名人的住所。此建築最爲有名的，就是1980年披頭四（Beatles）的約翰藍儂（John Lennon）在公寓前遭瘋狂歌迷持槍射擊身亡事件，而紀念他的草莓園就離中央公園的入口處不遠。公寓出入口仍可供馬車進入中庭，此建築爲私人住所，不對外開放參觀。

# 威爾第公園

## Giuseppe Verdi Square

✉ Broadway與Amsterdam Ave.交叉口 (W. 72nd～73rd St.)
➡ 搭乘地鐵❶❷❸線至72nd St.站
MAP P.8 / F2

紀念音樂家威爾第，大理石的雕像於1906年落成，這裡也是《電子情書》裡出現過的場景，是個非常舒適的小公園，有座椅提供休憩，是居民遛狗、購物休憩、小孩玩耍的去處。連廣場上的地鐵站都非常特別，很有復古的風味，是紐約幾個漂亮的地鐵站之一。

# 河濱公園

## Riverside Park

✉ West Riverside drive (W. 72nd～125th St.)
➡ 搭乘地鐵❶❷❸線至72nd St.或96th St.站，往西步行約20分鐘
MAP P.8 / B1

河濱公園緊臨哈德遜河畔，是附近居民運動、散步的去處，還設有遛狗專用的活動區域。河濱公園占地廣大，不適合從頭走到底，建議買個簡餐，定點停留即可。順便透露給你，《電子情書》裡最後，男女主角相約的地點是91街處喔！

# 河濱教堂
## The Riverside Church

http www.trcnyc.org/contact
✉ 490 Riverside Dr. (W. 122nd St.口)
☎ (212)870-6700
➡ 搭乘地鐵①線至116th St.或125th St.站，步行約15分鐘
🕒 07:00～22:00
休 服務中心、禮品店週一休息
$ 免費參觀
MAP P.6／C1

哥德式的教堂內部莊嚴華麗，非常具有可看性，玫瑰花窗、祭壇、管風琴等都很值得欣賞，尤其登上高塔遠眺更是絕景，週日禮拜時的管風琴演奏及鳴鐘都很值得聆賞。不過教堂經營真的是越趨商業化了，這裡有場地可辦婚宴，也有小劇場，還附設有咖啡廳及禮品店呢！並提供有導覽服務，不過記得提前預約。

### 導覽資訊

欲週間參加教堂導覽，建議於兩週前以電話或E-mail預約，週日的導覽則無須預約。

@ tours@trcnyc.org
☎ 預約專線(212)870-6792
🕒 週三～六11:00～16:00(需預約)、週日12:15，導覽行程約1小時
$ 週一～五：成人$10.00，學生$5.00 10歲以下免費；週日免費

# 將軍紀念墓園
## General Grant National Memorial

http www.nps.gov/gegr
✉ 河濱公園內 (W. 122nd St.)
☎ (212)666-1640
➡ 搭乘地鐵①線至116th St.或125th St.站，步行約15分鐘
🕒 週三～日09:00～17:00
休 週一～二、感恩節、12/25
$ 免費參觀
MAP P.6／B1

美國南北戰爭北軍將軍Ulysses S. Grent(1822～1885)的紀念墓園，他同時也是美國第18屆(1869～1877)總統，美鈔$50紙幣上的肖像就是他。紀念墓園裡有Ulysses S. Grent及其夫人Julia Dent Grand的棺木，並設置有兩人的雕像，同時展示南北戰爭的歷史與文物，入口角落還設有一個特別的紀念品販售處。

墓園1897年落成，採古羅馬式的建築，純白的大理石非常莊嚴肅穆，尤其是建物前方的林蔭大道，讓整個紀念墓園非常有氣勢。

# 聖約翰大教堂
## The Cathedral Church of St. John the Divine

http www.stjohndivine.org
1047 Amsterdam Ave. (W. 113th St.口)
(212)316-7540
搭乘地鐵①Ⓑ© 線至110th St.站，步行約15分鐘
週一～六09:00～17:00
週日13:00～15:00
$ 成人$10.00，學生$8.00
MAP P.6／E2

這座興建於1892年的大教堂，歷經兩次的世界大戰、設計風格不斷變更，以及資金短缺，在過了一百多年後的今天，仍然聲稱它尚未完工。教堂面積之大，足以涵蓋兩座足球場，天花板也高達37.7公尺，是世界上最大的哥德式建築，能容納上萬人，是美國的歷史建築地標之一。

教堂不但外觀精采可看，連內部也是精美絕倫，最引人注目的是，中央大廳雕刻極爲精美細緻的純白佈道聖壇、唱詩班座席的精美雕刻，以及大教堂後殿7個風格各異的小教堂，還有各種形式、色彩多樣的玫瑰花窗、管風琴、馬賽克

壁畫，以及大大小小的雕像、祭壇等，都是參觀重點。

由於教堂面積頗大，建議可以參加導覽行程，只要花少許費用，除了可參觀到教堂內各個重要部分外，還有專人詳細解說，其實就算聽不太懂也沒關係，跟著重點走總比瞎逛來得輕鬆許多。

### 導覽資訊

http www.stjohndivine.org/visit/daily-tours
(212)316-7540

**教堂內部導覽 Highlight Tours**
週一11:00、14:00，週二～六11:00、13:00，週日13:00； 導覽約1小時(不需預約)
$ 成人$14.00，學生$12.00

**教堂登頂導覽 Vertical Tours**
(866)811-4111
週一10:00，週三、五12:00，週六12:00、14:00；導覽約1小時(需預約，可上網預約)
$ 成人$20.00，學生$18.00

## 玫瑰花窗欣賞

聖約翰大教堂擁有全美最大的圓形花窗，還有無數製作細緻無瑕的大小花窗，有聖經故事、有歷史人物、也有繁複的花紋圖騰，多樣的彩色花窗，透過陽光的照射，讓你不想多看一眼都不行。

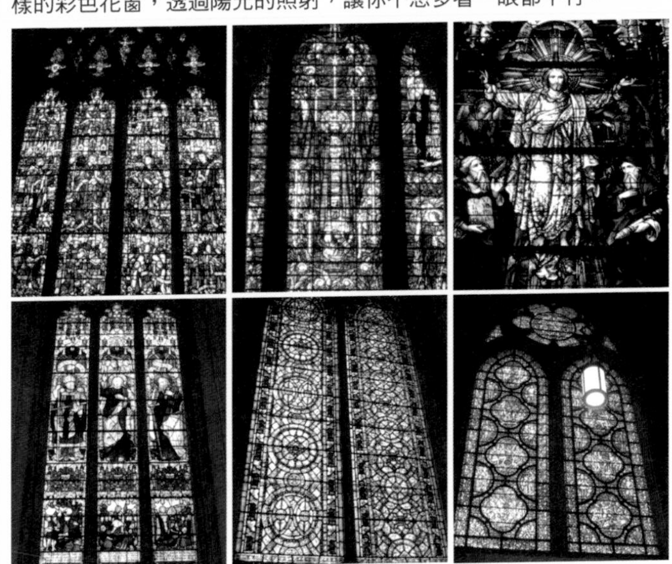

參觀重點1

## 正面的青銅大門

青銅門每扇重達3噸，左右各以舊約聖經創世記，以及新約聖經的耶穌生平為浮雕主題，由鑄造自由女神的藝術家Barbedienne鑄造而成。

參觀重點2

## 外牆正面的精美雕刻

除了青銅門外，外牆上的牆面雕刻也是美得讓人屏息，繁複而精采。

參觀重點3

## 圓形玫瑰花窗

直徑達12公尺，是全美國最大的圓形花窗，由超過1萬片的玻璃組合而成。

參觀重點4

## 教堂中殿

左右共有14個不同主題的凹壁，以彩色花窗呈現不同職業及宗教的主題景象。

參觀重點5

## 白色大理石講道壇

雕刻極為精細的白色大理石講道壇，以聖經人物為主題，值得細細欣賞。

參觀重點6

## 唱詩班座席區

有著繁複雕刻的唱詩班坐席非常壯觀，地面上彩色的磁磚拼貼也是參觀重點。

參觀重點7

## 聖壇

聖壇四周有8根花崗岩柱，兩座巨大燭台及兩個由日本天皇致贈的琺瑯花瓶。

參觀重點8

## 7個禮拜堂

圍繞著祭壇的7個禮拜堂，每一間都有雕花的鑄鐵欄杆、華美的玫瑰花窗、以及莊嚴的聖壇，其中以St. Saviours禮拜堂內，由已逝藝術家Keith Haring生前所設計製作的銀質三聯圖最為特別。

美國 軍事
聖公會 地球
法律 醫藥
教育 傳播
十字軍 勞工
藝術 傳教士
體育 萬靈龕

## 雕塑公園

http www.stjohndivine.org/about/grounds/peace-fountain

出了教堂後，別忘了位在教堂左手邊的雕塑公園，公園雖小但有許多的小青銅藝術作品環繞整個公園，尤其中央那座噴泉雕像(Peace Fountain)，除了非常巨大外，所訴說的故事也非常精采，有日月、火水、動物、天使與撒旦等圖騰，表達善與惡的兩面。

# 哥倫比亞大學
## Columbia University

http www.columbia.edu
✉ 2960 Broadway (W. 114th～121st St.)
☎ (212)854-1754
➡ 搭乘地鐵1線至116th St./ Columbia University站
MAP P.6 / C2

哥倫比亞大學建校於1754年，座落於中城區(49街附近)，原名「國王學院」(King's College)，美國獨立戰爭後改名爲哥倫比亞大學，1897年更遷移校址至目前的位置。哥倫比亞大學大概是紐約唯一擁有自己校園的大學，雖然校園範圍不大，但以寸土寸金的紐約來說，哥大學生已經是很幸運的了。

若想要沾染一下貴族大學的風氣，可以從116街的入口進入，沿著College Walk漫步，不但花草修剪得超級乾淨整齊外，校區內的建築也都頗具歷史。大學新圖書館(Low Memorial Library)是哥大校園的焦點，也是遊客中心的所在地，可以在這裡報名參加校區導覽，而圖書館階梯上的「Alma Mater雕像」及噴泉，也是來此一遊的最佳拍照地點。

## Century 21

http www.c21stores.com / ✉ 1972 Broadway (W. 66th St.口) / ☎ (212)518-2121 / ➡ 搭乘地鐵❶線至66th St.站 / ⏲ 10:00～22:00(週日11:00～20:00) / MAP P.10 / A2

位於地鐵站出口，熱鬧的林肯中心區域，樓層面積適中，逛起來相當輕鬆。男女童裝、鞋子、包包、配件等都有，名牌時裝約市價5折，內衣、襪子、領帶最便宜，也有名牌行李箱。

## ZABAR'S

http www.zabars.com / ✉ 2245 Broadway (W. 80th St.口) / ☎ (212)787-2000 / ➡ 搭乘地鐵❶線至79th St.站 / ⏲ 08:00～19:30(週日09:00～18:00) / MAP P.8 / E1

1934年開業至今，是上西城居民最愛光顧的超市之一，價格平易近人，種類選擇多，自家品牌的咖啡、馬克杯很受歡迎，可買來當伴手禮，在《慾望城市》、《電子情書》裡都曾出現過。

## Fairway

http www.fairwaymarket.com / ✉ 2131 Broadway (W. 74th St.口) / ☎ (212)595-1888 / ➡ 搭乘地鐵❶❷❸線至72nd St.站 / ⏲ 06:00～01:00 / MAP P.8 / F2

上西區人氣最旺的超市，店頭堆的比人還高的各式蔬果牆，非常壯觀。超市裡頭雖然稍嫌雜亂，但物品齊全、價錢優惠，不少紐約客特地遠路搭地鐵來這裡，一次採購足一星期的分量。

## Bloomingdale's Outlet

http www.bloomingdales.com / ✉ 2085 Broadway (W. 72nd St.口) / ☎ (212)634-3190 / ➡ 搭乘地鐵❶❷❸線至72nd St.站 / ⏲ 10:00～21:00 (週日11:00～18:00) / MAP P.8 / F2

這是總店位於上東城的Bloomingdale's，所開設的首家紐約Outlet分店，有許多過季品以及與設計師品牌聯名合作的獨家商品，讓你以25～75折的價格，就能買到流行的時尚。

## shishi

http www.shishiboutique.com / ✉ 2488 Broadway (W. 92nd St.口) / ☎ (646)692-4510 / ➡ 搭乘地鐵❶❷❸線至96th St.站 / ⏲ 11:00～20:00(週日11:00～19:00) / MAP P.8 / B2

頗受好評的一家女裝精品店，店家尋貨的眼光獨特，服飾、配件都有個性，其中以適合日常穿著的洋裝最為出眾，雖然店面外觀不怎麼起眼，但推開門卻能讓人眼睛為之一亮。

## Magpie

http www.magpienewyork.com / ✉488 Amsterdam Ave. (W. 83rd～84th St.之間) / ☎(212)579-3003 / ➡搭乘地鐵❶線至86th St.站 / 🕒11:00～19:00(週日11:00～18:00) / MAP P.8 / D2

品質頗佳的生活雜貨選品店，有許多當地設計或生產的商品，或藝術家的作品，文具、飾品、杯子、圍巾、香氛、幼兒用品等都有，各年齡層的商品都有，是家相當不錯的精緻小店。

## It's Sugar

http itsugar.com / ✉1807 Broadway (W. 61st～62nd St.之間) / ☎(212)956-3423 / ➡搭乘地鐵❶ⒶⒸⒷⒹ線至59th St./Columbus Circle站 / 🕒10:30～21:00(週五、六10:00～22:00) / MAP P.10 / B3

繽紛的糖果專賣店，經常配合節慶，推出各種新奇包裝的糖果來吸引大小顧客，店內也有裝填秤重的各種糖果，是送禮的一個好選擇。

## West Elm

http www.westelm.com / ✉1807 Broadway (W. 61st～62nd St.之間) / ☎(212)247-8077 / ➡搭乘地鐵❶ⒶⒸⒷⒹ線至59th St./Columbus Circle站 / 🕒10:00～21:00(週日11:00～19:00) / MAP P.10 / B3

上西城的旗艦店寬敞好逛，是一間摩登精緻的家具、家飾品牌，以精簡的設計、實用的品質，加上中等的價位，相當受到歡迎。

## Housing Works

http www.housingworks.org / ✉306 Columbus Ave. (74th～75th St.之間) / ☎(212)579-7566 / ➡搭乘地鐵❶❷❸ⒷⒸ線至72nd St.站 / 🕒10:00～21:00(週日11:00～17:00) / MAP P.8 / F3

隸屬於公益組織，物品都是由個人捐助的二手衣飾、家具，或服飾店捐贈的過季商品，價格平實，但品相新舊不一，適合花時間仔細挑選。

## Green Flea

http www.greenfleamarkets.com / ✉2100 W. 77th St. (Columbus Ave.口) / ➡搭乘地鐵❶❷❸ⒷⒸ線至72nd St.站，或❶線至79th St.站 / 🕒每週日10:00～17:30 / MAP P.8 / E3

設在學校內的二手舊貨市集，戶外操場上多以大型家具、二手衣物、用品擺飾為主，一旁還有農夫市集。室內的攤位多為小型物品，如郵票、貨幣、珠寶、杯盤等，相當有人氣。

## Cafe Lalo

http cafelalo.com / 201 W. 83rd St. (Broadway～Amsterdam Ave.之間) / (212)496-6031 / 搭乘地鐵1線至86th St.站 / 週一～四、日09:00～01:00，週五～六09:00～03:00 / $ 咖啡$3.50起，蛋糕$9.50 / MAP P.8 / D2

《電子情書》影迷必打卡的咖啡館，咖啡館具法國風情，蛋糕種類多樣，咖啡香濃好喝。雖價格較一般咖啡館高些，但不乏慕名而來的遊客。

## Gray's Papaya

http grayspapayanyc.com / 2090 Broadway (W. 72nd St.口) / (212)799-0243 / 搭乘地鐵1 2 3線至72nd St.站 / 24小時營業 / $ 兩份熱狗加1杯飲料$4.95 / MAP P.8 / F2

這裡就是《電子情書》主角們最後相約吃熱狗的地方。小小的角落店面，卻因電影而熱門，連咖啡都很便宜，來到這裡當然要嘗嘗有名的熱狗，德國酸菜或洋蔥配料隨你選。

## 5 Napkin Burger

http 5napkinburger.com / 2315 Broadway (W. 84th St.口) / (212)333-4488 / 搭乘地鐵1線至86th St.站 / 週一～五11:30～00:00，週六～日11:00～00:00 / $ 漢堡$14.00起，薯條$5.50起 / MAP P.8 / D1

以大分量漢堡聞名的餐廳，招牌漢堡內的牛肉就有10盎司之多，據說店名的由來是因為吃漢堡時，需要用到5張紙巾，相當有趣，快來試試。

## Sarabeth's Kitchen

http www.sarabethswest.com / 423 Amsterdam Ave. (W. 80th St.口) / (212)634-3190 / 搭乘地鐵1線至79th St.站 / 08:00～22:00 / $ 午餐$20.00起，晚餐$30.00起，Brunch鬆餅餐$20.00 / MAP P.8 / E2

非常受歡迎的餐廳，以好吃豐富的早餐及各類歐姆蛋聞名，有多處分店，經營非常多樣化。以週末08:00～16:00的Brunch時間人潮最多。

## Good Enough to Eat

http www.goodenoughtoeat.com / 520 Columbus Ave.(W. 85th St.口) / (212)496-0163 / 搭乘地鐵1線至86th St.站 / 08:00～22:30 / $ 早餐、週末Brunch $15.00起，午餐$20.00起，晚餐$30.00起 / MAP P.8 / D3

美國家庭風味料理，服務親切，早餐的蘋果鬆餅(Apple Pancake，$14.00)很不錯，午餐以三明治取勝；晚餐的沙拉、主菜選擇非常多樣。

## Barney Greengrass

http www.barneygreengrass.com / ✉541 Amsterdam Ave.(86th～87th St之間) / ☎(212)724-4707 / ➡搭乘地鐵①線至86th St.站 / ⏲08:00～18:00 / $焙果三明治$10.00起，3種配料三明治$16.00起 / MAP P.8 / C2

經營超過百年的醬菜、燻鮭魚、魚子醬食材雜貨店，設有熟食部門，有各種燻鮭魚、小菜、沙拉，Barney以夾有燻鮭魚的焙果三明治聞名。

## Recolte

http www.therecolte.com / ✉300 Amsterdam Ave. (W. 74th St.口) / ☎(646)928-0116 / ➡搭乘地鐵①②③Ⓑ©線至72nd St.站 / ⏲07:00～19:00 / $麵包$3.50起，卡布奇諾$5.00 / MAP P.8 / F3

素淨典雅的烘焙坊，提供高規格的歐式麵包、蛋糕，裹著白巧克力的可頌，是搭配咖啡的首選，有嚼勁的無花果歐式麵包則讓人齒頰留香。

## Amorino

http www.amorino.com / ✉414 Amsterdam Ave. (W. 79th～80th St.之間) / ☎(646)918-7501 / ➡搭乘地鐵①線至79th St.站 / ⏲週一12:00～22:30，週二～日11:00～22:30 / $冰淇淋$5.50起，冰淇淋馬卡龍$2.50起 / MAP P.8 / E2

風行歐洲的花朵義式冰淇淋專門店，花朵中心再加一顆冰淇淋馬卡龍的點法最熱門，冰淇淋+法式薄餅或冰淇淋+格子鬆餅，也很受歡迎。

## The Mermaid Inn

http www.themermaidnyc.com / ✉ 520 Columbus Ave. (W. 87th～88th St.之間) / ☎(212)799-7400 / ➡搭乘地鐵①線至86th St.站 / ⏲17:00～22:00，週末Brunch 11:00～14:30 / $晚餐$40.00起，Brunch $25.00起 / MAP P.8 / C2

以海鮮料理為特長的美食餐廳，開胃菜的蟹餅、主菜的龍蝦卷等，都相當受到饕客推薦。可以來試試週末的Brunch，但是人真的很多。

## Magnolia Bakery

http www.magnoliabakery.com / ✉200 Columbus Ave. (W. 69th St.口) / ☎ (212)724-8101 / ➡搭乘地鐵①線至66th St.站 / ⏲07:30～22:00(週五、六至00:00) / $杯子蛋糕$3.75，起士蛋糕$7.50 / MAP P.8 / G3

比起西村擁擠的本店，上西城分店顯然舒適很多，店內也有座椅區可以坐下來，悠閒地品嘗曾經帶起一陣旋風，而聞名世界的紐約杯子蛋糕。

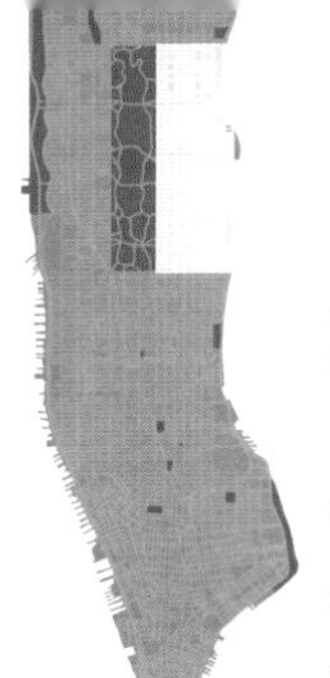

# 上東城

# Upper East Side

## 博物館重鎮
## 流行時尚的代表

曼哈頓最高級的豪宅、大樓遍布，紐約各大知名博物館、美術館也集中於此，還有設計師名牌大店也紛紛進駐。是上流生活的代表、寶藏的居地、時尚的焦點，上東城集萬寵於一身，尊寵嬌貴的身分無人能比擬。

上東城除了有紐約最高級的購物街外，這個位於中央公園東側的區域，也是紐約上流人士的住宅重鎮。這裡原是平民住宅區，卻在19世紀隨著中央公園的建設，搖身一變成為有錢名流新寵，豪宅一一興建，公園大道上(Park Ave.)擁有門房(Doorman)、門禁森嚴的高級公寓大樓更是處處可見，富裕的氣味在此一嗅便知。

上東城也一口氣坐擁最多知名重要博物館、美術館，如大都會博物館(Metropolitan)、古根漢美術館(Guggenheim)、弗里克收藏博物館(Frick Collection)以及猶太人博物館(Jewish Museum)、紐約市博物館(The Museum of City of New York)

上城區有很多這類的高級豪宅公寓

Madison Ave.集合所有時尚名牌的旗艦店

等，讓上東區第五大道兩旁，宛如一個博物館長廊，精緻無價的收藏展示，更是藝術愛好者醉心之地。

而讓購物遊客最愛的則非麥迪遜大道(Madison Ave.)莫屬了，設計師名牌大店紛紛進駐，由57街一路延伸至72街，時尚界誰當紅這裡最清楚，越紅店面越大、裝潢越氣派，連夾雜其中的小店都不免沾染其氣勢，也跟著時尚起來。逛街購物之餘，別漏了其間的咖啡廳、餐館，是讓你儲備精力、繼續逛街購物的好地方。

## information

上東城的觀光景點以集中在第五大道上的博物館最多，其他除了搭空中纜車賞景外(P.166)，就是在麥迪遜大道上逛名牌店了。上東城的地鐵交通有位在萊辛頓大道上的❹❺❻線，及二大道上的Ⓠ線，距離主要的景點、商店都有點遠，需要多走點路。

找間順眼的咖啡廳，補充體力再出發，順便欣賞上東城的型男美女

上東城擁有紐約最有名的博物館

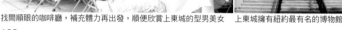

# 聖三一教堂
## Church of the Holy Trinity

- http www.holytrinity-nyc.org
- 316 E. 88th St. (2nd Ave.口)
- (212)289-4100
- 搭地鐵Q線至86th St.站
- 09:00～17:00
- 休 週日彌撒時間
- $ 免費參觀
- MAP P.9／C8

建於1899年的天主教堂，哥德式風格的建築、棕色的石磚，讓教堂外觀顯得沉穩，連走進教堂中也覺得溫暖許多。欣賞的重點在於華麗的玫瑰花窗，以耶穌的故事及聖使徒爲主環繞整個教堂四周，而白色的祭壇在棕色磚石下則顯得純潔無比；左右翼廊爲紀念小教堂及管風琴，管風琴是10多年前重新整建的，後面是耶穌受難的花窗，整體非常有氣勢。

教堂左側還有一個哥德式的高塔，塔高150英呎，入口大門雕刻精美，左右兩側爲聖使徒的雕像，塔樓的最上面是一座鐘樓。

這間教堂也就是《慾望城市》影集裡，夏綠蒂第一次舉行婚禮的地方，影迷們別錯過了。

教堂內樸實穩重，讓人著實感到溫暖

哥德式的高塔從教堂的樹林後竄了出來

棕色的石磚非常沉穩，門楣上的雕刻值得細細欣賞

這就是氣勢盛大的管風琴與其後的花窗

# 猶太教堂
## Temple Emanu-El

http www.emanuelnyc.org
✉ 1 E. 65th St. (5th Ave.口)
☎ (212)744-1400
➡ 搭地鐵⑥線至68th St.站，或Ⓝ Ⓡ Ⓦ至5th Ave / 59th St.站
🕘 週日～四10:00～16:30
休 週五～六，猶太節日
$ 免費參觀
MAP P.11 / A5

建於1929年，是美國最大的猶太教堂，外表看來厚重樸實，其實裡面金碧輝煌，尤其天花板的彩色梁柱、美麗的玫瑰花窗、精雕細琢的牆面或是華麗的管風琴，都是絕對不能錯過的欣賞重點。

教堂有一間收藏室(Herbert & Eileen Bernard Museum)，有不少祭祀用的器具，如燭台、經卷、吊燈等製作精美又金光閃閃，也有Tiffany在百多年前製作、精雕細琢的一只純銀雙耳大花瓶。除了主教堂外，旁邊還有一座小禮拜堂，雖然樸素些，但還是一樣裝飾得美輪美奐。

參觀教堂最佳的方式是參加導覽，不但有專人解說，也能欣賞到重點部分，參加導覽請電話預約，或在網站上提問參觀的相關問題。

外觀看起來非常厚實堅固的猶太教堂

彩色大理石拼貼出來的華麗祭臺

# 希臘正教教堂
## Archdiocesan Cathedral of the Holy Trinity

http www.thecathedralnyc.org
✉ 337 E. 74th St. (1st～2nd Ave.之間)
☎ (212)288-3215
➡ 搭地鐵⑥線至72nd St.站
🕘 08:45～21:00
$ 免費參觀
MAP P.9 / F8

聖三一總主教座堂現址建於1932年，屬於希臘正教，是美洲總教區的總主教座堂，教堂外表是厚重樸實的羅曼復興風格，但內部卻是金碧輝煌的拜占庭風格，無處不是金光閃閃的馬賽克聖像壁畫，反差之大讓人驚歎不已。教堂除了舉行聖典、彌撒禮拜外，均對民眾開放，若對參觀教堂有興趣，可以安排繞過來參觀，但切記請保持肅靜，相機、手機請切換至靜音模式喔！

樸實的石造建築外觀，內部卻有著華麗的聖壇

教堂內滿是金光閃閃的馬賽克聖像畫

# 東正教教堂
## St. Nicholas Russian Orthodox Cathedral

- mospatusa.com/stnicholascathedral.html
- 15 E. 97th St. (5th～Madison Ave.之間)
- (973)726-4229
- 搭地鐵⑥線至96th St.站，往西步行至5th Ave.，約10分鐘
- 週日07:00(英)、10:00(俄)，彌撒時間約2小時
- 免費參觀
- MAP P.9 / A6

建於1912年，巴洛克式的建築風格，5座洋蔥式屋頂是東正教教堂的最大特色，整個建築瀰漫著俄羅斯的風味。教堂內四周與天花板都有著精美華麗的彩繪壁畫，聖壇處的大型水晶吊燈也頗有風味，連神職人員的服裝就跟平常在圖畫中看到的一樣。教堂平時不開放參觀，可趁著週日彌撒時間前往，但切記勿打擾到參與彌撒的人。

東正教源起於拜占庭帝國，與天主教和新教並稱爲基督教三大派系，於10世紀末時傳入俄羅斯，15世紀時被立爲國教。俄羅斯移民多在美國東岸，又以紐約爲最多，其中布魯克林的俄羅斯社區最爲有名，可以嘗到正統的俄羅斯美食。

# 聖詹姆士教堂
## St. James' Church

- www.stjames.org
- 865 Madison Ave. (E. 71st St.口)
- (212)774-4200
- 搭地鐵⑥線至68th St.站，往西步行至Madison Ave.，約6分鐘
- 09:00～17:00
- 免費參觀
- MAP P.9 / G6、P.171

位於麥迪遜大道上，在世界時尚名牌的包圍下，紅棕色牆瓦的教堂

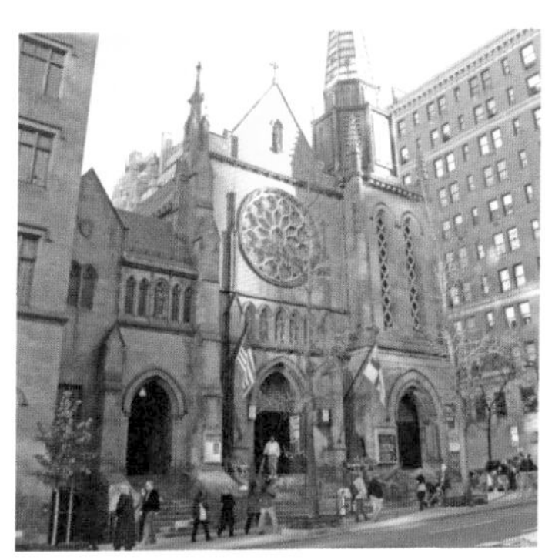

顯得更加安靜樸素。教堂採哥德式的建築架構，高挑的天花板綴著美麗多彩的栱梁，與一般石造純白的天花板大大不同，非常吸引人。

主祭檀上的木雕聖像，也同樣的加上彩繪，莊嚴中顯得更爲生動，而四周細緻的玫瑰花窗，也值得細細欣賞。教堂不大，在逛街採購之餘，別忘了推門進來沉靜一下。

# 糖果專賣店
## Dylan's Candy Bar

http www.dylanscandybar.com
✉ 1011 3rd Ave. (60th St.口)
☎ (646)735-0078
➡ 搭乘地鐵④⑤⑥線至59th St.站；Ⓝ Ⓡ Ⓦ線至Lexington Ave./59th St.站
🕒 週一～四、日10:00～21:00，週五～六10:00～23:00
MAP P.11 / B7，P.169

Dylan's Candy是紐約最知名的糖果品牌

整整3層樓擺滿了各種口味、顏色、樣式的糖果、餅乾、巧克力，連同商店的外觀一整個童話般的繽紛色彩，是來紐約的觀光客必定造訪的一家糖果店，QQ糖、雷根糖、甘貝熊、棒棒糖等，樣樣熱賣。雖然價格不算便宜，但是看到每個小朋友手上都是滿滿的一袋糖果，讓人也不免跟著買了起來。

## 羅斯福島空中纜車 Aerial Tramway

分家導覽

羅斯福島(Roosevelt Island)位於曼哈頓上東區東側、是東河(East River)上的一座狹長小島，約有7,500人住在島上，與曼哈頓的喧囂相比較之下，這裡顯得相當安靜。島上有公寓住宅，沿著東河設有河岸步道，漫步其上可欣賞上東區獨特的大樓天際線。

住戶對外交通有地鐵F線，但最特別的還是空中通勤纜車，是連接曼哈頓的另一個方式。搭乘纜車也是由高處遠眺曼哈頓的一個方法，因為電影《蜘蛛人》一片的取景，這裡成了遊客必臨景點之一，尤其從高空欣賞曼哈頓上城區的璀璨夜景，更是遊客的最愛，只要短短5分鐘，便能享受一段特別的空中之旅，保證畢生難忘。

來到上東區，除了逛街購物外，別忘了還有這個特別的空中纜車喔！

http rioc.ny.gov/302/Tram
✉ 2nd Ave.與E. 60th St.口
➡ 搭乘地鐵④⑤⑥線至59th St.站；Ⓝ Ⓡ Ⓦ線至Lexington Ave./59th St.站
🕒 週日～四06:00～02:00；週五、六06:00～03:30；約7～15分鐘一班
$ 單趟$2.75，只能使用MTA的MetroCard搭乘；3歲以下免費
i 可由曼哈頓搭纜車去，搭地鐵Ⓕ線回；或搭地鐵Ⓕ線至Roosevelt Island站，再搭纜車回曼哈頓
MAP P.11 / B7

# 上東城第五大道博物館藝術長廊 Museum Mile!



上東城第五大道上，以博物館密集而聞名，素有「Museum Mile」之稱，除了博物館單元(見P.82)已介紹過的大都會博物館、古根漢美術館及惠特尼美術館外，尚有幾座不同性質的博物館、美術館也值得參觀，若時間足夠，不妨再挑個有興趣的培養氣質一番。

## 弗里克收藏博物館 The Frick Collection

http www.frick.org
✉ 1 E. 70th St. (5th Ave.口)
☎ (212)288-0700
➡ 搭乘地鐵⑥線至68th St.站，往西步行至5th Ave.，約15分鐘
⏲ 週二～六10:00～18:00，週日11:00～17:00
休 週一、國定假日
$ 成人$22.00，學生$12.00，10歲以下謝絕參觀。週三14:00～18:00入館自由付費；每月第一個週五18:00～21:00免費
MAP P.9／G6

原為匹茲堡鋼鐵大王Henry Clay Frick在紐約的豪宅，1931年Frick家族將它及所有的收藏一併捐出成立博物館，館內藝術收藏豐富，建築本身、家具裝飾等都值得欣賞，來這裡體驗富豪的生活空間吧！

## 國家設計美術館 Cooper Hewitt Smithsonian Design Museum

http www.cooperhewitt.org
✉ 2 E. 91st St. (5th Ave.口)
☎ (212)849-8400
➡ 搭乘地鐵④⑤⑥線至86th St.站，往西步行至5th Ave.，約15分鐘
⏲ 10:00～18:00 (週六10:00～ 21:00)
休 感恩節、12/25、1/1
$ 成人$18.00，學生$9.00，18歲以下免費；週六18:00～21:00入館自由付費
MAP P.9／B6

建築前身為鋼鐵大王卡內基的豪宅，是一間以現代設計作品為主的美術館，展出的作品非常多樣且新奇，如同在逛精品店般有趣，讓你想每樣展品都拿起來把玩一番，豪宅本身也是值得參觀的重點之一，別漏掉美麗的花園喔！

## 猶太人博物館 The Jewish Museum

http thejewishmuseum.org
✉ 1109 5th Ave. (E. 92nd St.口)
☎ (212)423-3200
➡ 搭乘地鐵④⑤⑥線至86th St.站，往西步行至5th Ave.，約20分鐘
⏲ 週六～二、五11:00～17:45，週四11:00～20:00
休 週三、猶太節日、金恩博士紀念日、國殤紀念日、感恩節、12/25、1/1
$ 成人$18.00，學生$8.00，18歲以下免費；週四17:00～20:00入館自由付費；週六免費
MAP P.9／B6

展品主要以猶太人的藝術、文化、生活、文學為主，宗教類的選項是重點，光明節(Hanukkah)燭台的藝術品、紀念品不少，每年也有舉辦如猶太人電影節(Annual New York Jewish Film Festival)等活動。

## 新藝廊
## Neue Galerie

http www.neuegalerie.org
✉ 1048 5th Ave. (E. 86th St.口)
☎ (212)628-6200
➡ 搭乘地鐵④⑤⑥線至86th St.站，往西步行至5th Ave.，約10分鐘
🕘 週四～一 11:00～18:00
休 週二、三
$ 成人$20.00，學生$10.00(以上票價均包含語音導覽)；請注意12～16歲須有成人陪同，12歲以下不開放參觀
每月第一個週五18:00～21:00 免費參觀
MAP P.9／C6

這間小巧的美術館就像在參觀上東區豪宅一般，展出20世紀初期的畫作及裝飾藝術風格的家具、也有包浩斯時期的工藝品，主要以德奧的藝術為主。館內收藏有克林姆(Gustav Klimt)知名的《艾黛兒肖像畫》，當然禮品店也不能錯過。

## 紐約市博物館
## The Museum of the City of New York

http www.mcny.org
✉ 1220 5th Ave. (E. 103rd St.口)
☎ (212)534-1672
➡ 搭乘地鐵⑥線至103rd St.站，往西步行至5th Ave.，約10分鐘
🕘 10:00～18:00
休 感恩節、12/25、1/1
$ 成人$18.00，學生$12.00，19歲以下免費
MAP P.7／F6

這裡是了解紐約過去、現在、還有未來最佳的場所，有相關的歷史、建築、人物、事件等，展覽很多樣性。博物館裡也有場地可出租給舉辦會議或宴會等使用。

## 拉丁美洲博物館
## El Museo del Barrio

http www.elmuseo.org
✉ 1230 5th Ave. (E. 104th St.口)
☎ (212)831-7272
➡ 搭乘地鐵⑥線至103rd St.站，往西步行至5th Ave.，約10分鐘
🕘 週二～六11:00～18:00
休 週一～日，7/4、感恩節、12/25、1/1
$ 成人$9.00，學生$5.00，12歲以下免費(有建議票價制，每月第三個週六免費)
MAP P.7／F6

拉丁美洲博物館，有南美洲的生活藝術品、攝影及影片等展覽，還有一間可容納600人、也是上東城唯一的劇院。博物館內外都充滿拉丁人的熱情色彩。

# 逛街購物指南
## Shopping

(M)男裝　(W)女裝　(MW)男女裝
(K)兒童　(S)鞋子　(J)珠寶、手錶
(L)皮件　(T)禮品　(F)食品、超市
(B)書店　(G)藝廊　(C)化妝品、香水
(E)眼鏡　(H)家具　(D)百貨公司

## 萊辛頓大道 Lexington Ave.

**information**

➡ 搭乘地鐵④⑤⑥線至59th St.站，或NRW線至Lexington Ave.站

### 流行百貨名店街

上東城除了麥迪遜大道上的設計師名店外，在萊辛頓大道上(58th～60th St.)這個小小的街區，也匯集了不少流行服飾店，況且百貨界的知名時尚代表——布魯明黛爾百貨公司(Bloomingdale's)也座落在此，因此吸引了不少服飾大店紛紛進駐此區，幾個知名的服飾品牌，在這裡都可以找到，讓紐約的逛街購物地圖又更加擴大了。

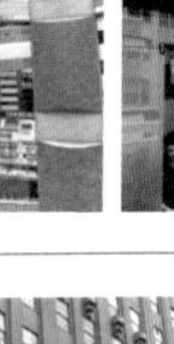

Baked by Melissa (F)
Lush (C)
61st St.
Sabon (T)
ORVA (S)
Sprinkles (F)
Lexington Ave.
Brgr (F)
3rd Ave.
星巴克
Dylan's Candy Bar (F)
60th St.
Lexington Ave. NRW /59th St.
Sephora (C)
Bloomingdale's (D)
Urban Outfiter (MW)
Zara (MW)
Clarks (S)
59th St. ④⑤⑥
59th St.
Banana Republic (MW)
H&M (MW)
Park Ave.
The Home Depot (H)
GAP (MW)
Aldo (S)
Make up for ever (C)
CB2 (H)
Victoria's Secret (W)
The Container Store (T)
58th St.
American Eagle Outfitter (S)
New York & Company (MW)
Zales (J)
Modell's (MW)
星巴克
Jacques Torres (F)
57th St.
Harley Davidson (MW)

# 麥迪遜大道 Madison Ave.

## information

➡ 可搭乘地鐵ⓃⓇⓌ線至5th Ave./59th St.站(E. 60th St.口)，再步行轉入Madison Ave.，可由57th St.一路往上逛至72nd St.；如果體力還夠，不妨順道前往參觀為在第五大道上的大都會博物館(介紹見P.86)

## 設計大師名店街

麥迪遜大道幾乎集中了世界知名的各大品牌，而且都是一整幢一整幢的旗艦店，店面之大且豪華，商品精美又齊全，流行度100%，教你不掏出信用卡也難。這裡簡直就像是上東城名媛貴婦們的商店街，眞的是出了豪宅轉個彎就到了。從57街的Coach、到72街的Ralph Lauren總部，麥迪遜大道兩旁一間接著一間的高級名牌店，創意的櫥窗無不吸引時尚人士的目光，就算買不下手，欣賞店面的高雅裝潢、美麗櫥窗，也是一種逛街樂趣。

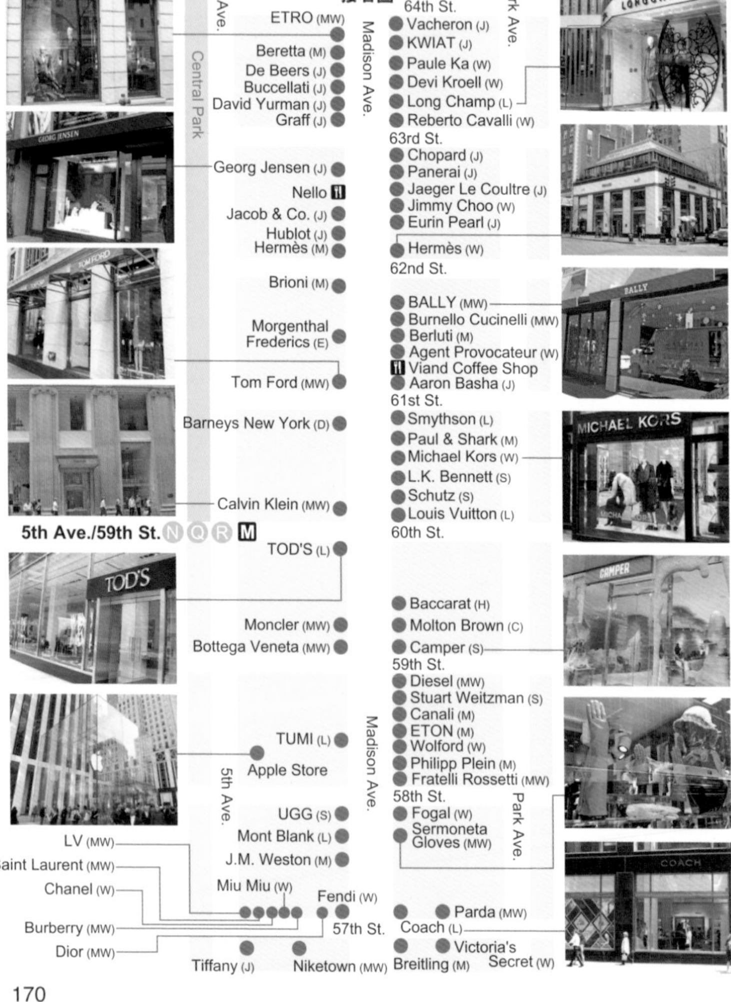

5th Ave.
Madison Ave.
Central Park

- Apple Store
- Acne Studios (W)
- Eli Zabar
- Manrico Cashmere (W)
- Milly (W)
- Calypso (W)
- Ralph Lauren (W)
- Ralph Lauren (K)
- Ralph Lauren (Baby)
- Céline (W)

The Frick

- Ladurée (F)
- Elie Saab (W)
- Chloé (W)
- Christofle (H)
- Balenciaga (MW)
- Chocheng (W)
- Cartier (J)
- de Grisogono(J)
- Porenza Schauler (W)
- Dolce & Gabbana (K)
- Jil Sander (MW)
- Sonia Rykiel (W)
- Belstaff (MW)

- Oliver Peoples (E)
- Giuseppe Zanotti (S)
- Corolina Herrera (MW)
- John Lobb (S)
- Cesare Attolini (M)
- Ippolita (J)
- Viking (C)

67th St.

- Micheal Kors (W)
- Yves Salomon (W)
- L'etoile Royale (J)
- Robert Marc (E)
- Orogold (C)
- Oscar dela Renta (W)

66th St.

- Bar Italia
- Mardani (J)
- Derek Lam (W)
- Santoni (S)
- Giorgio Armani (MW)

65th St.

- Roger Vivier (L)
- Loro Piana (MW)

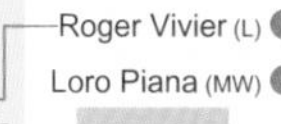

Temple Emanu-El

Central Park
5th Ave.
Madison Ave.

75th St.

- The Met布勞耶分館
- Nespresso

74th St.

Park Ave.

- Stella McCartney (W)

Madison Ave Presbyterian Church

73rd St.

- Selima (E)
- Bond No.9 (C)
- Paul Morelli (J)

72nd St.

- Ralph Lauren (M)

St James Church

71st St.

- Emilio Pucci (W)
- Asprey (W)
- Lanvin (W)

70th St.

- Prada (MW)
- Anne Fontaine (W)
- Akris (W)
- Valextra (L)
- Mackintosh (M)
- Ghurka (L)
- Pratesi (H)

69th St.

- Dolce & Cabbana (MW)
- Dennis Basso (W)
- Valentino (W)
- Isaia (M)
- Marina Rinaldi (W)
- MaxMara (W)

68th St.

- Lanvin (M)
- Bonpoint (K)
- La Parla (W)
- Frette (H)
- Tory Burch (W)
- Anya Hindmarch (L)
- Opera Gallery (G)
- Kate Spade (W)
- J. Mendel (W)
- A Lange & Sohen (J)
- Vnernier (J)
- Edie Parker (C)
- Mr & Mrs (MW)
- Fred Leighton (J)
- J. Crew (W)
- John Varvatos (M)
- Zadig & Voltarie (W)
- Alice & Olivia (W)
- Match
- Givenchy (W)
- Alexander McQueen (W)
- Leggiadro (W)
- Powellato (J)
- Chanel (W)

64th St.

Park Ave.

接左圖↓

## Candle Cafe

www.candlecafe.com / 1307 3rd Ave. (E. 75th St.口) / (212)472-0970 / 搭乘地鐵⑥線至77th St.站 / 週一～五11:30～22:00，週六～日09:00～22:00 / 沙拉$15.00起，主餐$20.00起，甜點$12.00起 / P.9 / F7

有機、新鮮、健康的素食餐廳，Smoothies飲料值得一試，可自由搭配的「Good Food Plate」非常受歡迎(自選4種食物+2種醬汁，$20.00)。

## Serendipity 3

www.serendipity3.com / 225 E. 60th St. (2nd～3rd Ave.之間) / (212)838-3531 / 搭乘地鐵④⑤⑥線至59th St.站，ⓃⓇⓌ線至Lexington Ave./59th St.站 / 週日～四11:30～00:00，週五～六11:30～01:00 / 餐點$12.00起，甜點$8.00起 / P.11 / B7

以甜點出名的餐廳，不少人專程來品嘗這裡的聖代，門口總是有長長的隊伍，等待叫號入座。

## Heidelberg

www.heidelberg-nyc.com / 1648 2nd Ave. (E. 85th～86th St.之間) / (212)628-2332 / 搭乘地鐵Ⓠ線至86th St.站 / 週一、二17:00～00:00，週三、四、日11:00～00:00，週五、六11:00～01:00 / 午餐$20.00起，晚餐$30.00起，香腸拼盤$19.75 / P.9 / C8

德奧風味料理，連裝潢都具有巴伐利亞黑森林的味道，供應各式香腸、德國豬腳、德國啤酒。

## Jackson Hole

jacksonholeburgers.com / 232 E. 64th St. (2nd～3rd Ave.之間) / (212)371-7187 / 搭乘地鐵ⒻⓆ線至Lexington Ave./63rd St.站 / 10:30～00:00 / 漢堡$13.00起，三明治$7.00起，餐點$16.00起 / P.11 / A7

以製作漢堡出名，非常受當地男女老少喜愛的餐廳。每份漢堡約有7盎斯(約200公克)重，所以餐廳又有「Home of the 7 oz Burger」之稱。

## Match 65

www.match65.com / 29 E. 65th St. (Madison～Park Ave.之間) / (212)737-4400 / 搭乘地鐵ⒻⓆ線至Lexington Ave./63rd St.站 / 11:30～23:00(週日至22:00) / 午餐、晚餐、Brunch $25.00～50.00 / P.11 / A6

美式餐廳，餐點精緻，提供漢堡、牛排、鮭魚、龍蝦餐等，也有沙拉、義大利麵、甜點。週末的Brunch頗受歡迎。

## Lady M Confections

http www.ladym.com / ✉41 E. 78th St. (Madison～Park Ave.之間) / ☎(212)452-2222 / ➡搭乘地鐵⑥線至77th St.站 / ⏲週一～五10:00～19:00，週末11:00～18:00 / $單片蛋糕約$7.50起 / MAP P.9 / E6

近年來相當熱門的甜點店，裝潢簡單高雅，永遠都有人在門口排隊。Lady M以口感細緻的起士蛋糕，與層層美味的千層薄餅蛋糕聞名。

## Sant Ambroeus

http www.santambroeus.com / ✉1000 Madison Ave.(E. 77th～78th St.之間) / ☎(212)570-2211 / ➡搭乘地鐵⑥線至77th St.站 / ⏲07:00～23:00 / $卡布奇諾$7.50，甜點$11.00，餐點$19.00起 / MAP P.9 / E6

開業於1936年，是間牌子老、口碑好的咖啡餐館，以義式餐飲、甜點為主，裝潢高雅、用餐氣氛佳，是逛麥迪遜大道歇腳的好去處。

## HARBS

http www.harbsnyc.com / ✉1374 3rd Ave. (E. 78th St.口) / ☎(646)896-1511 / ➡搭乘地鐵⑥線至77th St.站 / ⏲11:00～21:00(週五、六至22:00 / $蛋糕$8.00起，飲料$6.00起，午間套餐$20.00 / MAP P.9 / E7

從日本漂洋過海來的精緻甜點店，以薄餅水果千層蛋糕風靡眾人味蕾，午間套餐雖已包含飲料及蛋糕，但保證你一定會再加點一份蛋糕。

## Two Little Red Hens

http www.twolittleredhens.com / ✉1652 2nd Ave. (E.85th～86th St.之間) / ☎(212)452-0476 / ➡搭乘地鐵Ⓠ線至86th St.站 / ⏲07:30～21:00(週五、六至22:00，週日至20:00) / $切片起士蛋糕約$5.00 / MAP P.9 / C8

口耳相傳的傳統烘焙坊，以紐約起士蛋糕聞名，櫻桃醬起士蛋糕最為推薦，堅果派也熱賣，店內狹小座位少，隊伍都排到店外了呢！

## Sprinkles

http sprinkles.com / ✉780 Lexington Ave.(近 60th St.) / ☎(212)207-8375 / ➡搭乘地鐵④⑤⑥線至59th St.站，或ⓃⓇⓌ線至Lexington Ave./59th St.站 / ⏲09:00～21:00(週日10:00～20:00) / $杯子蛋糕$4.00 / MAP P.11 / B6

來自洛杉磯，簡潔的杯子蛋糕造型口味相當多樣，隔壁開有冰淇淋及餅乾店。最特別的是門口一側有台杯子蛋糕ATM，免進店就可買到。

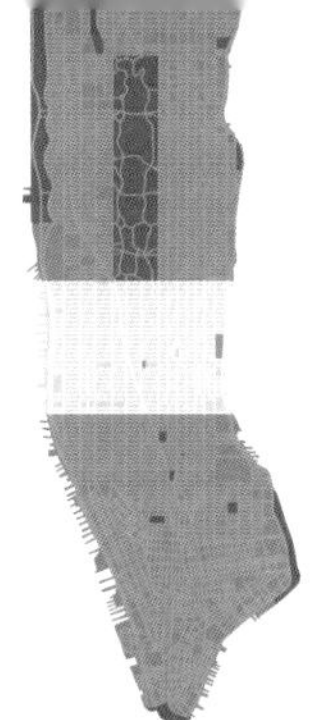

# 中城區
Midtown

## 曼哈頓的心臟
## 挑戰高度的紐約神話

最代表紐約印象的中城區，有眾所皆知的第五大道、帝國大廈、中央車站、聯合國、還有觀光客的天堂——時代廣場。一幢幢古典兼具藝術的大樓，是摩天大樓的代名詞，也是紐約最美的天際線。

1.時代廣場是中城區的心臟 / 2.中城區第六大道是忙碌的商業辦公區域，有成排的大樓及忙碌的車潮 / 3.中城區是逛街購物的好地方

中城區無疑是紐約中的紐約，著名的景點幾乎都集中在這裡，觀光消費的收入也大都來自於這裡，它是紐約給全世界的第一印象。早期這裡是富商名流的豪宅居所，現在則幾乎成為高級名牌的旗艦店面，不過你仍可以從建築物的外觀，想像當時衣著奢華、馬車往來繁忙的生活景象。

第五大道上，百貨公司時尚高雅的櫥窗

公園大道連接中央車站，車潮忙碌

當全世界第一棟最高的大樓在此升起時，世人注目的焦點就不曾從這裡移開過，它的一舉一動也總是牽動著全球。第五大道可說是中城區的代表，這裡可以買到你想要的奢華生活，是觀光客嚮往的購物勝地，也是區分東、西邊的依據。

往東有中央車站、聯合國兩大景點，而Park Ave.和Lexington Ave.是高級公寓的代表，有不少保有舊時代風華的高級飯店。往西則有時代廣場、卡內基音樂廳、洛克菲勒中心等，沿著第六、第七大道兩側，主要是企業的辦公大樓，及現代化的五星級飯店。

7th Ave.又有時尚大道(Fashion Ave.)之稱

中城區是屬於高消費的區域，餐廳、飯店的價位普遍都較高一些，並不太適合節省旅遊的背包客，但優點就是交通便利，位在中心地帶，要往上或往下移動都很方便。但往兩邊較遠的街區，如第一、第二、第九或第十大道，用餐或住宿的價位就明顯下降許多。

夕陽為克萊斯勒大樓與帝國大廈，染上一層金黃

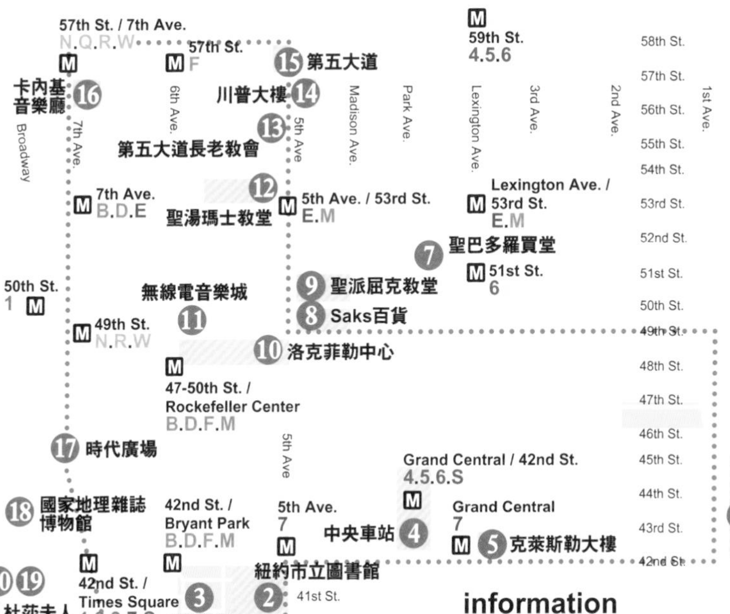


## information

➡ 可搭乘地鐵 B D F M N Q R W 線至34th St.站

ℹ 以帝國大廈為起點，再以徒步、地鐵或巴士接駁中城區的其他景點。中城區範圍廣大，要1天內參觀走完不是簡單之事，建議分次完成行程，或只挑選幾個重要景點參觀也可以

# 熱門景點介紹
Sightseeing

## 帝國大廈
### Empire State Building

- http www.esbnyc.com/zh-hant
- ✉ 350 5th Ave. (W. 34th St.口)
- ☎ (212)736-3100
- ➡ 搭乘地鐵BDFMNQRW線至34th St./Herald Square站，往東步行至5th Ave.，約8分鐘
- ⏲ 觀景台與禮品店：08:00～02:00，最後一班電梯往觀景台01:15
- 休 無
- $ 86樓觀景台：成人$37.00，6～12歲$31.00；快速通行證$65.00
  86樓+102樓觀景台：成人$57.00，6～12歲$51.00；快速通行證$85.00
- i 禮品店設在80樓；票價包含手持式多媒體語音導覽機(有中文)
- MAP P.13／A5、P.177、P.196

由86樓的觀景台往下城的方向俯瞰

102層樓高的帝國大廈，自開放參觀以來，早已經超過1億人來親身體驗它的魅力了。

在當年建築高度競賽的年代，帝國大廈爲了奪得世界最高建築的頭銜，僅僅只花了不到1年的時間(1930年3月17日動工興建，同年11月13日完工落成)就建設完成，可說是日夜趕工，在短短時間內便創造了兩項的「第一」。建造時間極短，但卻一點也不馬虎，就連1945年B-25戰鬥機因濃霧意外撞上它時，仍堅固屹立。

帝國大廈內外都以當時最流行的裝飾藝術風格(Art Deco)呈現，氣派大方；大樓頂端的燈光，也會隨著不同的節日、慶典或選舉結果，而變換不同的顏色。

帝國大廈是愛情浪漫電影最喜愛的地標之一，如經典名片《金玉盟》(An Affair to Remember, 1957)、浪漫喜劇《西雅圖夜未眠》(Sleepless

裝飾藝術風格的內部

夜間大樓塔頂的夜燈

電影海報與劇照

### information

想要上86樓及102樓的360度觀景台，除了票價不便宜外，就連排隊的時間也很可觀(除了要排隊買票，還要再排隊等電梯)，參觀的人潮真的非常多，根據統計每年約有360萬以上人次登門造訪。

建議可以直接上網購票、列印票券，即可省去排隊買票的時間(上網購票每張票須多付$2.00)；若真的不想排隊，快速通行證是個不錯的選擇，保證比別人快好幾十倍，不過「時間就是金錢」的概念就直接顯示在票價上了。

另外，在80樓還有建構大樓時的相關文物、照片展示，訪客中心則位於2樓，記得也順道參觀一下。

in Seattle, 1993)，就連可愛怪獸《大金剛》(King Kong, 1933)也愛它呢！將它入鏡的電影眞是不計其數，若眞要一一細數的話，也有百部吧！

# 克萊斯勒大樓
## Chrysler Building

- http www.nyc-architecture.com/MID/MID021.htm
- 450 Lexington Ave. (E. 42nd～43rd St.之間)
- (212)736-3100
- 搭乘地鐵④⑤⑥⑦Ⓢ線至42nd St./Grand Central站(由中央車站沿著42nd St.往東行，左轉Lexing-ton Ave.就可看到，徒步3分鐘)
- MAP P.11 / F6、P.177

克萊斯勒大樓是曼哈頓另一棟美麗的摩天高樓，裝飾藝術風格的塔尖，獨特更甚帝國大廈，曾一度奪下最高大樓的光環，但沒幾個月的時間，就將第一的頭銜拱手讓給了帝國大廈。

克萊斯勒大樓是第一個大

遊客只能欣賞華麗的1樓大廳

量運用鋼鐵素材的建築，鋼鐵的塔尖在白天因陽光反射而閃耀，夜晚透出的燈光也非常亮眼，還有8個向外探頭的鋼鐵老鷹頭塑像，非常醒目。大樓沒有觀景台設施，內部也不開放參觀，所以只能欣賞1樓華麗大廳，裝飾藝術風格以不同顏色的大理石與鋼鐵輝映而成，天花板的彩繪也是參觀重點。

# 市立圖書館
## The New York Public Library

http www.nypl.org/locations/schwarzman
✉ 5th Ave. (W. 42nd St.口)
☎ (917)275-6975
➡ 搭乘地鐵Ⓑ Ⓓ Ⓕ Ⓜ線至42nd St.站
⏲ 週一10:00～18:00，週二～三10:00～20:00，週四～六10:00～18:00，週日13:00～17:00
休 國定假日，7～8月週日休
$ 免費參觀
i 建物導覽：11:00、14:00
展覽導覽：12:30、15:30(週日14:00)
語音導覽：洽訪客中心，有中文
MAP P.11／F5、P.177

莊嚴肅靜的圖書館，建於1902年，是一座石造的古典建築，館內藏書之豐富為全國公立圖書館之

圖書館的牆面及彩繪都十足典雅

冠，除了龐大的藏書外，圖書館也收藏了大批珍貴的手稿、書信、照片等，經常舉辦特別的展覽，還附設有圖書館禮品店，藝術書籍或文具用品都非常受歡迎。

看過電影《第凡內早餐》或《慾望城市》的影迷們，應該對圖書館典雅的內部不陌生，大理石的挑高大廳或藏書室的木雕牆面及彩繪，都是不可錯過的欣賞重點。

圖書館入口的階梯是民眾的最愛，聊天的、曬太陽的、無所事事的都喜歡坐在上面看第五大道上人

### 兩頭石獅子也是有名有姓呢！

這兩頭獅子雕造於1911年，是美國雕塑大師August Saint-Gaudens的作品，雖是石造但也是各有名字呢。最早是以圖書館兩位創辦者Jacon Astro和James Lenox命名，後來還被稱為Lady Astor跟Lord Lenox(話說兩隻都是公獅子哩)，直到1930年代，紐約市長重新將牠們命名為「Patience」(南邊那隻)和「Fortitude」(北邊那隻)。

每到春天或聖誕假期，館方還會為這兩頭獅子掛上應景的裝飾花圈，或於畢業季節戴上方帽等！因為這兩頭獅子實在是太受歡迎了，於是成為圖書館的正字標記。

聖誕節期間的應景裝飾，有濃濃的過節氣氛

來人往，階梯兩側的大理石獅子則是觀光客合照的焦點，他們大概是世界上最爲有名的兩頭獅子了。

### 布萊恩公園

被高樓圍繞著的布萊恩公園(Bryant Park)，是附近上班族的一方綠洲，有露天餐廳、咖啡座，還提供有無線網路供大眾免費使用，所以經常可以看到在此用餐兼辦公的上班族。夏天這裡經常舉辦戶外電影、音樂會等，冬天11月1日起則成了戶外溜冰場，非常受歡迎。

公園廣大的綠地，時常有不同的活動在此舉辦

每年11月，公園變身為聖誕市集與溜冰場

## 聯合國
## The United Nations

- http visit.un.org
- ✉ 1st Ave.與E. 42th St.口，遊客中心入口於E. 47th St.
- ☎ (212)963-8687
- ➡ 搭乘地鐵④⑤⑥⑦Ⓢ線至42nd St./Grand Central站，步行約20分鐘；或搭乘公車M15在聯合國下車
- ⏲ 09:00～17:30(遊客中心服務至16:30)導覽團：週一～五09:30～16:45
- 休 週六～日，國定假日及特別會議期間
- $ 導覽行程：成人$22.00，學生$15.00　5～12歲兒童$13.00(含$2.00票務費)
- i 1.有中文導覽，需上網購票預約
  2.持有導覽票券才能進入遊客中心
  3.需提前15分鐘集合，加上需要先通過安檢，建議至少提早30分鐘抵達；遲到15分鐘門票自動失效
  **4.台灣非會員國成員，依規定，持中華民國護照目前無法進入聯合國參觀，買導覽票之前請確認有其他合宜的證件(國際學生證、他國護照等)，詳情可上聯合國網站查詢**
- MAP P.11／F8、P.177

位於東河(East River)邊，以世界和平、人類福祉爲構想而組成的聯合國組織，成立於二次大戰之後。整個聯合國區域由4個主要建築，包括總會大樓、事務局大樓、議會大樓及圖書館及數個開放空間所組成，廣場上數個雕像大都以和平、止戰等爲主題，值得細細觀賞。

要進入聯合國參觀須先通過嚴格的安檢，若要參加內部導覽最好提早上網購票預約。大樓裡附設有紀念品販售，還有專屬郵局，不妨買張明信片從這裡寄出，讓旅行多一份紀念。

自然採光的車站大廳，寬敞有氣勢，已服務旅客達百年歷史，也是無數電影取景的地方

# 中央車站
## Grand Central Terminal

http www.grandcentralterminal.com
✉ 89 E. 42nd St. (Park Ave. South口)
☎ 搭乘地鐵④⑤⑥⑦Ⓢ線至42nd
➡ St./Grand Central站
🕑 05:30～02:00
$ 自助語音導覽：09:00～18:00(感恩節、聖誕節休息)，租用語音導覽機$9.00(有中文，www.grandcentralterminal.com/tours)
也可以自行下載APP$4.99(Grand Central Tour)
MAP P.11／F6、P.177

1913年落成，已有百年歷史的火車站，每天仍然無休地負責載送乘客往返紐約上州各城鎮，上下班的

車站外充滿懷舊味道的的擦鞋攤

左圖：車站身後的大都會人壽大樓，也是地標之一／右圖：Apple Store在車站大廳的一側開起了專賣店

人潮是最忙碌的時刻。車站內部氣勢宏偉，超挑高的大廳、舒適的空間、明亮的自然採光，讓整個車站有如宮殿大廳一般。

中央車站不只是車站，這裡還集合有商店街、美食街、超級市場、咖啡廳、醫療診所等，生活機能一應俱全，聖誕節期間還設有聖誕市集，相當熱鬧！

若你想將中央車站看得更深入更仔細，不妨至位於售票窗口一角的服務台，租用附有地圖的語音導覽機，跟著介紹逐一自行參觀。

車站大廳中央的四面鐘

天花板的星座彩繪

有如巴黎歌劇院的大理石階梯

大廳兩旁的美麗水晶吊燈

車站外頭上的雕像 Mercury Minerva and Hercules，出自法國雕刻大師Jules-Alexis Coutan之手

### 深入導覽

http docentour.com/gct
每日12:30
導覽約75分鐘
$ 成人$30.00
學生、兒童$20.00
i 上網預約購票
專人導覽為英語

# 無線電音樂城
## Radio City Music Hall

http www.radiocity.com
1260 6th Ave. (W. 50th St.口)
(212)247-4777
搭乘地鐵B D F M線至47-50th St./Rockefeller Center站
MAP P.10 / D4、P.177

無線電音樂城從1930年代起就是紐約市民欣賞音樂、表演的場所。它以「什麼都大」而聞名，也是全世界最大的室內劇院，空間足以容納近6千名觀眾，舞台及布幕也是世界第一大，就連室內的藝術品也是要先切割，再運送至內部重新組裝。裝潢以裝飾藝術風格大量呈現，還參雜著爵士樂的元素。

這裡最爲有名的演出就是每年聖誕節推出的歌舞秀「Christmas Spectacular」，自1933年推出至今，已是紐約的聖誕節傳統之一，是紐約市民從小的聖誕節回憶。華麗的舞台、美豔的歌舞女郎，早已成爲無線電音樂城的招牌。

若想參觀音樂廳內部，最佳方式就是參加導覽團，除非你要來看表演就順道參觀

### Stage Door Tour

無線電音樂城也有推出深入後台的導覽，稱之為「Stage Door Tour」，介紹你音樂廳的祕密，還能一遊平常人無法參觀的舞台。出發前不妨瀏覽節目內容，或許你的偶像們剛好有演出呢，讓你的旅行更加豐富。

http www.radiocity.com/tours.html
(212)247-4777
09:30～17:00，每30分鐘一團
$ 成人$30.00，學生、12歲以下$26.00
i 可以網路預購

# 洛克菲勒中心
## Rockefeller Center

http www.rockefellercenter.com
NBC Studio：www.thetouratnbcstudios.com
✉ 47 W. 51st St. (5th～6th Ave.間)
☎ (212)332-6868
➡ 搭乘地鐵Ⓑ Ⓓ Ⓕ Ⓜ線至47-50th St./Rockefeller Center站，或Ⓔ Ⓜ線至5th Ave./53rd St.站
$ Rockefeller Center Tour：每日10:00開始，$25.00
NBC Studio Tour：每日08:20開始，成人$33.00、兒童$29.00
i 上網預約購票，需加票務費
Top of Rock資訊請參照右頁
MAP P.11／E5、P.177、P.204

洛克菲勒中心是由21幢以裝飾藝術風格建築所組成的區域，建築群以奇異大樓(GE Building)爲中心，是通用電氣公司的紐約總部，也是NBC電視網的總部所在。

夏天是露天咖啡座，冬天則成了最有人氣的溜冰場

最高的就是GE大樓，Top of the Rock就位在上頭

這裡不只是辦公大樓，整個區域裡也有最高級的頂樓餐廳Rainbow Room、360度觀景天台「Top of the Rock」，而地面樓層與地下樓層則組成了一個高級購物區。

全世界的焦點幾乎都集中在中心廣場，由Channel Gardens一路散步進來，豁然開朗的就是這個最有名的廣場，而廣場的焦點就是金光閃閃的雕像「普羅米修斯」，廣場被一片旗海包圍，夏天這裡是露天餐廳咖啡座，冬天則成爲最受歡迎的溜冰場。尤其是聖誕新年期間，燈海處處，各種應景裝飾，再加上全球最大最閃亮的聖誕樹，洛克菲勒

Channel Gardens美麗花園的兩旁都是精品百貨商店

聖誕節期間這裡的聖誕樹最熱鬧

中心簡直是人山人海，想要擠到廣場邊找個地方拍照都很難。

洛克菲勒中心建築群，還以藝術而聞名，各大樓裝飾藝術風格的牆面、雕刻、壁畫等，都是參觀的重點。若真的無頭緒參觀起，建議可參加洛克菲勒中心推出的導覽。

GE大樓門面及大廳

普羅米修斯廣場

裝飾藝術風格的牆面

聖誕節的裝飾

## 普羅米修斯

普羅米修斯(Prometheus)是希臘神話中的人物，他的名字有「先知」之意，在神話故事中，他用泥土以天神們的模樣塑造了人像，而智慧之神雅典娜則賜與那一口靈氣，人類因而誕生。他因為從奧林匹斯偷取火給人類(人類則稱他為火神)，觸怒了天神宙斯，而被綁鎖在高加索山上，宙斯還派了一隻惡鷹去啄食他的肝臟，隔天又讓肝臟重新長回，讓他每日受到啄食肝臟之苦。千年後為大力士海格勒斯(Heracles)所救，但普羅米修斯則必須永遠戴著一只鐵環。

## Top of the Rock

關閉了將近20年、耗資7千5百萬美元重整後，於2005年重新開放的頂樓觀景台，是一處相當熱門的參觀景點，採全透式的玻璃牆當護欄，曼哈頓景色以360度的姿態讓你一覽無遺，白天可以眺望中央公園，也可以從這裡看到帝國大廈，建議傍晚上來看夕陽兼賞夜景！

http www.topoftherocknyc.com
✉ 30 Rockefeller Plaza (GE大樓)
入口：50th St. (5th～6th Ave.之間)
☎ (212)698-2000
⏲ 08:00～00:00(最後一班電梯23:00)
休 全年無休
$ 成人$39.20，6～12歲兒童$32.66
同一天參觀2次：成人$58.79，6～12歲兒童$46.82
Rock Pass：$52.26(包括Top of the Rock與Rockefeller Center Tour)
i 網路預先購票，以上均為網路票價

洛克菲勒中心附近都有販售觀景台的售票亭

可以遠眺整個中央公園景色

# 聖派屈克教堂
## St. Patrick's Cathedral

http www.saintpatrickscathedral.org
✉ 14 E. 51st St. (5th Ave.口)
☎ (212)753-2261
➡ 搭乘地鐵Ⓑ Ⓓ Ⓕ Ⓜ線至47-50th St./Rockefeller Center站，或Ⓔ Ⓜ線至5th Ave./53rd St.站
🕒 06:30～20:45
$ 免費參觀
i 教堂10:00有免費深度導覽(但歡迎奉獻)，非每日都有導覽行程，詳細日期請上網查詢www.saintpatrickscathedral.org/schedule-of-tours
MAP P.11 / D5、P.177、P.197

宏偉的外觀，聖派屈克教堂為第五大道帶來片刻寧靜

前後歷經21年的建設，以德國科隆大教堂爲建築範本的聖派屈克教堂，是全美國最大的一間天主教堂，經典哥德式建築以繁複的雕刻裝飾、精美的玫瑰玻璃花窗、聳立向天的高塔、宏偉的管風琴及莊嚴祥和的氛圍，爲第五大道帶來不一樣的天際線，在繁忙的商業氣息裡散發一絲寧靜。

光看教堂外階梯上滿滿的人潮，就知道來參觀的遊客實在很多。當你尚未進入教堂時，可以先端詳它大門上精美的雕刻，沿著兩旁細細

管風琴及花窗
白色大理石的講道台
祭台與華蓋
洗禮堂

地面的彩色大理石拼貼

哥德式繁複的天花板

青銅大門

聖母像

教堂兩側一連串的小祭台與玫瑰花窗絕對是參觀重點

品味花窗的美麗，享受片刻祥和的寧靜及讚歎祭壇的莊嚴，最後再點上一根燭火祈禱旅行一路平安。雖內部開放遊客參觀，但每日仍然照常禮拜作息，切記勿大聲喧譁。

最後記得從對街欣賞教堂正面，是將教堂整個納入鏡頭裡的最佳拍照地點，這個背舉地球的雕像(Statue of Atlas)也是遊客喜歡的合照地點。

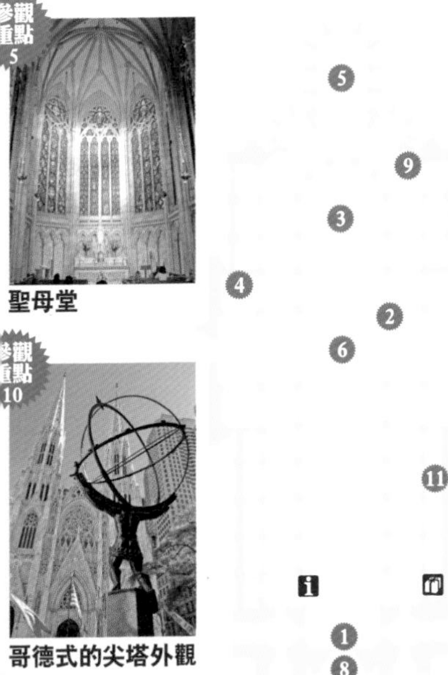

聖母堂

哥德式的尖塔外觀

## 聖派屈克教堂小檔案

* 教堂開工奠基於1858年，期間歷經南北戰爭及荒廢、改建，終於在1879年以目前所看到的樣貌落成啟用。
* 教堂建築師：詹姆士．任維克(James Renwick)，聖母堂建築師：查爾士．馬修(Charles Mathews)。
* 聖彌格爾與聖路易祭台是由Tiffany & Co.所設計的
* 第一任大主教：約翰．休斯(John Hughes)，現任大主教：提摩西．多蘭(Timothy M. Dolan )。
* 教堂外觀：寬53公尺、長124公尺、高度則有101公尺。教堂內部：約有2,400個座位、19個鐘、3座管風琴，其中大管風琴共有7,855根音管。
* 主玫瑰花窗的直徑為8公尺。
* 每年約有3百萬人造訪聖派屈克教堂。

## 聖席頓的聖龕

當你把整個教堂參觀一遍後，會發現只有一個祭台的風格及雕像明顯得與眾不同，這座宛如美術館藝術品的青銅祭台就是「聖席頓的聖龕」(Shrine of Saint Elizabeth Ann Seton)。聖席頓(Elizabeth Ann Seton，1774～1821)是第一位在美國出生的天主教聖徒(1975年封聖)。

她出生於紐約的上流家庭，是美國第一個天主教修會仁愛姊妹會的創辦人。

1.整天均是人多車忙狀態的第五大道／2.第五大道鬧區終點站的地標商店：24小時營業的Apple Store／3.能在第五大道設店的都是知名熱賣的品牌

# 第五大道
## Fifth Avenue

✉ 45th St.～59th St.
➡ 搭乘地鐵 B D F M 線至47-50th St./Rockefeller Center站，或 F 線至57th Ave.站，或 E M 線至5th Ave./53rd St.站，或 N R W 線至5th Ave./59th St.站
MAP P.177、P.197

說起時尚、談到購物，紐約第五大道絕對是經典首選，從天價的頂級珠寶到路邊攤的紀念品，在這裡不論你有錢或沒錢，都可以買到你想要的。這兒的時尚最新穎、櫥窗最具創意、商品最多樣、購物人潮也最多，尤其是聖誕假期，商店永遠擠滿了購物人潮，結帳櫃台也總是大排長龍，就連計程車你可能都叫不到。

大型慶典或遊行，也都會選在第五大道舉辦

第五大道上充滿巧思的尚時尚櫥窗

但無論你是多大、多知名的品牌，一旦生意不佳就別想在這裡擁有一席之地，這個資本的商業世界，只要你生意夠好，再不起眼的小品牌，也能立刻入主這高貴殿堂。所以各家店面總是不時搬來搬去，誰有辦法，誰就能奪得最佳的店面位置。

從電腦、玩具、珠寶、時尚、甚至巧克力等，你都能在這裡一次購齊，第五大道永遠就是那麼獨特，無法取代。還有，第五大道的聖誕櫥窗也是世界知名，有機會不妨來湊個熱鬧。

# 川普大樓
## Trump Tower

725 5th Ave. (57th St.口)
地鐵交通參照第五大道
MAP P.11 / C5、P.177、P.197

美國房地產大亨、也是美國現任總統唐納・川普(Donald J. Trump)位於第五大道上的辦公大樓，這幢複合式的住宅商業大樓，既是辦公室、也是住家兼餐廳、商店街。自從川普當上總統後，大樓前總是有支持與抗議的民眾聚集、叫囂，所以隨時都配有警備站崗。

大樓內部豪華且氣派，整個大廳

從牆壁到地板，都是以玫瑰色的大理石鋪設而成，綴以擦到發亮的銅片加以襯飾，這個豪氣萬千的氣勢，簡直就是川普本人的行事作風。挑高的中庭還設有人工瀑布，開放空間附設餐廳，可在瀑布下用餐，非常舒適。而川普大樓的隔壁就是頂頂有名的Tiffany珠寶店。

# 蒂芬尼珠寶店
## Tiffany & Co.

http www.tiffany.com
727 5th Ave. (E. 57th St.口)
(212)755-8000
地鐵交通參照第五大道
10:00～19:00(週日12:00～18:00)
MAP P.11 / C5、P.197

來第五大道一定要進來逛逛這家無人不知無人不曉，令多少女性朋友瘋狂的珠寶店。從一般人選購的飾品到百萬以上的鑽戒，每層樓都有它特別的地方，給新嫁娘的、給小Baby的、給男生的、給情人的，想要的通通有。若沒有購買Tiffany的預算，就來欣賞內部裝潢及購物的人潮吧，免費試戴看看也是不錯的體驗方式。聖誕節櫥窗絕對要

聖誕節的櫥窗展示難得一見的鎮店珍寶

去欣賞，展示出來的可都是鎮店精品，難得一見的珠寶設計呢！

# 聖湯瑪士教堂
## Saint Thomas Church

- http www.saintthomaschurch.org
- ✉ 1 W. 53rd St. (5th Ave.口)
- ☎ (212)757-7013
- ➡ 地鐵交通參照第五大道
- ⏲ 07:30～18:30，6～8月週日07:00～13:00，9～5月週日07:00～18:00
  免費導覽：週日12:30(非每周日都有，需查詢www.saintthomaschurch.org/calendar)，約需45分鐘
- $ 免費參觀
- MAP P.11 / D5、P.177、P.197

第五大道上一座石造的法式哥德風天主教堂，外觀雖比不上聖派屈克教堂，但內部的陳設一點也不遜色。末端主聖壇一整片挑高聖像，

以花窗襯托非常壯觀，宣道講台雕刻精美，其他的小教堂、小聖壇等也值得一看。華麗的管風琴及圓形玫瑰花窗都極具戲劇性。

聖湯瑪士教堂最具盛名是它擁有自己的男童合唱團，時常在教堂裡舉辦音樂會，甚至還有一所專門培育男童合唱的學校呢，也是全美唯一一座教堂擁有這樣的學校！

# 第五大道長老教會
## 5th Ave, Presbyterian Church

- http www.fapc.org
- ✉ 7 W. 55th St. (5th Ave.口)
- ☎ (212)247-0490
- ➡ 地鐵交通參照第五大道
- ⏲ 週一、三～五08:00～18:00，週二08:00～21:00，週六08:00～13:00，週二08:00～14:30
  免費導覽：5月底～9月初的週日11:00
- $ 免費參觀
- MAP P.11 / C5、P.177、P.197

紅棕色石造教堂內部呈圓形，感覺非常寬廣，有著精緻雕刻的木造圍欄及講道台，沉穩典雅，不同於第五大道上其他兩座天主教教堂的華麗。教堂正面的管風琴氣勢十足，若有機會遇上管風琴演奏，記得坐下來聆賞這難得的體驗。高挑多彩的天棚及教堂四周的花窗也別錯過囉！

# 聖巴多羅買堂
## St. Bartholomew's Church

http stbarts.org
✉ 325 Park Ave. (51st St.口)
☎ (212)378-0222
➡ 搭乘地鐵Ⓔ Ⓜ線至Lexington Ave./53rd St.站，或⑥線至51st St.站
🕑 08:00～20:00
$ 免費參觀
MAP P.11 / D6、P.177

這也是一間有百年歷史的教堂，隸屬美國聖公會，成立於1835年，但這座新會堂是1930年落成的，內

部爲簡約拜占庭風格，青銅大門上雕有聖經故事，新堂承接許多舊堂的建物，所以更有傳承的意味。它坐落在富豪雲集的公園大道上，所以這也是紐約最爲富有的教區。

這座教堂也經常出現在影集或電影裡，尤其是豪門婚禮及葬禮的場景，教堂也會出借場地供音樂會等使用，而紐約客習慣簡稱這座教堂爲聖巴特(St. Bart's)。

# 卡內基音樂廳
## Carnegie Hall

http www.carnegiehall.org
✉ 154 W. 57th St. (7th Ave.口)
☎ (212)247-7800 (票務查詢專線)
(212)903-9765 (導覽洽詢)
➡ 搭乘地鐵Ⓝ Ⓠ Ⓡ Ⓦ線至57th St.站
Rose Museum：11:00～16:30
🕑 導覽：週一～五11:30、12:30、14:00、15:00，週六11:30、12:30，週日12:30(時間、場次隨時變動，需上網確定、預約)；導覽約需1小時
$ 導覽：成人$17.00，學生、12歲以下$12.00
MAP P.10 / C4、P.177

啓用於1891年，橫跨了3個世紀，卡內基音樂廳提供了古典音樂家一個演出的絕佳空間，這個充滿19世紀浪漫風情的場地，也是所有音樂家最嚮往的表演廳。若時間足

夠，不妨買張票，來此欣賞音樂演出；或參加導覽，體驗一下內部的風情，一窺舞台魅力所在。

2樓有一個Rose Museum可參觀，展出卡內基音樂廳的相關歷史、表演與文物等，也是一處深入認識音樂廳的好去處。

越晚越熱鬧精采的時代廣場，人潮車潮不曾間斷

# 時代廣場
## Times Square

http www.timessquarenyc.org

✉ Broadway與7th Ave.交會處 (42nd～ 50th St.)

➡ 搭乘地鐵1 2 3 7 S N Q R W線至42nd St./Times Square站，A C E線至42nd St./Bus Port Authority Bus Terminal站

MAP P.10 / E3、P.177、P.198

時代廣場大概是全球最繁忙的十字路口了，除了馬路上來往的車潮外，來自全世界的觀光客人潮，更是把這裡當成遊樂園般，成群結隊地到處拍照留念、瘋狂採購，而且是越晚越精采、越熱鬧。

時代廣場得名於《紐約時報》(New York Times)曾在這裡設立總部大樓(所以也譯做時報廣場)。20世紀初期，時代廣場快速發展成爲戲院、酒店文化的匯集地，幾乎所有的聚集或慶祝活動都會在這裡舉行。1930年代經濟大蕭條後，時代廣場卻淪爲情色場所、廉價旅館到處充斥的區域，之後的數十年間，時代廣場儼然已成爲紐約最危險的地方，搶劫、毒品、妓女處處都是，大大地影響了紐約觀光業。

重新整建的TKTS票亭，是人潮最多的地方

招牌大又醒目，還閃閃發亮是時代廣場的特色

一直到1990年代中期，前市長朱利安尼展開城市整頓的計畫，才

觀光客聚集的區域，所以商店都是旗艦大店

轉而發展成爲今日高級的觀光商業活動區域。沿著7th Ave.跟Broadway，由42nd～50th St.，一路上都是大型商店、企業、餐廳，是觀光客最集中的區段；而7th～8th Ave.之間，則有無數的戲院，上演著名的百老匯音樂劇，時代廣場變身爲紐約的超級吸錢機。

過去幾年，時代廣場展開大規模整建，如今完工後的時代廣場感覺又比以往更加華麗了。

## 時代廣場眞好玩

### 時代廣場即時攝影機

等不及要親臨時代廣場看戲、購物了嗎？別急別急，不如先透過攝影機感受一下時代廣場的即時影像及噪音，給你時代廣場最新的同步轉播。

http www.earthcam.com/usa/newyork/timessquare

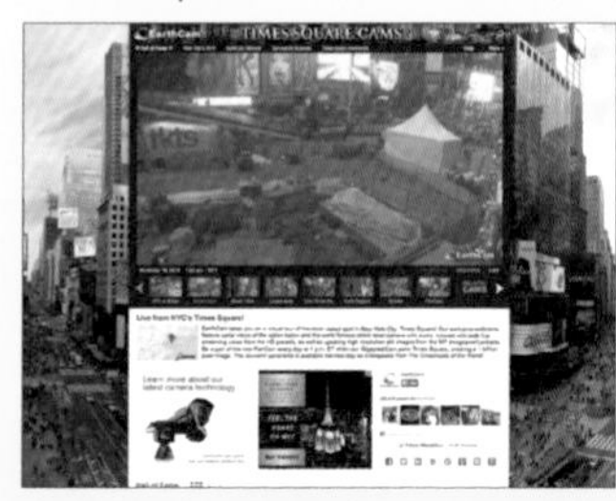


### 跨年倒數活動

時代廣場的跨年倒數活動，原本只是大型的煙火表演，從1907年才開始改為水晶球從高處降落的儀式，不過曾在二次大戰期間因燈火管制，而簡化為靜默及播放教堂鐘聲。如今，每年約有將近百萬人在現場參與，萬人空巷將時代廣場四周擠得水洩不通；而此項活動也已成為全球新年矚目的焦點，透過電視畫面讓全球一起倒數。

43、47街的廣告高塔

納斯達克交易所及ABC廣播公司的電子螢幕

購買時代廣場專屬紀念品

迪士尼旗艦商店

百老匯音樂劇的廣告看板

進戲院觀賞百老匯音樂劇

## 杜莎夫人蠟像館
## Madame Tussaud's

http www.madametussauds.com/NewYork
✉ 234 W. 42nd St. (7th～8th Ave.之間)
☎ (212)512-9600
🕒 每日10:00～20:00(週五、六至22:00)
休 無
$ $34.00，+4D英雄影片$39.00，+4D影片與VR體驗$59.00(網路購票有優惠)
MAP P.10 / F3、P.177、P.198

位在最熱鬧的42街，全球知名的蠟像館，所有知名人士、影歌星、政壇人物、體育明星、皇室家族等，在這裡都塑有等身大的蠟像展示。一樓巨大銀色手掌招牌非常醒目，這裡除了人像展示外，還有4D電影院及蠟像製作過程的體驗，找機會來跟偶像們合照吧！

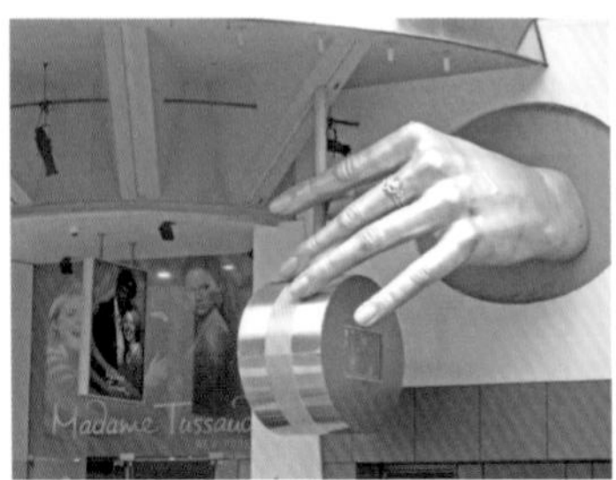


## 信不信由你博物館
## Ripley's Believe It or Not!

http ripleysnewyork.com
✉ 234 W. 42nd St. (7th～8th Ave.之間)
☎ (212)398-3133
🕒 每日09:00～01:00(最後售票時間00:00)
休 無
$ 成人$32.00，4～12歲$24.00，3歲以下免費(網路購票有優惠)
MAP P.10 / F3、P.177、P.198

館內展示探險家羅柏．雷普利(Robert Ripley)一生的絕妙收藏，及全球不可思議的奇人異事，包括6條腿的牛、貓王的頭髮、24顆風乾的人頭、最長的指甲、實體大的白色長頸鹿等，都是無人能比的趣味館藏。紀念品店販售有許多新奇的玩具、糖果，最適合全家大小同遊。

## 時代廣場鬼屋
## Times Scare Haunted House

http timesscarenyc.com/haunted-attraction
✉ 669 8th Ave. (42nd～43rd St.之間)
☎ (212)586-7829
🕒 週二～四18:00～23:00，週五18:00～01:00，週六14:00～01:00，週日15:00～23:00
休 週一
$ 成人$27.00，12歲以下$22.00
MAP P.10 / F3、P.177、P.198

如果你喜歡被驚嚇的感覺，時代廣場鬼屋裡有著活生生的恐怖場景，等著你來拜訪，讓你從入口一路尖叫到出口。

## 國家地理雜誌博物館
## National Geographic Encounter

http natgeoencounter.com
✉ 226 W. 44th St. (7th～8th Ave.之間)
☎ (212)398-3133
🕒 10:00～21:00(週五、六至22:00)
休 無
$ 成人$39.50，12歲以下$32.50(可網路購票)
MAP P.10 / F3、P.177、P.198

時代廣場上新形態的展示館，以3D、互動式的展覽，將自然地理、海底世界等，生動地呈現在你眼前。

# 知名街頭藝術
## Street Art：LOVE & HOPE

http robertindiana.com

**LOVE**

6th Ave.與W. 55th St.口
搭乘地鐵Ⓕ線至57th St.站
MAP P.10 / C4

**HOPE**

7th Ave.與W. 53rd St.口
搭乘地鐵ⒷⒹⒺ線至7th Ave.站
MAP P.10 / D3

由美國藝術家Robert Indiana所創作的雕塑「LOVE」，是全球知名的藝術作品，就連台北街頭也有一座。LOVE疊字創作誕生於1966年，1970年立體雕塑化，曾被美國郵政局選印於郵票上。是紐約街頭最後歡迎的藝術雕塑之一，有時候想合照還得排隊呢！

至於由LOVE延伸出的創作「HOPE」，發表於2009年，藝術家的理念是要以希望來覆蓋整個世界「I'd like to cover the world with HOPE.」，HOPE雕塑近時代廣場。來到中城區不妨也來欣賞這兩座擺在街頭的藝術，與之合照一番。

### 遊時代廣場小提醒

時代廣場四處都有打扮成動漫英雄、可愛卡通人物，吸引觀光客合照。他們多是打群體戰，一有機會就會集體圍攏過來合照。切記，若你不想付這筆觀光費，請不要隨意合照，遇到熱情招攬也請直接拒絕；想合照先問清楚講明白，若事後不給或給太少，他們可就一點也不可愛、也不正義了！近來也加入一群穿著超清涼，裸著國旗彩繪上半身的曼妙女郎，吸引男士們合照。

時代廣場人多車多，交通動線也相對複雜，加上車子行駛速度快、行人隨意過馬路等，所以經常有人車險象環生的情形發生，過馬路一定要特別注意安全。

另外，時代廣場聚集世界的觀光客，人多、車多、活動多，除了廣場上設有一處有著國旗霓虹燈外牆的派出所外，不時也有帥氣的騎警巡邏，基本上都歡迎合照，但還是事先詢問一下大人，畢竟不是每位警察皆和善。

# 麥迪遜廣場花園
## Madison Square Garden

- http www.thegarden.com
- ✉ 4 Pennsylvania Plaza (33rd St.口)
- ☎ (212)645-6741(導覽洽詢)
- ➡ 搭乘地鐵①②③線至34th St.站
- ⏲ 導覽09:30～15:00(每30分鐘一團)
- $ 導覽：成人$28.00，12歲以下$24.00
- MAP P.12 / A4、P.177

麥迪遜廣場花園是紐約最大的室內運動場，主要的運動賽事如冰上曲棍球、NBA籃球賽都在這裡舉辦，當然也包括大大小小的演唱會及馬戲團表演等。每年約有400場以上的活動，不分早晚地輪番上陣，場地替換速度與使用效率之高，無人能及。

地下樓層爲賓州車站(Penn Station)，有地鐵、Amtrak及通往紐約近郊的火車，周邊也是購物商圈，斜對面就是梅西百貨，人潮、車潮在任何時段都非常多。

# 逛街購物指南
## Shopping

| | | |
|---|---|---|
| (M)男裝 | (W)女裝 | (MW)男女裝 |
| (K)兒童 | (S)鞋子 | (J)珠寶、手錶 |
| (L)皮件 | (T)禮品 | (F)食品、超市 |
| (B)書店 | (G)藝廊 | (C)化妝品、香水 |
| (E)眼鏡 | (H)家具 | (D)百貨公司 |

## 34街
## 34th St.

**information**

➡ 搭乘地鐵①②③BDFMNQR線至34th St.站

### 熱門品牌的集中地

34街主要以美國熱門品牌爲主，如American Eagle Outfitter、Victoria's Secret、GAP等，集中在5th～6th Ave.，是在地客主要的消費商圈，梅西百貨(Macy's)是這裡的龍頭店家，大到讓你逛不完，就連其他商家的店面也都是超大一間，商品也較齊全。附近是辦公區，所以平價速食店也較多。

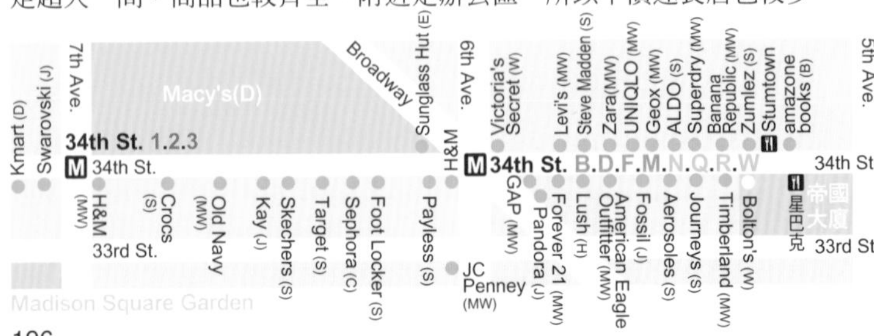

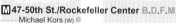

# 第五大道 5th Ave.

## information

➡ 搭乘地鐵Ⓑ Ⓓ Ⓕ Ⓜ線至47-50th St./Rockefeller Center站
Ⓔ Ⓜ線至5th Ave./53rd St.站
Ⓝ Ⓡ Ⓦ線至5th Ave./59th St.站
Ⓕ線至57th St.站

## 紐約的逛街購物天堂

第五大道其實很長一條，從華盛頓廣場一路往上延伸至142nd St.，而一般說到逛街購物天堂的第五大道，大約是從49th St.的Saks百貨～59th St.中央公園口。這裡集合世界各大設計師品牌，如有名的Louis Vuitton、Armani、Gucci等；也有美國當紅的搶手品牌，如A&F、Hollister、ZARA等；還有適合全家大小的GAP、UNIQLO等，是紐約購物的代表街道。

Ⓜ 5th Ave./59th St. N.R.W

5th Ave.

59th St.
- Apple Store

58th St.
- Bergdorf Goodman (W)
- Bergdorf Goodman (M)
- Hublot (J)

- Van Cleef & Arpels (J)
- Club Monaco (MW)
- Louis Vuitton (MW)

57th St.
- Bvlgari (J)
- Piaget (J)
- Mikimoto (J)
- Prada (MW)
- Abercrombia & Fitch (MW)
- Tiffany & Co. (J)
- Gucci (MW)

56th St.
- Harry Winston (J)
- Henri Bandel (W)
- Armani (MW)
- Dolce & Gabbana (J)
- OMEGA (J)
- Breguet (J)

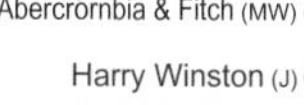
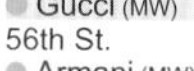

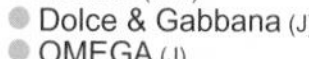

55th St.
- Wempa (J)
- Harry Winston (J)
- Blancpain (J)
- Valentino (W)
- MAC (C)
- Massimo Dutti (MW)

54th St.
- GAP (MW)
- COACH (L\)
- Stuart Weitzman (L,S)
- Tomy Hilfiger (MW)
- Microsoft



5th Ave.-53rd St. E.M Ⓜ

53rd St.
- UNIQLO (MW)
- Tissot (J)
- Hollister (MW)
- ZARA (MW)
- St. John (W)
- Rolex (J)
- Lindt (F)
- Ermenegildo Zegna (M)
- Salvatore Ferragamo (MW)

52nd St.
- Victoria's Secret (W)
- Cartier (J)
- Versace (MW)
- Blancpain (J)
- Fular (L)
- H. Stern (J)
- A|X (MW)

51st St.
- Banana Republic (MW)



50th St.
- Cole Haan (MW)

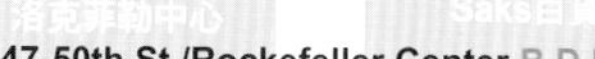


Ⓜ 47-50th St./Rockefeller Center B.D.F.M

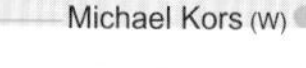

- Michael Kors (W)

49th St.
- Top Shop (MW)
- TGI Fridays🍴
- Aritzia (W)
- Ann Taylor (W)
- American Girl Place (K)
- Sunglass Hut (E)
- ALDO (S)
- lulu lemon (MW)
- Ted Baker (MW)

48th St.
- H&M (MW)

5th Ave.

# 時代廣場 Times Square

**information**

➡ 搭乘地鐵①②③⑦ⓈⓃⓆⓇⓌ線至42nd St./Times Square站，ⒶⒸⒺ線至42nd St./Bus Port Authority Bus Terminal站

## 觀光客的大型遊樂場

時代廣場是全球觀光客最密集的地方，除了觀光外，消費購物才是重點。這裡有最大的玩具反斗城、M&M巧克力店；也有非常好萊塢的星球餐廳、夜店吧Hard Rock Cafe；還有Sanrio、Yankees專賣店，就連日本吉野家這裡也有分店。此外，紀念品商店到處都是，除了便宜外，選擇也較多。

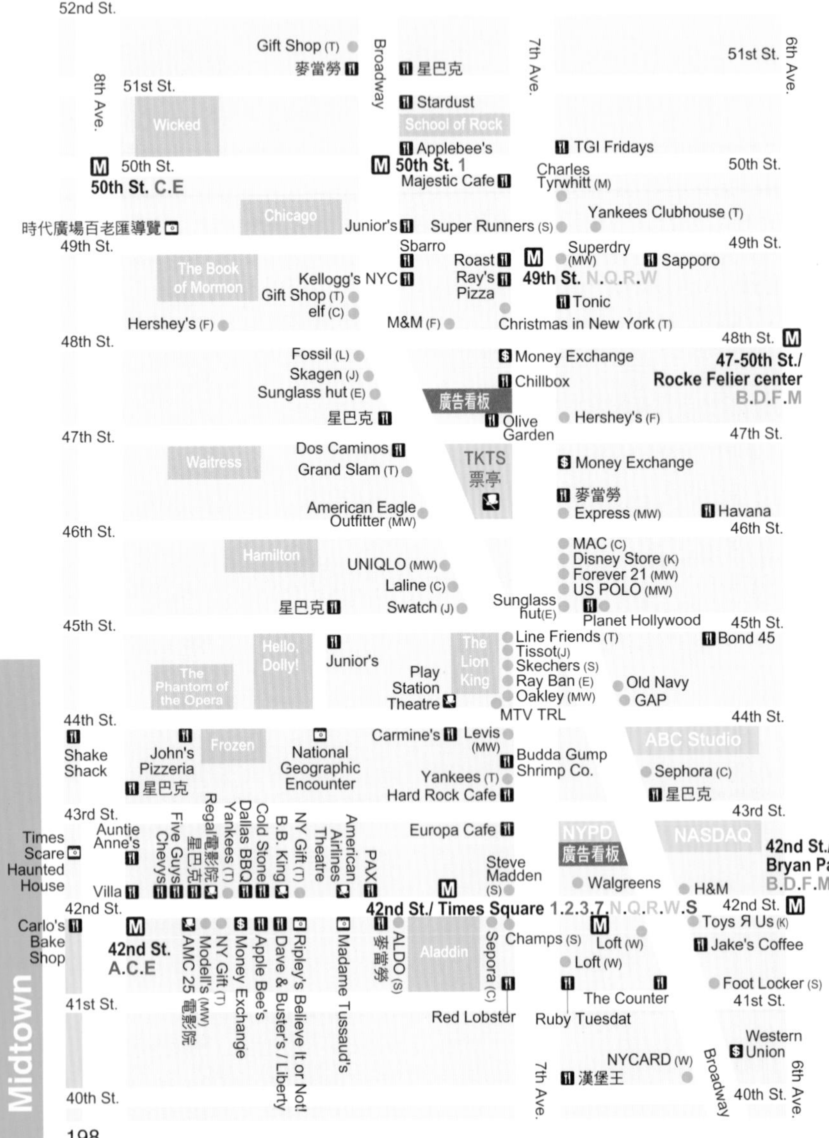

## Line Friends

http www.linefriends.com / ✉1515 Broadway (W. 45th St.口) / ☎(646)866-7788 / ➡搭乘地鐵①②③⑦ⓈⓃⓆⓇⓌ線至42nd St./Times Square站 / ⏲10:00～00:00 / MAP P.10 / E3、P.198

紅遍亞洲各國的Line Friends，也來到紐約開設全美第一間旗艦店，各種衣服、玩偶、用品等，讓人愛不釋手，地下樓設有可愛的休息區。

## Christmas Cottage

http thechristmascottage.com / ✉871 7th Ave. (W. 55～56th St.之間) / ☎(212)333-7380 / ➡搭乘地鐵ⓃⓆⓇⓌ線至57th St.站 / ⏲09:00～21:00(週日至19:00，11～12月至11:00) / MAP P.10 / C4

一間一整年都買得到聖誕飾品的可愛商店，有高檔的、平價的，各種材質、造型的飾品，應有盡有。讓你隨時都有過聖誕節的歡樂氣氛。

## Laline

http www.facebook.com/LalineNYC / ✉1535 Broadway(W. 45～46th St.之間) / ☎(646)880-3338 / ➡搭乘地鐵①②③⑦ⓈⓃⓆⓇⓌ線至42nd St. / ⏲09:00～00:00 / MAP P.10 / E3、P.198

風靡日本的清潔、保養品牌Laline，在時代廣場也找得到囉！以紐約街景、地標圖案來包裝瓶身，相當可愛，最主要是好用、價格不貴。

## Starbucks Times Square

http www.starbucks.com / ✉1585 Broadway (W. 47th St.口) / ☎(212)541-7515 / ➡搭乘地鐵①線至50th St.站，ⓃⓇⓌ線至49th St.站 / ⏲05:00～00:00 / MAP P.10 / E3、P.198

收集星巴克城市杯已經是國人的興趣之一了，來到紐約除了入手紐約城市杯，時代廣場限定杯也不要錯過收集喔！而且只有在時代廣場這間星巴克旗艦店裡才買得到。

## Nintendo 任天堂

http www.nintendonyc.com / ✉10 Rockefeller Plaza(W. 48th St.，5～6th Ave.之間) / ☎(646)459-0800 / ➡搭乘地鐵ⒷⒹⒻⓂ線至47-50th St./Rockefeller Center站 / ⏲週一～四09:00～20:00，週五～六09:00～21:00，週日11:00～18:00 / MAP P.11 / E5

任天堂紐約展示旗艦店，可試玩最新機種與遊戲，也可買到各種商品、玩偶，相當受歡迎。

## Burger Joint

http www.burgerjointny.com/56thstreet / ✉ 119 W. 56th St. (6～7th Ave.之間) / ☎ (212)708-7414 / ➡ 搭乘地鐵F N Q R W線至57th St.站 / ⏲ 11:30～23:30 / $ 漢堡$9.00起，薯條$4.13，飲料$3.00起 / MAP P.10 / C4

想在星級飯店裡享用平價漢堡，就是這裡了，位在Le Parker Meridien飯店大廳隱密的角落，是行家才知道的漢堡名店，快來嘗嘗看。

## BLT Steak

http bltrestaurants.com/blt-steak / ✉ 106 E. 56th St. (Park～Lexington Ave.之間) / ☎ (212)752-7470 / ➡ 搭乘地鐵4 5 6 N R W線至59th St.站 / ⏲ 週一～五11:45～ 22:30，週六～日17:30～23:00 / $ 單客牛排$52.00起，單客主餐$36.00起 / MAP P.11 / C6

名聲響亮、裝潢高雅的牛排餐廳，龍蝦也是知名料理之一，需要預約、穿著也要稍正式些。

## Gallaghers

http www.gallaghersnysteakhouse.com / ✉ 228 W. 52nd St.(Broadway～8th Ave.之間) / ☎ (212)586-5000 / ➡ 搭乘地鐵1 C E線至50th St.站，B D E線至7th Ave.站 / ⏲ 11:45～23:30(週日至22:30) / $ 商業午餐$29.00，單客牛排$50.00 / MAP P.10 / D3

1927年創業的紐約知名牛排餐廳，以頂級熟成牛肉及以木炭燒烤聞名，可買專屬的牛排醬。

## Junior's

http www.juniorscheesecake.com / ✉ W. 45th St. (Broadway～8th Ave.之間) / ☎ (212)302-2000 / ➡ 搭乘地鐵1 2 3 7 S N Q R W線至42nd St./Times Square站 / ⏲ 06:30～00:00(週五～六至01:00) / $ 商業午餐$14.50，主廚推薦餐$19.00起，起士蛋糕$7.50起 / MAP P.10 / E3

來自布魯克林的老牌家庭餐廳，菜單選擇多，以起士蛋糕出名，口感綿密、香醇濃厚。

## Carlo's Bake Shop

http www.carlosbakery.com / ✉ 625 8th Ave. (42nd St.口) / ☎ (646)590-3783 / ➡ 搭乘地鐵A C E線至42nd St./Port Authority站 / ⏲ 07:00～00:00 / $ Lobster Tail $5.50，Cannoli $4.00，Cupcake $3.50 / MAP P.10 / F3、P.198

因電視節目「蛋糕天王」紅遍世界的烘焙坊，現在不用專程去新澤西州也吃得到囉！位在巴士總站外最熱鬧的一角，當然，排隊是一定要的。

## Applebee's

http www.applebeesny.com / ✉234 W. 42nd St. (8th Ave.口) / ☎(212)391-7414 / ➡搭乘地鐵Ⓐ Ⓒ Ⓔ線至42nd St./Port Authority站 / 🕒07:00～01:00 / $經濟套餐20.00(1前菜+2主菜) / MAP P.10 / F3、P.198

美式連鎖大眾餐廳，用餐氣氛熱鬧輕鬆，若多人一起用餐，點用超值的組合套餐較為划算。附近就是購物鬧區，要逛街也很方便。

## Smörgås Chef

http www.smorgas.com / ✉58 Park Ave. (37th～38th St.之間) / ☎(212)847-9745 / ➡搭乘地鐵⑥線至33rd St.站， / 🕒11:00～21:00(週日至16:00 / $午餐餐點$17.00起，晚餐餐點$21.00起 / MAP P.11 / G6

在紐約也較少見的北歐料理，肉丸子、鮭魚、北歐三明治都吃得到，這裡也是北歐文化推廣辦事處，室內的前後空間有北歐商品的展售。

## Sunrise Mart

http sunrisemart-ny.com / ✉12 E. 41st St. (5th～Madison Ave.之間) / ☎(646)380-9280 / ➡搭乘地鐵⑦線至5th Ave.站 / 🕒週一～五08:00～21:00，週六～日11:00～20:00 / $現做餐點約$10.00，日式便當約$7.00 / MAP P.11 / F5

是日式熟食快餐店，也是超市，有新鮮的日式便當，也可以點拉麵、烏龍麵、蓋飯等現做餐點，超市可買到由日本進口的食材、零食等。

## Woorijip

http woorijipnyc.com / ✉12 W. 32nd St. (Broadway～5th Ave.之間) / ☎(212)302-2000 / ➡搭乘地鐵Ⓑ Ⓓ Ⓕ Ⓜ Ⓝ Ⓠ Ⓡ Ⓦ線至34th St.站 / 🕒09:00～03:00 / $約$10.00起(自助餐以秤重計價，也有販售便當、小菜) / MAP P.13 / A5

平價的韓國自助餐廳，有泡菜年糕、海鮮煎餅、日本壽司等，店內設有座椅區，用餐時段人潮很多，是便宜品嘗韓國料理的好地方。

## Five Senses

http www.fivesensesnyc.com / ✉9 W. 32nd St. (近5th Ave.) / ☎(212)441-0005 / ➡搭乘地鐵Ⓑ Ⓓ Ⓕ Ⓜ Ⓝ Ⓠ Ⓡ Ⓦ線至34th St.站 / 🕒10:00～06:00 / $週間午間特餐$11.00起，石板泡菜炒飯$18.00 / MAP P.13 / A5

裝潢時髦明亮的平價韓國餐廳，用餐時段要排隊，頗受年輕人歡迎，各式韓國料理道地好吃，以，招牌餐點「石板泡菜炒飯」的點餐率最高。

W UNION SQUARE
UNION SQUARE PARK

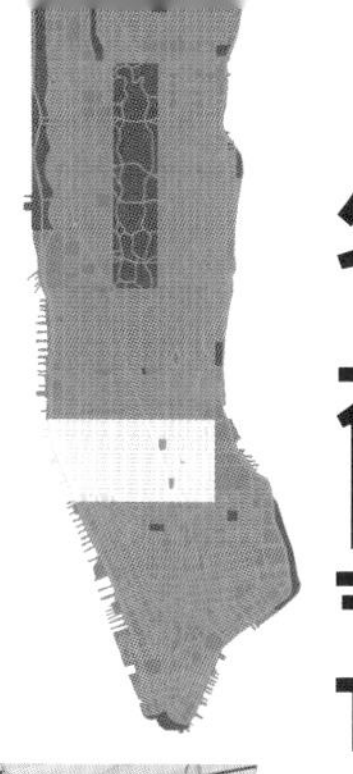

# 雀爾喜．聯合廣場

# Chelsea / Union Square

## 年輕活力
## 紐約客的廚房

藝術特區有最新的裝置藝術，雀爾喜碼頭有最酷的健身活動、最活躍的同志區域；聯合廣場則有最新鮮的蔬果花卉及血拼族最愛的購物商圈。安排一趟特別的藝術饗宴之旅吧，或是瘋狂的購物也是不錯的旅行方式。

雀爾喜碼頭是個大型的遊樂場，有健身房、體育中心、保齡球館等，也是遊艇停靠處

雀爾喜以W. 23rd St.爲中心，東至5th Ave.，西至Hudson River。雀爾喜在19世紀迅速發展，早期以愛爾蘭移民爲主，附近則是碼頭及倉庫，居民以勞動者居多。時至今日，這些碼頭、倉庫搖身一變，成爲藝術、流行、購物、玩樂的場所之一。

雀爾喜在90年代中期，逐漸取代SoHo成爲藝術資訊的發信地，如今已是紐約的藝術特區，幾個小街區裡竟有300間以上的大小藝廊，讓人不可思議。而這裡也是另一個同志聚集的區域，年輕、時髦、高格調是這裡的生活形態，以8th Ave.爲主，到處都是歡迎同志前往消費的商店、餐廳、酒吧及夜店，跟西村的同志族群有明顯的不同。

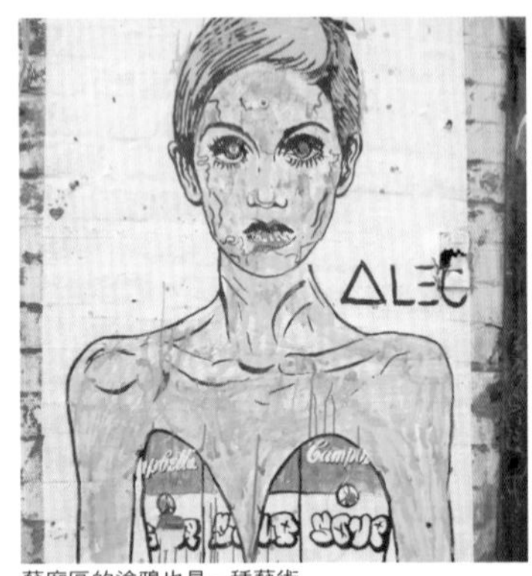
藝廊區的塗鴉也是一種藝術

雀爾喜是時髦同志活動、居住的區域

肉品包裝區有最新的商店、餐廳、景點與美術館

聯合廣場發展自19世紀，曾是紐約民眾聚集活動的場所；如今，它不但仍是人群聚集的廣場，也可以稱爲紐約客的生活廚房，它有大型的露天市集，供應紐約客日常所需的蔬果、雜糧等。此外，還有不少藝術創作者在這裡擺攤，不同的風格創作，展現紐約多元文化的特性。

聯合廣場周邊也發展成一個廣泛的購物商圈，所謂人潮就是錢潮，由14th St.起，沿著Broadway及5th Ave.一路往上，一間間的大型商店在這裡開設；而中價、便宜的咖啡餐館、速食店普遍，也是這裡的特色之一。往東的公園大道(Park Ave.)則是以高級住宅著稱，有兩個有名的公園；往北則有熨斗大樓(Flatiron)與中城區做分界。

聯合廣場是各種街頭活動的最佳場地

11月下旬聯合廣場就開始了熱鬧的聖誕市集

要買新鮮又便宜的蔬果，來聯合廣場就對了

**information**

➡ 可搭乘地鐵4 5 6 L N Q R W線至14th St./Union Square站

ℹ 以聯合廣場為起點，再以徒步或巴士接駁，以The High Line作結尾，順著公園散步到中城區34th St.。

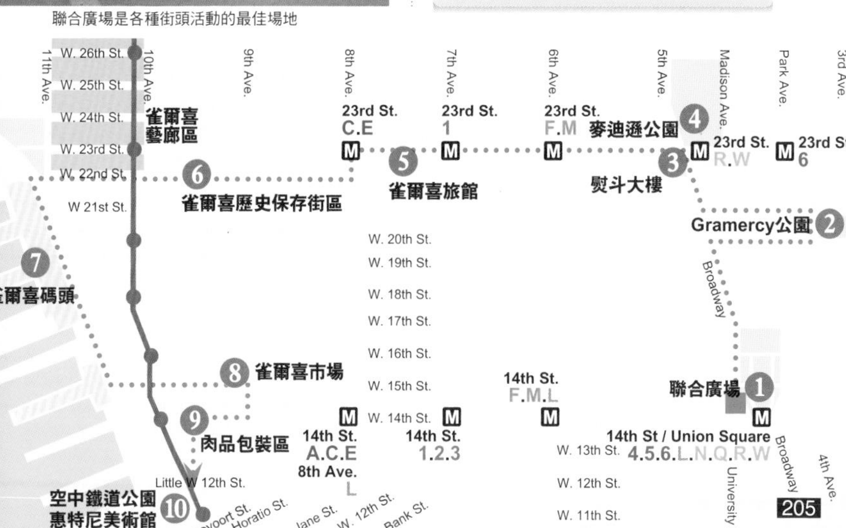

# 熱門景點介紹

## Sightseeing

## 聯合廣場
### Union Square

✉14th～17th St.、Broadway～Park Ave.之間
➡搭乘地鐵④⑤⑥ⓁⓃⓆⓇⓌ線至14th St.站，出站即是
MAP P.13 / E6、P.205、P.213

聯合廣場位於中城區與下城區的中央地帶，19世紀初周邊曾是高級住宅區，20世紀初因各種集會遊行都在此舉行，而逐漸發展成今日民眾休憩、遛狗的公園廣場。這裡也是多線地鐵的停靠大站，因交通便利而發展爲新興的商區，各家大型商店紛紛在此開設。

喜愛園藝的紐約客都來聯合廣場的花市採購

聯合廣場每週一、三、五、六都會有農民市場，紐約近郊的各個農家都會來此擺設攤位，賣蔬果、起士、麵包、花卉、蜂蜜等等，是在地客採買食物的露天市場。

週末常常會有各種的活動在這裡舉辦，無論日夜總是充滿來來往往的人潮。尤其夏天豔陽日，這裡等於是在地客的自家陽台、後院，衣服一脫或趴或躺地就曬了起來。

而12月的聖誕市集，應景商品攤位搭起了棚架，無時無刻都是人潮洶湧，過節氣氛很濃厚。

## Gramercy公園
### Gramercy Park

✉20th～21st St. (Lexington Ave.)
➡搭乘地鐵⑥線至23rd St.站
MAP P.13 / D6、P.205

19世紀初開發的高級住宅，將公園圍在中心，如同自家的花園，當時便有持鑰匙才能進入的規矩。然而這項傳統持續至今，公園被一圈古典高雅的鐵欄杆圍著，一般人仍然無法隨意進入這座安靜美麗的花園，只能從欄杆外欣賞一番。周邊的建築也很值得看，古典豪宅的面貌仍然保存得很好，有南方風味的鑄鐵欄杆非常美麗。

安靜優雅的花園，可惜的是不對外開放

# 熨斗大樓
## Flatiron Building

🖂 22nd～23rd St.
(Broadway～5th Ave.之間)
➡ 搭乘地鐵⑥ⓇⓌ線至23rd St.站
MAP P.13 / C5、P.205

位在由23rd St.、5th Ave.跟Broadway交界的三角地段上，大樓落成於1902年，落成當初稱爲Fuller Building，不過三角形的大樓像極了熨斗的形狀，而逐漸被稱爲Flatiron Building。熨斗大樓是鋼骨結構建築的始祖之一，因爲形狀實在太特殊了，落成後一度不是很受紐約客的歡迎。

熨斗大樓爲一幢辦公大樓，內部並不對外開放參觀，有如希臘圓柱的古典外牆是值得細細欣賞的地方。一樓爲商店所構成，拍照留念之餘還可以逛街購物，經過長時間整建後的整個街區空間，顯得更爲開放寬廣。

# 麥迪遜公園
## Madison Square Park

🖂 23rd St.、5th Ave.與Brodaway交界處
➡ 搭乘地鐵⑥ⓇⓌ線至23rd St.站(就在熨斗大樓前方)
MAP P.13 / C5、P.205、P.213

這個區域也稱Madison Square，是以美國第四屆總統James Madison所命名，附近多爲高級住宅。公園入口被花叢圍繞著的雕像是William H. Seward (1801～1872)，他曾是紐約州州長，而公園外的西側北端，有另一個三角形的廣場Worth Square、廣場上的尖塔(Worth Monument)是紀念1846～1848年美墨戰爭的將軍William Jenkins Worth (1794～1849)。

夏天、秋天的公園，是中午野餐的最佳去處

老是大排長龍的知名漢堡店Shake Shack

公園幽靜清爽，是附近居民、上班族休憩、午餐的去處，你可以在21st St.上知名的烘焙咖啡餐廳Maison Kayser買餐點，或到公園內購買以好吃出名的漢堡，但中午時間一定是大排長龍，周圍座椅也是坐滿了吃漢堡的人(Map P.213)。

# 雀爾喜旅館
## Hotel Chelsea

http www.chelseahotels.com
✉ 222 W. 23rd St. (7th～8th Ave.之間)
☎ (212) 243-3700
➡ 搭乘地鐵①ⒸⒺ線至23rd St.站
MAP P.12 / C3、P.205

　這是一家以眾多的藝術家、音樂家、作家、演員等曾經住過而聞名的老旅館，不少著名的藝術家、作家都是在這旅館中完成創作，甚至在旅館中過世，只能說這是一家充滿故事性與藝術性的旅館。

　雀爾喜旅館建於1884年，不過要到1905年才正式被當成旅館使用，

旅館一樓的大廳裡就有不少的藝術品

它是一棟紅色磚瓦興建的樓房，外牆陽台有鑄鐵雕花欄杆，非常得美麗。雖然旅館已有百年歷史，但是旅館內的陳設都保存得非常完整，最特別的是這裡沒有一間房間的陳設是相同的；而它也擁有無數無價的畫作、原版書籍等。

　雀爾喜旅館於2011年起歇業，進行內部翻新整建，旅館預計在2018年重新開幕。

# 雀爾喜歷史保存街區
## Chelsea Historic District

✉ 20th～23rd St.、8th～10th Ave.之間
➡ 搭乘地鐵①線至23rd St.站(沿著23rd St.往西走，步行約6分鐘)
MAP P.12 / D2、P.205

　這區域的房子大多興建於19世紀，混合歐洲風格的古典建築，不是豪宅般的奢華，而是典雅穩重的住家，並且保存得相當好。家家戶戶的門面均整理得整齊氣派，庭院也種上花草增添氛圍，加上人行道上兩側濃濃綠蔭增添神祕感，更是讓人對屋裡的風景有著無限想像。

　不妨漫步其間，享受一下午後的悠閒時光，往藝廊區、碼頭慢慢散步過去。

住宅區裡非常的安靜，綠意盎然

左右對稱的入口非常古典優雅

# 雀爾喜碼頭
## Chelsea Piers

http www.chelseapiers.com
✉ Hudson河畔，17th～23rd St.之間(Pier 59～61)
☎ (212) 336-6666
➡ 搭乘地鐵1 C E F M N Q R W線至23rd St.站，再轉乘公車M23線往西到底站下車(若由雀爾喜歷史保存街區前往，往西步行約10分鐘)
MAP P.12 / D1、P.205

雀爾喜碼頭是一座由3個碼頭連接起來的建築群，它是都市再開發的一部分，將碼頭倉庫重新整建成一處複合性的活動中心。不僅有餐廳，還有體育場、健身房、攀岩場、體操館、足球場、游泳池、俱樂部，提供運動的活動訓練場所；還有溜冰場、保齡球館、高爾夫球場等，給紐約市民參與運動休閒的去處。

這裡也是私人、公共、觀光遊艇的停靠、搭乘處，有多種遊艇行程可以參加，而運動中心也有多項的活動，開放給一般人士報名，有興趣不妨來學體操、學攀岩、或搭上遊輪體驗在船上觀光兼用餐的樂趣。

有各式各樣的體能活動可以參加

碼頭裡停滿了私人遊艇

## 雀爾喜藝廊特區 Chelsea Gallery District

位於雀爾喜的西邊，早期是碼頭的倉庫區域，如今卻變身為創作藝術的中心，展示最新、最具話題的新興藝術。從19th～28th St.，集中在10th～11thAve.，有許多展示不同藝術風格的藝廊，展示空間均極為寬敞，若覺得美術館的館藏太過沉重，這裡的藝術絕對會讓你心情放鬆，就連牆上的塗鴉也非常具有藝術性。

http chelseagallerymap.com

# 雀爾喜市場
## Chelsea Market

http www.chelseamarket.com
✉ 75 9th Ave. (15th St.口)
➡ 搭乘地鐵Ⓐ Ⓒ Ⓔ線至14th St.站 Ⓛ線至8th Ave.站
🕑 週一～六07:00～21:00，週日08:00～20:00
MAP P.12 / E2、P.205、P.211

重整門面的雀爾喜市場，少了造型特別的遮雨棚，美感頓失不少，可惜啊！

原是大型餅乾烘焙工廠，經過改裝後的雀爾喜市場於1997年開幕。內部的空間仍然保持著當年餅乾工廠的風貌，古老的磚牆、大型的風扇等，讓人懷舊往日的風情，牆面上不時還有藝術家的創作展覽。

1樓爲有超市、雜貨、廚具、餐廳、糕餅等多樣性的商店街，是在地客採購食物、用品的地方，尤其是週末假日，採購的人潮非常熱鬧。地下樓也新設有義大利食品超市、小吃攤，以及販售中國風商品出名的「珠江」。樓上則是幾家知名媒體公司的辦公室及攝影棚，如Food Network、Oxygen Network，及新聞台NY1等。

雀爾喜市場的過節氣氛也是吸引人的一部分，以萬聖節及聖誕節的裝飾最特別，若逢節日可以撥空前往參觀，順便看看紐約人的廚房裡到底都有些什麼好料的。

雖是古舊工廠的磚牆，卻有一種時髦的美感

舊餅乾工廠的歷史文物展示

座無虛席的小吃攤

萬聖節的佈置

市場內最有人氣的龍蝦大餐

### Artists & Fleas

http chelseamarket.com/index.php/Shops/single_shops/artists-fleas／✉位於雀爾喜市場內，靠近10th Ave.／🕑10:00～21:00(週日至20:00)

藝術商場位於Chelsea Market內的後半部，集合將近30個攤位，有珠寶、有時尚、有藝術、有雜貨，每攤大都是手做的文創商品，可以買到獨特設計的創意小物，雖然不算太便宜，但相當值得一逛，快來尋寶吧！

# 肉品包裝區
## Meatpacking District

🖂 9th Ave.以西，Little West 12th～14th St.之間
➡ 搭乘地鐵Ⓐ Ⓒ Ⓔ線至14th St.站，Ⓛ線至8th Ave.站
MAP P.12 / E2、P.205

原本只是肉品加工的倉庫工廠區，近年來卻翻身一變成為時髦的代表，最in的商店、夜店、餐廳等一一遷入，吸引特地搭計程車前來消費的型男美女們。更因HBO影集《慾望城市》經常在這裡取景，成為不少觀光客遊紐約時的必訪之地，觀光巴士一車接著一車。

雖然不少倉庫已被名牌商店所占領，但是每日清早仍有少數肉品的交易在這裡進行。若想要悠閒得逛街，建議週間人潮較少的白天來，不過不分週間週末，只要天一黑，酒吧、餐廳紛紛成為最熱鬧的去處，到處都是來用餐、泡吧的人，以及忙碌往來的黃色計程車。

肉品包裝區不只有購物、吃飯，還可順便欣賞凹凸不平的舊石子路，這在紐約已經不多見了。近幾年多了小公園、小廣場，規畫得更適合行人。

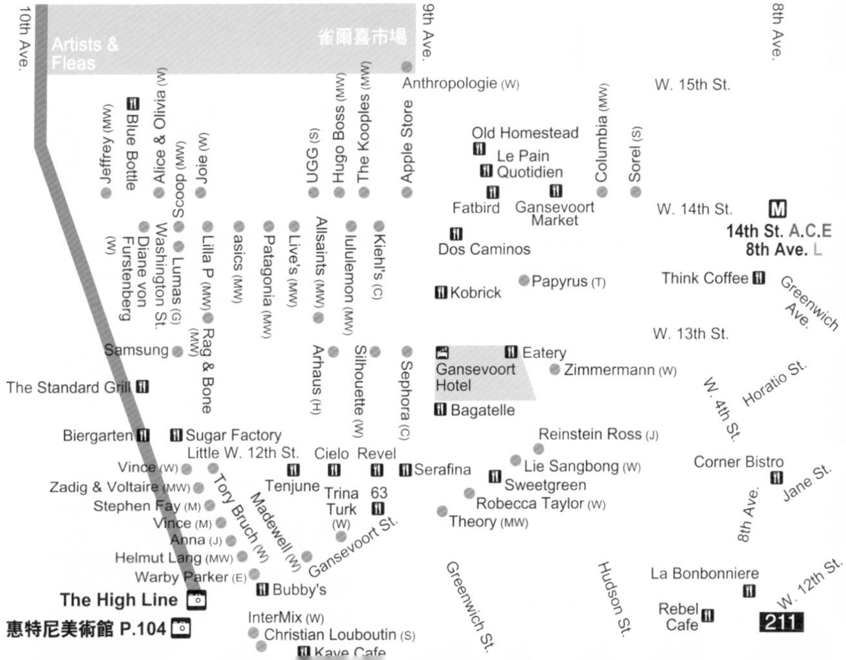

10th Ave.
9th Ave.
8th Ave.
Artists & Fleas
雀爾喜市場
Anthropologie (W)
W. 15th St.
Jeffrey (MW)
Blue Bottle
Alice & Olivia (W)
Scoop (MW)
Joie (W)
UGG (S)
Hugo Boss (MW)
The Kooples (MW)
Apple Store
Old Homestead
Le Pain Quotidien
Columbia (MW)
Sorel (S)
Fatbird
Gansevoort Market
W. 14th St.
14th St. A.C.E
8th Ave. L
Diane von Furstenberg (W)
Washington St.
Lumas (G)
Lilla P (MW)
asics (MW)
Patagonia (MW)
Live's (MW)
Allsaints (MW)
lululemon (MW)
Kiehl's (C)
Dos Caminos
Papyrus (T)
Think Coffee
Greenwich Ave.
Kobrick
W. 13th St.
Samsung
Rag & Bone (MW)
Arhaus (H)
Silhouette (W)
Sephora (C)
Gansevoort Hotel
Eatery
Zimmermann (W)
The Standard Grill
Bagatelle
W. 4th St.
Horatio St.
Biergarten
Sugar Factory
Reinstein Ross (J)
Little W. 12th St.
Cielo
Revel
Tenjune
Serafina
Lie Sangbong (W)
Corner Bistro
Vince (W)
Zadig & Voltaire (MW)
Tory Burch (W)
Trina Turk (W)
63
Sweetgreen
Jane St.
Stephen Fay (M)
Madewell (W)
Robecca Taylor (W)
8th Ave.
Vince (M)
Gansevoort St.
Theory (MW)
Anna (J)
Helmut Lang (MW)
Greenwich St.
Hudson St.
W. 12th St.
Warby Parker (E)
La Bonbonniere
Bubby's
The High Line
Rebel Cafe
惠特尼美術館 P.104
InterMix (W)
Christian Louboutin (S)
Kaye Cafe

# 空中鐵道公園
## The High Line

http www.thehighline.org
➡ 搭乘地鐵Ⓐ Ⓒ Ⓔ線至14th St.站
Ⓛ線至8th Ave.站
🕒 時間會隨季節更動，於官網公告
ℹ 出入口設於Gansevoort St.以及14th、16th、18th、20th、23rd、26th、28th、30th、34th St.
MAP P.12 / F2、P.205

架在空中的悠閒公園步道

2009年春天開放的景點，舊時它是負責運載紐約物資，由下城至中城的運輸鐵道，但使用沒多久即停止運轉，而長期遭到忽視荒廢。而今，在經過多年的計畫、設計，整理後，這裡變身成爲紐約的空中花園，當初在接受設計案時，曾有不少突發奇想的創意呢！如：雲霄飛車、游泳池、溜冰場等等。

High Line目前已全線完工開放，原本荒廢杳無人煙的廢鐵道，如今變身爲悠閒的公園，每一個路段都有不同的造景，時而樹林、時而草坪，每個角落都讓人身心舒暢。公園設計非常現代舒適，海灘躺椅讓人可以野餐兼日光浴，而劇場般的休息區，前方的景色就是來來往往的車輛，讓人用不一樣的角度欣賞紐約街景。

你可以從兩頭的起點逛起，將整個公園景色從頭看到尾。

鐵道公園直接穿越飯店下方

夜景另有一番風情

Gansevoort St.起點

仍保留原本的運輸火車軌道

熱門的躺椅，一椅難求啊

### Blue Bottle Coffee

http bluebottlecoffee.com/cafes/chelsea / ✉ 450 W. 15th St. (近10th Ave.) / ☎ (646)496-6280 / ➡ 參考雀爾喜市場 / 🕒 週一～五07:00～18:30，週六、日08:00～18:30 / $ 咖啡$3.00起，咖啡豆(12oz)$22.00起 / MAP P.12 / E2、P.211

這間分店是藍瓶咖啡於紐約開設的1號店，特地來朝聖的遊客不斷，加上店鋪不大，所以幾乎隨時都是呈現「滿」的狀態，等待需要耐心。

# 逛街購物指南
## Shopping

(M)男裝 (W)女裝 (MW)男女裝
(K)兒童 (S)鞋子 (J)珠寶、手錶
(L)皮件 (T)禮品 (F)食品、超市
(B)書店 (G)藝廊 (C)化妝品、香水
(E)眼鏡 (H)家具 (D)百貨公司

## 聯合廣場 Union Square

**information**

➡搭乘地鐵4 5 6 L N Q R W線至14th St.站，6 R W線至23rd St.站

### 熱門品牌的集中地

從14th～23rd St.，沿著5th Ave.及Broadway，有許多的商店跟餐廳座落，5th Ave.主要是知名的服飾品牌店，如Paul Smith、A/X、Esprit、BCBG等；Broadway則是有電影院、特色餐廳、以及數家極具風格的家具店。

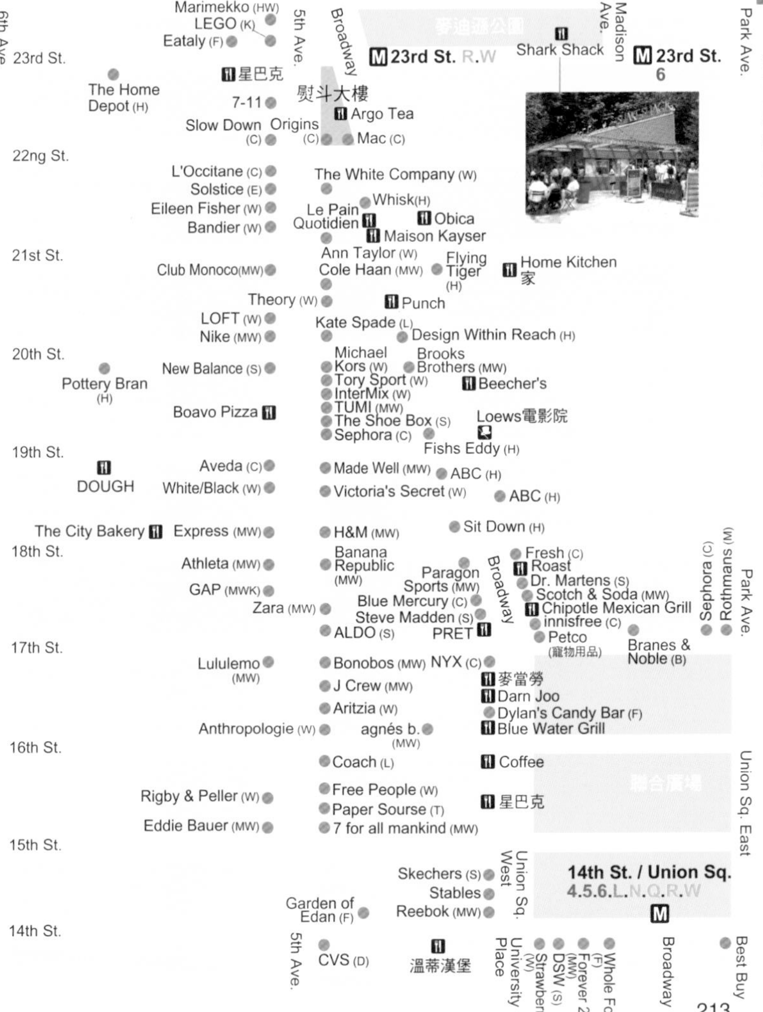

## Chisholm Larsson Gallery

http www.chisholm-poster.com / ✉145 8th Ave. (W. 17th～18th St.之間) / ☎(212)741-1703 / ➡搭乘地鐵Ⓐ Ⓒ Ⓔ線至14th St.站，Ⓛ線至8th Ave.站 / ⏲11:00～18:00 / 休 週日、一 / MAP P.12 / D3

海報專門店，有很多藝術海報及古董電影海報，海報價錢不低但相當值得購買收藏，或是藝術明信片也是不錯的選擇。

## Fishs Eddy

http fishseddy.com / ✉889 Broadway (E. 19th St.口) / ☎(212)420-9020 / ➡搭乘地鐵④ ⑤ ⑥ Ⓛ Ⓝ Ⓠ Ⓡ Ⓦ線至14th St.站 / ⏲10:00～21:00(週日至16:00) / MAP P.13 / D6、P213

紐約最具創意又平價的餐桌、廚房用品店，幽默的櫥窗、擺得滿滿的商品，是它最吸引人的特色，其中以自有品牌的商品，以及以紐約圖案為設計的碗、盤、杯等，最值得購買。

## Flying Tiger

http flyingtiger.com / ✉920 Broadway (E. 21st St.口) / ☎(212)777-1239 / ➡搭乘地鐵⑥ Ⓡ Ⓦ線至23rd St.站 / ⏲10:00～21:00(週日11:00～18:00) / MAP P.13 / D6、P.213

來自北歐的生活雜貨品牌，以簡潔的設計與風趣的創意吸引紐約客上門，店內商品包羅萬象，件件實用、樣樣可愛，最主要的是價格便宜，極適合買來當伴手禮。

## ABC Home

http www.abchome.com/locations/flagship / ✉888 Broadway (E. 18～19th St.之間) / ☎(212)473-3000 / ➡搭乘地鐵④ ⑤ ⑥ Ⓛ Ⓝ Ⓠ Ⓡ Ⓦ線至14th St.站 / ⏲10:00～19:00(週日11:00～18:30) / MAP P.13 / D6、P.213

紐約品項最精緻有味道的生活用品店，印度的圍巾、西藏的毛毯、非洲的擺飾、歐洲的別針等，都是極佳之選，雖吸引人購買但價格不低。

## DSW

http www.dsw.com/en/us / ✉40 E. 14th St. (University Place口) / ☎(646)674-2146 / ➡搭乘地鐵④ ⑤ ⑥ Ⓛ Ⓝ Ⓠ Ⓡ Ⓦ線至14th St.站 / ⏲09:00～21:30(週日10:00～21:00) / MAP P.13 / E6、P.213

想添購新鞋，那你就要來DSW，上百種鞋款任你試穿，還有優惠的折扣。一整牆的零碼出清鞋，絕對是撿便宜的好機會，包包也值得挑選。

## Jeffrey

www.jeffreynewyork.com / 444 W. 14th St. (近10th Ave.) / (212)206-1272 / 搭乘地鐵ⒶⒸⒺ線至14th St.站，Ⓛ線至8th Ave.站 / 10:00～20:00(週日12:30～18:00) / MAP P.12 / E2、P.211

名牌時尚選品店，Jeffrey在紐約時尚圈相當有名氣與地位，無論是哪個品牌都想盡辦法要擺進這家店裡，店內簡潔高雅，買不下手逛逛也好。

## Anthropologie

www.anthropologie.com / 75 9th Ave. (W. 15th St.口，雀爾喜市場內) / (212)620-3116 / 搭乘地鐵ⒶⒸⒺ線至14th St.站，Ⓛ線至8th Ave.站 / 10:00～21:00(週日至20:00) / MAP P.12 / E2、 P211

這家時尚用品選品店，不論是餐桌用品、圍巾、抽屜五金、文具，都相當具有個性，女性時裝、鞋包、配件均呈現悠閒的度假風格。

## Rizzoli

www.rizzolibookstore.com / 1133 Broadway (W. 25～26th St.之間) / (212)759-2424 / 搭乘地鐵⑥ⓇⓌ線至23rd St.站 / 週一～五10:30～20:00(週六12:00～20:00，週日12:00～19:00) / MAP P.13 / C5

1964年創業，是紐約知名以藝術書籍為主的書店，原位於中城區的57街，近年搬遷至現址，同樣地都是讓人有在逛豪宅藏書館的氛圍。

## Branes & Noble

www.barnesandnoble.com / 33 E. 17th St. (Broadway～Park Ave.之間) / (212)253-0810 / 搭乘地鐵④⑤⑥ⓁⓃⓆⓇⓌ線至14th St.站 / 09:00～20:00(週日10:00～20:00) / MAP P.13 / D6、P.213

美國最多的連鎖書店，位於聯合廣場的這間是最大的一間，一整幢典雅的建築內，每個樓層展示不同主題的書籍，也有音樂、影片部門。

## Pottery Barn

www.potterybarn.com / 12 W. 20th St. (5th～6th Ave.之間) / (212)488-6280 / 搭乘地鐵ⒻⓂⓇⓌ線至23rd St.站 / 10:00～21:00(週日11:00～19:00) / MAP P.13 / D5、 P.213

優雅都會風格的家飾、家具店，是結婚新人最喜歡選購禮物的品牌，從餐桌、書房到臥室，古典味、鄉村風、摩登感，商品件件都吸引人，讓人邊逛邊編織起居家布置的美夢。

## Billy's Bakery

billysbakerynyc.com / 184 9th Ave. (W. 21st～22nd St.之間) / (212)647-9406 / 搭乘地鐵E A C線至23rd St.站 / 週一～四08:30～23:00，週五～六08:30 ～00:00，週日09:00～21:00 / Cupcake$3.75起，Layer Cake約$5.00起 / 片 / P.12 / D2

店小人多的甜點小店，熟客最愛杯子蛋糕，但好吃的Layer Cark與香醇的咖啡最對味。

## Num Pang

www.numpangkitchen.com / 1129 Broadway (W. 25th St.口) / (212)647-8889 / 搭乘地鐵6 F M R W線至14th St.站 / 11:00～21:00(週日12:00～21:00) / 三明治$8.00～12.00 / P.13 / F6、P.13 / C5

亞洲風味、口味新鮮獨特，是曼哈頓好吃三明治的前幾名，排隊是一定要的，推薦五香豬肉三明治(Five-Spice Glazed Pork Belly)。

## The City Bakery

thecitybakery.com / 3 W. 18th St. (5～6th Ave.之間) / (212)366-1414 / 搭乘地鐵4 5 6 L N Q R W線至14th St.站，R W線至23rd St.站 / 07:30～18:00(週日09:00～17:00) / 三明治$8.00～12.00，甜點約$6.00 / P.13 / D5、P.213

自助式咖啡餐廳，供應沙拉、三明治簡餐，出名的是甜點及巧克力，每年2月有熱巧克力節。

## PRET

www.pret.com/us / 857 Broadway (E. 17th St.口) / (646)843-9650 / 搭乘地鐵4 5 6 L N Q R W線至14th St.站，R W線至23rd St.站 / 06:00～00:00(週日08:00～22:00) / 三明治約$6.00，沙拉約$9.00 / P.13 / D6、P.213

知名的三明治連鎖店，新鮮且口味選擇多，曾出現在電影《慾望城市》裡，湯品也非常好喝。

## Saigon Market

www.saigonmarketnyc.com / 93 University Pl. (近12th St.口) / (212)982-3691 / 搭乘地鐵4 5 6 L N Q R W線至14th St.站 / 週日～三11:30～23:00，週四～六11:30～00:00 / 商業午餐$11.00起，餐點$15.50起，越南三明治$9.25 / P.13 / F6

聯合廣場附近的越南料理老餐廳(原名Saigon Grill)，是周邊上班族中午用餐的熱門餐廳。

## Dig Inn

http www.diginn.com / ✉1178 Broadway (28th St.口) / ☎(212)335-2010 / ➡搭乘地鐵Ⓡ Ⓦ線至28th St.站 / ⏰11:00～22:00 / $餐點$10.00起，附餐$3.67起 / MAP P.15 / B5

近來頗為熱門的餐廳，陸續在曼哈頓各區域都開起了分店，以農家直購的新鮮食材、簡單美味的烹調，與超值平價的餐點，大大吸引上班族的青睞，尤其是中午時段一定是大排長龍。

## Stumptown

http www.stumptowncoffee.com / ✉18 W. 29th St. (Broadway～5th Ave.之間) / ➡搭乘地鐵Ⓡ Ⓦ線至28th St.站 / ⏰06:00～20:00(週末07:00～20:00) / $咖啡$3.75起，12oz咖啡豆$15.00起，馬克杯$12.00 / MAP P.13 / B5

來自西岸波特蘭的咖啡品牌，這間開在Ace Hotel的分店相當熱門，因它的座位區在飯店大廳中央，座椅是舒適的沙發，搶位子得快狠準。

## Curry in a Hurry

http www.curryinahurrynyc.com / ✉119 Lexington Ave. (E. 28th St.口) / ☎(212)683-0900 / ➡搭乘地鐵⑥線至28th St.站 / ⏰11:00～22:00 / $特餐$12.99，單點印度烤雞餐點$7.99起，單點印度海鮮咖哩餐點$8.99起 / MAP P.13 / B7

Lexington Ave.的27th～29th St.之間，有許多印度料理餐廳與香料商店，街道上相當具有異國風情，最主要是可以嘗到道地的印度咖哩餐。

## DOUCH

http www.doughdoughnuts.com / ✉14 W 19th St. (5～6th Ave.之間) / ☎(212)243-6844 / ➡搭乘地鐵Ⓕ Ⓜ Ⓡ Ⓦ線至23rd St.站 / ⏰週一～四06:00～20:00，週五06:00～21:00，週六07:00～21:00，週日07:00～20:00 / $甜甜圈$3.00起 / MAP P.13 / D5、P.213

來自布魯克林的知名甜甜圈，獨特的糖霜口味讓人回味無窮，咖啡是最佳的搭配選擇。

## Sweetgreen

http www.sweetgreen.com / ✉1164 Broadway (27～28th St.之間) / ☎(646)449-8884 / ➡搭乘地鐵Ⓕ Ⓜ Ⓡ Ⓦ線至23rd St.站 / ⏰10:30～22:00 / $沙拉餐$10.50起 / MAP P.13 / B5

讓紐約OL們趨之若鶩的沙拉餐廳，豐富多樣的新鮮蔬果，搭配雞胸肉、鮭魚等食材，並清楚標示每道沙拉的卡路里，讓你一餐的攝取量遠低於700卡。是一家強調健康飲食的連鎖餐廳。

the bean
BENCHES FOR CUSTOMER USE ONLY

# 西村·格林威治村·東村

# West Village / Greenwich Village / East Village

## 人文的自由風氣
## 多變的街頭創意

村子(Village)是這裡的總稱，自由創意是這裡的靈魂；不像中城區的拘謹，這裡顯得能讓人放鬆心靈。這個區域的餐廳數量很多，是選擇用餐最好的地方。區域略分以6th Ave.爲主，以西爲西村，以東爲格林威治村，而3rd Ave.以東則是東村的範圍。

經營歷史悠久的雜貨店，是西村最具地標性的建築之一，就位在地鐵出口，是攝影師經常取材的焦點

西村(West Village)是紐約同志的大本營，同志人權的自由風氣在此隨著彩虹旗飄揚，許多遊客因此慕名而來一探究竟，別以爲這裡只有同志進駐，其實跟其他地區相同，是個普通的社區，只是自由風氣更爲開放罷了。

近年來因商業區的開發，西村的Bleecker St.也成爲了另一個購物商圈，各家名牌商店紛紛在這裡開起店來，許多原本的特色小店不堪水漲船高的房租，而一一關門大吉，讓原本的西村特色逐漸轉淡，一輛輛的觀光巴士穿越而過，觀光、商業化十分明顯。

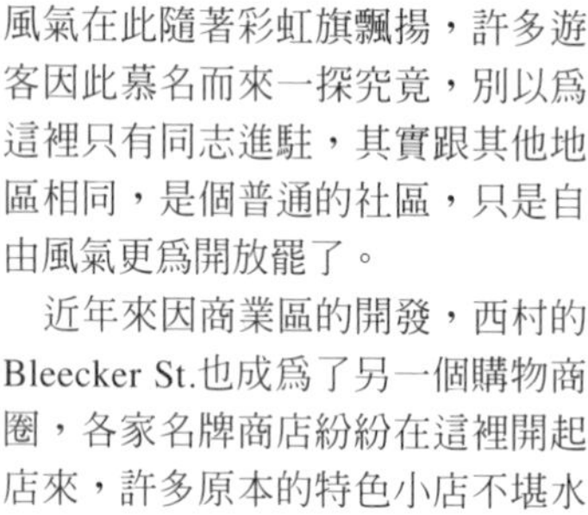

彩虹顏色無處不在，是西村的特色

格林威治村是紐約大學的主要學區

格林威治村(Greenwich Village)有著一股濃濃的人文氣息，這裡向來就是文學家、藝術家聚集出沒的地區，老牌的餐廳、咖啡館大都有名人雅士的故事可說。許多遊客仍是爲了這個人文氛圍，而專程到此一遊，比起西村和東村，格林威治村顯得安靜悠閒許多。

格林威治村以華盛頓廣場爲中心，廣場周遭的建築都頗具歷史性，値得細細欣賞；加上紐約大學的主要學區就在這裡，學術的氣息相當濃厚，以學生爲消費對象的商店、餐廳不少，是逛街之餘便宜用餐的好選擇。

第五大道的盡頭就是華盛頓廣場的拱門

東村(East Village)主要是以聖馬克廣場爲中心，早期因房租便宜，吸引不少藝術家、音樂家等藝文工作者來此落腳。這個區域的街景雖顯得較爲混亂，但卻特別能讓人感受到它的新鮮活力，有新奇的商店、有便宜的餐廳、更有各種文化的匯集，處處都可以給你不一樣的感受。

獨特的創意文化是村子最大的特色

東村集合不少有趣的小商店

東村的日本商店、餐廳特別多，原本有許多新奇有趣的二手書籍、唱片、服飾店等，但都已被新的商店所取代，讓整個逛街的驚喜度減分不少。附近有個小印度區(見P.61)，是嘗印度料理的好去處。

## information

➡ 可搭乘地鐵❶線至Christoper St./Sheridan Square站

ℹ 以西村為起點，再以徒步方式接駁其他景點

# 熱門景點介紹
Sightseeing

## 石牆廣場
**Stonewall Place**

✉7th Ave.、Christopher St.與Grove St.交叉處的三角形區域
➡搭乘地鐵❶線至Christopher St./Sheridan Square站，出站即是
MAP P.12／G4、P.221

石牆廣場就位在地鐵站的出口，是爲紀念同志人權運動的開端，在廣場公園（Sheridan Square）中央設立有兩男、兩女的白色雕像，是同志精神的象徵。夏天時花樹茂盛，公園非常漂亮舒服，但經常有流浪漢占據公園內的座椅，入夜後顯得較不安全。

小公園左側對街上是當年騷動事件的引爆點——石牆酒吧（Stonewall Inn），是西村相當著名的同志酒吧。石牆廣場附近有很多不錯的餐廳、咖啡館，都友善歡迎同志及非同志前往消費，而Christopher街的另一頭也有同志禮品店、餐廳。

### 石牆運動

1969年6月27日因警察對Stonewall Inn同志酒吧展開清查搜捕行動，引起同志的不滿，進而展開雙方的對峙及攻擊行動，數十人受傷及遭到警方逮捕。隔天人群再度聚集，且持續了5天的示威活動，幾十年來同志被警察施壓的不滿情緒在人群中爆發，同志的人權運動力量從此展開，隔年同性戀解放陣線組織成立，是全世界第一個同志人權組織。

而目前每年6月最後一個週日的同志驕傲遊行日(Gay Pride Day)，就是在此事件之後展開，由一開始的政治人權強烈訴求與示威，慢慢轉變為今日強調愛與和平的嘉年華式的慶祝活動；當然，政治人權的訴求從沒中斷過，它仍是活動的要點之一。全球的同志人權能有今日的發展，都是拜此一事件的影響。

石牆酒吧是西村相當著名的同志酒吧

2017年10月，石牆廣場上空立起了彩虹旗，一旁的小公園內有紀念雕像

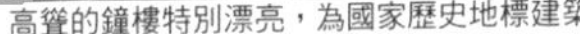
高聳的鐘樓特別漂亮，為國家歷史地標建築

Perry Street在春天舉辦的跳蚤市場

## 傑弗遜圖書館 Jefferson Market Library

http www.nypl.org/locations/jefferson-market
✉ 4256th Ave. (W. 11th St.口)
☎ (212) 243-4334
➡ 搭乘地鐵F M L線至14th St.站，出站後沿著6th Ave.往下步行約12分鐘(若由石牆廣場前往，沿著Christopher St.向東步行約3分鐘，就在6th Ave.上)
🕒 週一～四10:00～20:00，週五～六10:00～17:00，週日13:00～17:00
MAP P.12／F4、P.221

這幢紅磚高塔建築落成於1877年，當時是做爲法院使用。威尼斯樣式的哥德外觀，有個四面鐘的尖頂高塔，當年它可是被獲選爲全美第四美麗的建築，現在看來它仍如此美麗、古典和充滿夢幻。

Jefferson Market是沿用當地的舊有名稱，因爲在1874年以前這裡曾是市場。法院在1945年搬離這裡之後，因長時間被閒置而損毀，所幸得到當地居民的拯救，重新整建作爲圖書館使用至今。

目前爲國家歷史地標建築，正式名稱則是Third Judicial District Courthouse，但紐約客還是喜歡稱它爲Jefferson Market。

## 慾望城市景點 凱莉的公寓

✉ Perry St.(W 4th～Bleecker St.之間)
➡ 搭乘地鐵1線至Christopher St./Sheridan Square站，出站後沿著W 4th St.步行約3分鐘(若由Jefferson Market Library前往，沿著Greenwich Ave.左轉Perry St.，步行約5分鐘)
MAP P.12／F3、P.221

自從HBO影集《慾望城市》播出後，這裡一直都是影迷們到紐約必定造訪的景點之一，總是會看到遊客在公寓前觀望並拍照留影，不過公寓主人早已不堪觀光客的打擾，並在樓梯口圈起鐵鍊，禁止任何人踏上樓梯了。Perry St.的街景相當悠閒雅致，家家戶戶的門面都整理得相當好，値得走走看看。

# Bleecker St.

➡搭乘地鐵①線至Christopher St./Sheridan Square站

MAP P.12 / G3、P.221

Bleecker St.在7th Ave.以西，是近年來十分走紅的逛街購物勝地，不但有名的杯子蛋糕店Magnolia Bakery(P.63)就在這裡，許多名牌店也紛紛進駐開設，週末

或是旅遊季節，總是人潮不斷。

7th Ave.以東則聚集了不少食材商店、餐廳、咖啡廳、酒吧等，還有一些富有特色的小商店。尤其在過了6th Ave.靠近紐約市立大學的周邊，入夜後來這裡用餐、泡吧的人不少，街道也頗具有南歐的悠閒風情。

# Christopher St.

➡搭乘地鐵①線至Christopher St./Sheridan Square站

MAP P.12 / G3、P.221

這是最代表西村的街道，兩個街區內到處都可見到彩虹旗，同志禮品店、酒吧、咖啡館、餐廳等，讓街道兩旁人行道顯得非常熱鬧。尤其是入夜後，酒吧、商店的霓虹燈亮起，人群都聚集在這條街上了。但因大環境的改變，不少特色商店與餐廳一一熄燈歇業，讓這裡的同志色彩減淡不少，沒有以往鮮活。

不是同志的你也來逛逛吧！這裡保證有讓你臉紅心跳的新奇商品，

店家也都會友善得歡迎你。不過還是要注意安全，入夜後這裡的閒雜人等比較多。

## Tompson St.

➡搭乘地鐵Ⓐ Ⓒ Ⓔ Ⓑ Ⓓ Ⓕ Ⓜ線至W. 4th St.站
MAP P.14 / A3、P.221

Tompson St.同樣地保有以往的村子氣氛，幾間經營多年的商家、

餐廳仍屹立不搖，以前還有數家西洋棋專門店，如今只剩一家持續經營。Tompson St.較周圍其他街道安靜，兩旁樹木形成的綠色隧道，爲炎熱的盛夏帶來一絲絲的涼意，可直接通往華盛頓廣場主要入口。

## MacDougal St.

➡搭乘地鐵Ⓐ Ⓒ Ⓔ Ⓑ Ⓓ Ⓕ Ⓜ線至W. 4th St.站
MAP P.14 / A3、P.221

MacDougal St.以餐廳、酒吧最多，這裡有懷舊的1960、70年

代風情，也是比較能看到格林威治村原本的樣貌，而位在其上的「Café Wha?」音樂餐廳，在紐約頗爲有名，許多知名樂手如Bob Dylan、Jimi Hendrix、Bruce Springsteen等，都曾在此演出過。Café Wha?自1950年代營業自今，仍是歌手表演的場所。

### 《小婦人》(Little Women) 作者之家

這裡是美國經典文學《小婦人》(Little Women)的作者，Louisa May Alcott曾經居住過的房子。紅色的磚牆加上整齊的白窗極為醒目，門口還有鑄鐵的雕花欄杆，非常美麗。

✉ 130～132 MacDougal St. (W. 3rd St.口)
MAP P.13 / G5

行家導覽

## Bedford St.悠閒散步之旅

有著截然不同風情的Bedford St.，僅有幾家餐廳，還有一間老戲院，是一條綠意盎然、極為高雅、安靜的住宅區街道。這裡曾經住有許多的作家，不少房子也是被列為古蹟之一，逛街之餘不妨繞進來，享受一下巷弄間清閒的時光。 電影《料理絕配》的拍攝場景之一→

http www.nysonglines.com/bedford.htm
✉ Christopher St.～7th Ave.之間
➡ 搭乘地鐵①線至Christopher St./Sheridan Square站，沿著Christoper St.往西步行至Bedford St.左轉
MAP P.12 / G3、P.221

# 紐約大學
## New York University (NYU)

✉ 華盛頓廣場周邊建築
➡ 搭乘地鐵ⒶⒸⒺⒷⒹⒻⓂ線至W. 4th St.站，沿著W. 4th St.往東步行約3分鐘
MAP P.14 / A4、P.221

紐約大學(New York University，簡稱NYU)，是一所研究型的私立大學，成立於1831年，目前由十幾個學院所組成，是美國境內規模最大的非營利私立大學。紐約大學知名的傑出校友不計其數，一共出過30幾位的諾貝爾獎得主，可以說是成績輝煌的名校，不知多少學子搶破頭想擠進去就讀。

位於華盛頓廣場南邊的紐約大學圖書館

紐約大學校區是由數十幢散布在市區的大樓所組成

這所全球知名的大學並沒有自己的校園，所有的教學大樓、校舍均分布在曼哈頓各處，主要集中在華盛頓廣場周圍，只要看到插著紫色旗子的就是紐約大學的大樓。可以這樣說，紐約大學有最小的校園，也是擁有最大校區的市區大學。

大學周遭總不缺少便宜的餐廳、學生商店和咖啡館等，是省錢用餐的好去處。

廣場中心的噴泉最適合夏日乘涼、兒童嬉戲，週末還會有各種戶外活動

# 華盛頓廣場
## Washington Square Park

http www.washingtonsquareparkblog.com
➡ 搭乘地鐵Ⓐ Ⓒ Ⓔ Ⓑ Ⓓ Ⓕ Ⓜ線至W. 4th St.站，沿著W. 4th St.往東步行約3分鐘
MAP P.13 / G5、P.221

華盛頓廣場是格林威治村的地標，也是紐約最富盛名的公園之一。19世紀早期這裡是一座公共墓園，墓園於1825年關閉；1830年代廣場周遭開發迅速，環繞公園四周的街道成爲紐約最高級的住宅區，這些宅邸仍然完好保存至今。

拱門的建設始於1888年，爲慶祝美國總統喬治．華盛頓就職百週年，以巴黎凱旋門爲藍圖而搭建的木製灰泥紀念拱門，因頗受民眾喜愛，而在1892年重建爲一座永久性的大理石拱門。

駐足欣賞街頭藝人精采的表演，別忘了賞個小費喔

廣場公園是附近居民、大學生休憩的最佳去處

挑個對手，來跟紐約客較勁一下棋藝

公園內有座噴泉，所有人都喜歡坐在噴泉邊享受悠閒時光，週末假日也都會有街頭活動在這裡上演，圍觀人潮總是滿滿的。公園內還有兒童遊樂場、遛狗公園及西洋棋下棋區，桌子就是棋盤，經常有玩家在這裡交流比棋藝，附近有幾家有趣的棋子商店，可以去逛逛。

# Astor Place

➡搭乘地鐵Ⓡ Ⓦ線至8th St.站，❻線至Astor Place站
MAP P.13 / G7、P.221

這個三角形的區域，是由多條街道交會切割出來的，周圍有幾幢重要的建築，如市立劇院(Joseph Papp Public Theater)、古柏聯合學校(The Cooper Union)。廣場上的醒目地標，是自1967年起就立在地上的黑色四方體雕塑——Alamo(一般稱爲The Cube)，是藝術家Tony Rosenthal的作品，這個四方體是可以轉動的喔，可以來試試看。

一旁裝飾藝術風格的地鐵站入口，是我見過紐約最美的地鐵站之一，古色古香，非常獨特。

# 聖馬克廣場
## St. Mark's Place

➡搭乘地鐵Ⓡ Ⓦ線至8th St.站，❻線至Astor Place站，沿著E. 8th St.往東步行約3分鐘
MAP P.13 / F7、P.221

聖馬克廣場是東村印象的代表，曾留有過往的龐克風格，以E. 8th St.爲主，從3rd Ave.～Ave. A一路上都是創意獨特的商店、餐廳，逛起街來精采有趣。這區曾因聚集了不少日本人，所以有Little Japan之稱，有許多日本餐廳、居酒屋、超市、甚至開有日式的美容院。

外觀非常有特色的聖馬克教堂

東村有許多的日式餐廳

這裡有許多刺青、穿孔店，華人也開始在此區落腳

位於2nd Ave.、10th St.與Stuyvesant St.路口的聖馬克教堂(St. Mark's Church)，原是17世紀中期的荷蘭小教堂，經多次的改建而成今日的面貌，建築及花園都非常有特色。另外E. 6th St.則有小印度之稱，有不少印度餐廳，口味道地、價格便宜，喜歡吃印度菜可別錯過這裡。

# 破銅爛鐵
## STOMP

http www.stomponline.com
✉ 126 2nd Ave. (E. 7th～8th St.之間)
☎ (800)982-2787
➡ 搭乘地鐵Ⓡ Ⓦ線至8th St.站，⑥線至Astor Place站，沿著E. 8th St.往東步行約3分鐘
🕒 週二～五20:00，週六15:00、20:00，週日14:00、17:30
$ $48.00～100.00(可上官網購票)
MAP P.13 / F8、P.221

1994年上演至今的《破銅爛鐵》，是齣不懂英語也能看得懂、看得有趣的外百老匯表演。沒有對話、沒有音樂，完全靠敲敲打打的聲響來製造動感，垃圾桶、水管，拖把、鍋碗瓢盆、報紙、火柴盒、打火機等，都是音樂的來源。有名到連街道都有STOMP Ave.的別稱呢！

# 藍人
## Blue Man Group

http www.blueman.com
✉ 434 Lafayette St. (E. 4th St.～Astor Place之間)
☎ (212)387-9415
➡ 搭乘地鐵Ⓡ Ⓦ線至8th St.站，⑥線至Astor Place站，沿著E. 8th St.往東步行約3分鐘
🕒 每日演出場次、時間不一定，請上官網查詢
$ $56.00～$106.00
MAP P.13 / G6、P.221

1991年開演至今，3位整頭藍色的演員如同默劇般演出，沒有對話只用肢體語言表演，《藍人》是一齣只有笑聲、善於與觀眾互動，且相當受歡迎的戲碼，在好幾個城市都有演出，還跨足到電視、電影、廣告的範圍呢！

## 哈德遜河濱公園 Hudson River Park

**分家導覽**

河濱公園是下城區紐約市民熱門的休閒、運動去處，緊臨哈德遜河，河的對岸就是新澤西州。由Bank St.起，一路往下都是經過重新規畫整建的碼頭所連接起來的公園，有花園、草皮、涼亭、網球場、籃球場、甚至還有足球場，是一處散步、賞景的好去處。公園散步道可以一路往下，連接至砲台公園(Battery Park)，沿途的景觀設計非常美麗，還可遠眺自由女神！若時間許可，不妨挪出幾個小時，到河濱公園悠閒散步兼野餐。

➡ 搭乘地鐵①線至Christopher St./Sheridan Square站，沿著Christopher St.往西步行至河邊，約15分鐘　MAP P.12 / G2、P.16 / B1、P.263

## BOOKMARC

http www.marcjacobs.com/bookmarc / ✉400 Bleecker St. (W. 11th St.口) / ☎(212)620-4021 / ➡搭乘地鐵①線至Christopher St./Sheri-dan Square站 / ⏲11:00～19:00(週日12:00～18:00) / MAP P.12 / F3

時尚名牌Marc Jacobs所開設的書籍禮品店，以時尚生活的書籍為主，還有許多打上品牌名的實用小物可買來當紀念品。

## Goorin Brothers

http fishseddy.com / ✉337 Bleecker St. (Christopher St.～W. 10th St.之間) / ☎(347)504-2173 / ➡搭乘地鐵①線至Christopher St./Sheridan Square站 / ⏲10:00～20:00(週日11:00～19:00) / MAP P.12 / G4

老字號的帽子專賣店在西村開了分店，純手工的紳士帽、淑女帽，做工、材質都是高品質，款式新穎，生意相當好。

## Sockerbit

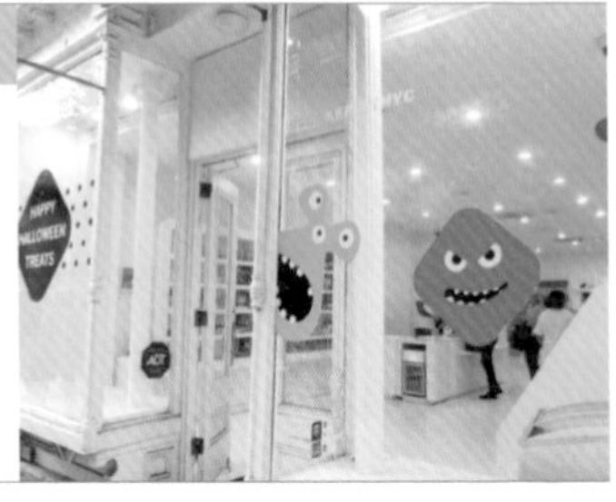

http www.sockerbit.com / ✉89 Christopher St.(近Bleecker St口) / ☎(212)206-8170 / ➡搭乘地鐵①線至Christopher St./Sheridan Square站 / ⏲11:00～20:00(週五～六至21:00) / MAP P.12 / G4

來自北歐瑞典的糖果店，純白的裝潢更襯托出軟糖的繽紛色彩，也有巧克力，以秤重計價。店內也有北歐風格的用品、小物，相當可愛。

## Goods for the Study

http goodsforthestudy.mcnallyjacksonstore.com / ✉50 W. 8th St. (6th Ave.～MacDougal St.之間) / ☎(212)674-4400 / ➡搭乘地鐵ⒶⒸⒺⒷⒹⒻⓂ線至W.4th St./Washington Sq.站 / ⏲10:00～20:00 / MAP P.13 / F5

精緻實用的文具用品店，店主遠從歐洲、日本帶回來的筆、記事本、卡片、膠帶等，完美地展示在店內，很難讓人空手走出店外。

## Porto Rico

http www.portorico.com / ✉201 Bleecker St. (6th Ave.～MacDougal St.之間) / ☎(212)477-5421 / ➡搭乘地鐵ⒶⒸⒺⒷⒹⒻⓂ線至W. 4th St.站 / ⏲08:00～21:00(週日12:00～19:00) / MAP P.14 / A3、P.13 / F8(東村店)

1907年開業，是紐約老牌的咖啡、茶葉專門店，店內販售的咖啡豆，都是店家親自烘焙，約$10.00 / 磅，店內也有現煮的香醇咖啡可品嘗。

## Evolution

http theevolutionstore.com / ✉687 Broadway (近Great Jones St.口) / ☎(212)343-1114 / ➡搭乘地鐵⑥線至Bleecker St.站，BDFM線至Broadway-Lafayette St.站 / ⏲11:00～20:00 / MAP P.13 / G6

這是紐約最酷的一間商店，專售骨骼、化石、標本，可以看到好多難得一見的動物，有很多適合帶回家的紀念品，到紐約不要錯過這家店。

## Verameat

http www.verameat.com / ✉315 E. 9th St. (1st～2nd Ave.之間) / ☎(212)388-9045 / ➡搭乘地鐵⑥線至Astro Pl.站，RW線至8th St./NYU站 / ⏲12:00～20:00 / MAP P.13 / F8

手工飾品小店，項鍊、手鍊、戒指等，設計精緻、樣式獨特，若沒有購物預算，店內也有便宜的可愛別針可選購。

## Rubber Stamps

http sourceunltd.com/public/rubberstamps.htm / ✉322 E 11th St.(1st～ 2nd Ave.之間) / ☎(212)473-7833 / ➡搭乘地鐵⑥線至Astro Pl.站，RW線至8th St./NYU站 / ⏲13:00～20:00 / MAP P.13 / F8

橡皮印章工作坊，有上百種現成圖案可以選購，或你也可以自己設計圖案上網訂製，親自來領回完成品。

## Buffalo Exchange

http www.buffaloexchange.com / ✉322 E 11th St.(1st～ 2nd Ave.之間) / ☎(212)260-9340 / ➡搭乘地鐵⑥線至Astro Pl.站，RW線至8th St./NYU站 / ⏲11:00～20:00(週日12:00～19:00) / MAP P.13 / F5

可買、可賣的連鎖二手衣專門店，若不嫌棄別人穿過用過，這些二手服飾店是尋寶的好地方，可挖到品質樣式不錯、價格又便宜的物品。

## Kiehl's

http www.kiehls.com / ✉109 3rd Ave. (13th St.口) / ☎(212)677-3171 / ➡搭乘地鐵L線至3rd Ave.站 / ⏲10:00～21:00(週日11:00～19:00) / MAP P.13 / E7

1851年創業的紐約老品牌藥妝店，在紐約購買比台灣便宜許多，這家店址是Kiehl's的發跡本店，相當具有歷史性，有展出許多當年的文物、照片、商店樣貌，值得參觀一下。

## Philip Marie

http philipmarie.com / ✉569 Hudson St. (W. 11th St.口) / ☎(212)242-6200 / ➡搭乘地鐵Ⓐ Ⓒ Ⓔ線至14th St.站，Ⓛ線至8th Ave.站 / ⏲10:00～23:30(週五～六至00:00) / 休 週一 / $ 午餐、Brunch約$20.00～35.00，晚餐約$30.00～50.00 / MAP P.12 / F3

餐點好吃、價位中等，供應美式餐點，還有機會聆賞現場爵士樂演出，週末Brunch人潮多。

## John's Pizzeria

http www.johnsbrickovenpizza.com / ✉278 Bleecker St. (近7th Ave.口) / ☎(212)243-1680 / ➡搭乘地鐵Ⓐ Ⓒ Ⓔ Ⓑ Ⓓ Ⓕ Ⓜ線至W. 4th St.站 / ⏲11:30～23:00(週五～六至00:00) / $14吋(6片)$17.00，16吋(8片)$20.00，配料每種$4.00，沙拉$8.25(2人份) / MAP P.12 / G4

1929年開業，以石磚窯燒烤、薄脆多汁的義大利披薩出名，口味簡單不花俏，無敵好吃。

## Joe

http joenewyork.com / ✉141 Waverly Pl. (Gay St.口) / ☎(212)924-6750 / ➡搭乘地鐵①線至Christopher St./Sheridan Sq.站 / ⏲07:00～20:00(週六～日08:00～20:00) / $咖啡$3.00起，12oz咖啡豆$16.00起 / MAP P.12 / G4

Joe自2003年開始經營，以香濃滑順的義式咖啡征服紐約咖啡迷，目前在曼哈頓開有14家分店，此座落安靜街角的小店為創業本店。

## Jack's

http www.jacksstirbrew.com / ✉138 W. 10th St. (Waverly Pl.～Greenwich Ave.之間) / ☎(212) 929-0821 / ➡搭乘地鐵①線至Christopher St./ Sheridan Sq.站 / ⏲06:30～19:00(週六、日07:00～19:00) / $咖啡$3.00起，12oz咖啡豆$16.00起 / MAP P.12 / F4

曾被票選為全美最好喝的咖啡，使用有機及公平交易咖啡豆及在地農產牛奶，另有7間分店。

## Cafe Espanol

http cafeespanol.com / ✉172 Bleecker St. (Sullivan St.口) / ☎(212)505-0657 / ➡搭乘地鐵Ⓐ Ⓒ Ⓔ Ⓑ Ⓓ Ⓕ Ⓜ線至W. 4th St.站 / ⏲12:00～00:00 / $ 午間特餐$14.95，主餐$16.00起，Tapas $9.00起 / MAP P.14 / A3

自1976年開始經營，是當地老牌的西班牙風味料理餐廳，傳統西班牙海鮮飯(Paella)$24.00、淡菜鍋$18.00。夏天設有戶外露天座位。

## Caffe Dante

http www.dante-nyc.com / ✉79-81 MacDougal St. (Bleecker St.～W. Houston St.之間) / ☎(212)982-5275 / ➡搭乘地鐵ⒶⒸⒺⒷⒹⒻⓂ線至W. 4th St.站 / ⏲10:00～23:00(週末Brunch 10:00～16:00) / $Brunch約$30.00，早餐約$20.00，餐點$12.00起 / MAP P.14 / A3

營業已有百年的義大利餐廳，是格林威治村裡的地標餐廳，自家製的義大利冰淇淋必嘗。

## Caffe Reggio

http www.facebook.com/caffereggionyc / ✉119 MacDougal St. (W. 3rd St.～Minetta Ln.之間) / ☎(212)475-9557 / ➡搭乘地鐵ⒶⒸⒺⒷⒹⒻⓂ線至W. 4th St.站 / ⏲09:00～03:00(週五～六至04:00) / $餐點$11.00起，三明治$9.50，甜點約$6.00 / MAP P.14 / A3

1927年開業，同樣身為村子的地標餐廳，親民的價格與餐點，是附近居民熱愛的餐廳。

## Quantum Leap

http www.quantumleaprestaurant.com / ✉226 Thompson St. (W. 3rd St.～Bleecker St.之間) / ☎(212)677-8050 / ➡搭乘地鐵ⒶⒸⒺⒷⒹⒻⓂ線至W. 4th St.站 / ⏲11:30 ～22:00(週日至21:30) / $蔬食漢堡$13.00起，Brunch餐點$10.00起 / MAP P.14 / A4

提供健康的蔬食、素食料理，餐點單價不高，素漢堡口感不錯，Brunch的鬆餅餐頗受歡迎。

## Mighty Quinn's BBQ

http mightyquinnsbbq.com / ✉103 2nd Ave. (E. 6th St.口) / ☎(212)677-3733 / ➡搭乘地鐵⑥線至Astro Pl.站，ⓇⓌ線至8th St./NYU站 / ⏲11:30～23:00(週五、六至00:00) / $BBQ $10.00起，薯條$3.25 / MAP P.13 / G7

充滿炭焦香的烤肉讓人垂涎，牛肉還可做成漢堡，雞肉可做成三明治，當然也要加點薯條與沙拉，而餐後的麵包布丁再飽也要嘗嘗。

## MUD

http www.mudnyc.com / ✉307 E. 9th St. (近2nd Ave.口) / ☎(212)529-8766 / ➡搭乘地鐵⑥線至Astro Pl.站，ⓇⓌ線至8th St./NYU站 / ⏲07:30～00:00(週末08:00～00:00) / $餐點$9.00起，全日Brunch $18.50，咖啡$3.00起 / MAP P.13 / F8

MUD以香醇咖啡出名，推出許多周邊商品，餐點選擇多，以全天供應的Brunch最划算。

Lonely
Ones
Doritos
4EVA

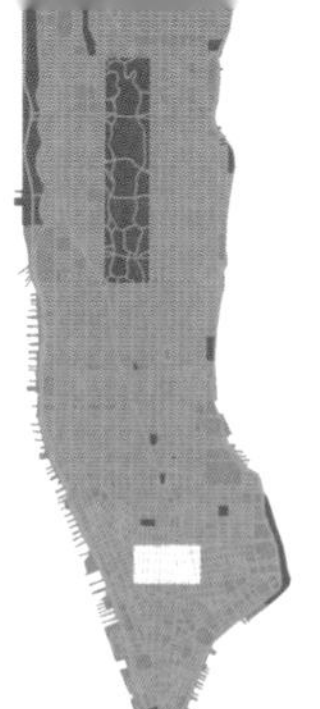

# 蘇活區‧諾利塔

## SoHo / Nolita

## 購物迷的朝聖地
## 體驗刷卡的快感

到SoHo不必排隊買票看景點，商店即是免費景點，只有結帳才需要排隊，逛街購物就是來SoHo的樂趣。這裡總共30幾個街區，逛上個一整天也逛不透，因爲每家店都會想進去看一看，從名牌旗艦店到個性小店，甚至獨特的路邊攤，都會讓你逛得用心，買得開心。

蘇活區週末假日的逛街人潮

蘇活區(SoHo，South of Houston的簡稱)早期以獨特的創意、迷人的街道風格吸引遊人，如今看到的是全球統一的商品、櫥窗展示及多到滿出來的觀光客。這裡唯一不變的是舊有的石子路面以及依舊迷人的建築，逛街購物之餘，別忘了欣賞一下它們的美。

蘇活區受到關注始於1960～1970年代，因廉價的租金吸引藝術家群居此處，將原本的工廠、倉庫變成畫室、攝影棚，蘇活區因此成爲有名的藝術特區。1990年代蘇活區發展迅速，原本低廉的房價已經隨著商業需要水漲船高，眞正從事創作的藝術家紛紛搬遷，留下來的僅剩賣畫的藝廊。

蘇活區如今只能從牆上的塗鴉嗅到藝術創作的氣息

除了逛街購物，別忘了也欣賞這裡獨特的建築

如今的蘇活區已是購物商店的地盤，來自全球的知名品牌，幾乎都可以在這裡找到，週末假日更是觀光客的天下，餐廳、商店都是滿滿的人潮。若想來這裡體驗藝術創作的氣息，很抱歉，得請你移駕至雀爾喜的藝廊特區，今日的蘇活區只能讓你體驗刷信用卡的快感。

另外，在紐約「Houston」的讀音是「豪斯頓」，而非一般的發音「休士頓」，問路時要注意喔！

諾利塔大都是精品小店，有不少獨特的創作性商品，每家店都很可愛

諾利塔(Nolita，North of Little Italy的簡稱)與小義大利相當接近，主要還是當地居民的住處，有公園、有教堂，生活味相當濃厚，顯得很安靜悠閒。諾利塔發展於1990年代末期，精品店、咖啡廳都是極具個人創意，吸引時髦的年輕族群來此消費。

諾利塔是蘇活區延伸的另一個逛街購物商圈，唯一不同的是，這裡的商店仍是以個人風格的小店面爲主，無論是商品或櫥窗都是創意滿

想要安靜的休息喝午茶，轉個彎來諾利塔吧

諾利塔逛街氣氛悠閒，足夠讓你逛整個下午

分，比較像是早期的蘇活特色。

新奇有趣的人、物、景，都是隔壁蘇活區目前所沒有的；不過觀光客也少了很多，很難想像它與與蘇活區只有一街之隔。

若沿著Mulberry St.一路往下逛，就是小義大利了，街道兩旁大多是義大利風味餐廳，南歐風景濃厚。

## information

➡ 可搭乘地鐵Ⓡ Ⓦ線至Prince St.站，⑥線至Spring St.站

ℹ 蘇活區及諾利塔的商店營業時間較其他區域不同，通常接近中午才開始營業，也較晚關門，所以要來此逛街的朋友，可不要一早就來喔！上午的街道可是很冷清的

Houston St.
West Broadway
Wosster St.
Greene St.
Marcer St.
星巴克
Gallery Center(G)
White Wall(G)
HUGO(G)
Rotella(G)
Seraphine(W)
Geroges Berges(G)
Leica(相機)
DTR Morden Galleries(G)
Aveda(C)
Jojo(G)
G-Shock(J)
Mizzen and Main(M)
SportMax(W)
A Second Chance(MW)
Dos Caminos
ARI(M)
Sadelle's
Authentic(W)
Martin Lawrence(G)
Think Pink (MW)
Coach(L)
Louisk Meisel(G)
Uno de 50(J)
Ligne Roset(H)
Cassina(H)
Stepevi(H)
Poltrona Frau(H)
The North Face(MW)
Diane von Furstenberg(W)
Untuckit(MW)
lululemo(M)
Fred Perry(MW)
Bultha Up(H)
Cappellini(H)
Pomegrunate(G)
Dior(W)
Blu Dot(H)
Mansur Gavrie(L)
lululemo (W)
NARS(C)
Wallord(W)
Nixon(J)
Good Goods(W)
Scanlan Theodore(W)
Marc Jacobs(W)
安福順
Kisan(W)
Warba Parker (E)
Ralph Lauren(MW)
Flos(H)
B&B
Versani(J)
R by 45rmp (MW)
Moroso(H)
Paul Smith(M)
Jayson Home(H)
Marni(W)
Brunello Cucinelli(W)
Zadig & Voltaire(MW)
Balenciaga(M)
Hugo Boss(MW)
Alessi(H)
Apple Store
Louis Vuitton(W)
Shinola(L)
J. Crew(MW)
miu miu(M)
Inter Mix(W)
The Mercer Kitchen
Prince St.
Hysteria(MW)
Birdbath Bakery
Chobani
Aesop(C)
Happy Socks(MW)
Moleskine(T)
Vilebrequin(M)
Flying Solo(W)
Le Parla(W)
MaxStudio(M)
Missoni(MW)
Avitto(S)
Maud Frizon(S)
DKNY(MW)
Pinko(W)
The 8 Senses(W)
Tous(J)
Ben's Pizza
Franch Connection (MW)
Birchbox(C)
Franklin Bowles(G)
Scavolini(M)
Alex&Ani(J)
See(E)
Crawn(G)
LIK(G)
ElieTahari(W)
m0851(W)
Jamali(G)
Vera Bradley(W)
Herve Leger(W)
Monica Vinader(J)
Lite(W)
Vardo(S)
Gerara Darel(W)
Crocs(S)
Blanc & Eclare(W)
Cole Haan (LS)
Woolrich(WM)
Barbour(WM)
Athleta(W)
Ted Bake(W)
Canada Goose(MW)
Osklen(MW)
Pleats Please(W)
Dream on Air(W)
tibi(W)
M. Gemi(S)
Ray-Ban(E)
Joie(W)
Equipment(W)
DOOB 3D(T)
Tiffany & Co.(J)
Icebreakes (MW)
Balmain(W)
Diesel (MW)
Burberry (MW)
Saje(C)
John Hardy(J)
Incotex(M)
AG(MW)
Jimmy Choo(S)
Linda Farrow(E)
Taschen(B)
Dior(W)
Fendi(W)
Space NK(C)
Tiffany & Co.(J)
Herno(W)
Chloe(W)
BAPE(S)
ETRO(MW)
Camper (S)
David Yurman(J)
Tumi(L)
Café Fanelli
Agent Provocateur(W)
A.P.C.(MW)
Journalle(W)
Mackage(MW)
Louis Vuitton(L)
Stella McCarteny(W)
Design Within Reach(H)
Rag & Bone(MW)
The Kooples(W)
MCM(W)
Alice & Olivia(W)
Derek Lam(W)
Rebecca Minkoff(W)
Georgetown Copcake(F)
Devialet(H)
Brett Hohndon(M)
Y-3(MW)
Vivienne Hu(V)
Pressed Juicery
adidas (MW)
The Frye Co.(S)
Sungless Hut(E)
Luana(L)
Chanel(W)
COS(MW)
J. Lindeberg(M)
Sam Edelmon(W)
Spring St.
LeSportsca (T)
Stussy(M)
Bigdrop(MW)
Dsquared 2 (MW)
La Petit Café
Olive Bette's(W)
Morgenthal Frederics(E)
Ground Support Cafe
Sandro(W)
Dr. Marten(S)
Eileen Fisher(W)
Repetto(J)
Laduree(F)
Bonpoint(W)
7 for all mankind(MW)
Bogner(W)
Cipriani Down Town
Aurora
Reiss London(MW)
Free People(MW)
PRL & Co.(W)
Paris Station(W)
Hudson(H)
The Shade Store(H)
Moschino(MW)
Simon Rocha(W)
Celine(W)
Badichi(L)
More Belle Chocolates(F)
Selima Optique(E)
Sunrise Mart
Anna Sui(W)
ILORI(E)
Mulberry(W)
Longchamp(L)
Vosges(F)
Molton Brown(C)
Harie Sanit Pierre(W)
Nicole(W)
Versus(MW)
Onassis(M)
Burton(MW)
Etienne Aigner(W)
Byredo (L)
Halston Heritage(W)
Jaffery Rudes(M)
Dr. Smood Cafe
Pasda Calais(W)
Bigger Code(W)
Tomorrowland(W)
Eden(G)
John Varvato (M)
Saint Lauran (MW)
Stuart Weitzman(S)
Maje(W)
Splendid(W)
Dior(E)
Seize sur Vingt(M)
Joseph(MW)
Vince(MW)
Patagonia(MW)
UGG(S)
Sweaty Betty(W)
Joe's(W)
Dada(H)
Morgane le Fay(W)
Paige(MW)
Keetsa(H)
Golden Goose(W)
Cremieux(M)
Jills Stuart(W)
Kate Spade(L)
Broome St.
Oliver Peoples(E)
Kenn's Bar
The Cupping Room Cafe
Korchma Taras Bulba
Gourmet Garage(F)
Eclectiques(H)
Kirna Zabete(W)
Jerome Dreyfuss(L)
Isabel Marant(W)
AFA(G)
Frame(W)
Theory(MW)
Buscemi(S)
What Comes Around Goes Around(W)
Brooklyn Diamond(T)
Paul Nicklen(G)
Miguel Antoinne (M)
Format(H)
Stone Island(W)
Kartell(H)
Kristen Farrell(J)
Sanctuary T
AQUA(G)
Alexis Bittar(J)
Katya Dobryakava(W)
Ruby's Music(樂器)
Purl(H)
Lazaro(M)
Suit Suply(M)
Zadig&Voltaire(MW)
Gudrun Sjoden(W)
Empty(M)
Coco-Mat(H)
Artemide(H)
Galli
Flou(H)
Babeland(T)
Antique Garage
Daniel Patrick(W)
Fjall Ravan (MW)
Marissa Webb(W)
Acne(MW)
If(MW)
Le Pain Quoditien
Restaurant Felix Bar
Robins Jean(MW)
Grand St.
IL Mulion
Paptzul
Toad Hall
Lucky Strike
Leslie Lohman Museum
Hastens(H)
Gentel Monster(E)
Flair(H)
team(G)
Boffi(H)
MM6(M)
The General(W)
Wolf & Brdger(W)
Alexander Wang(MW)

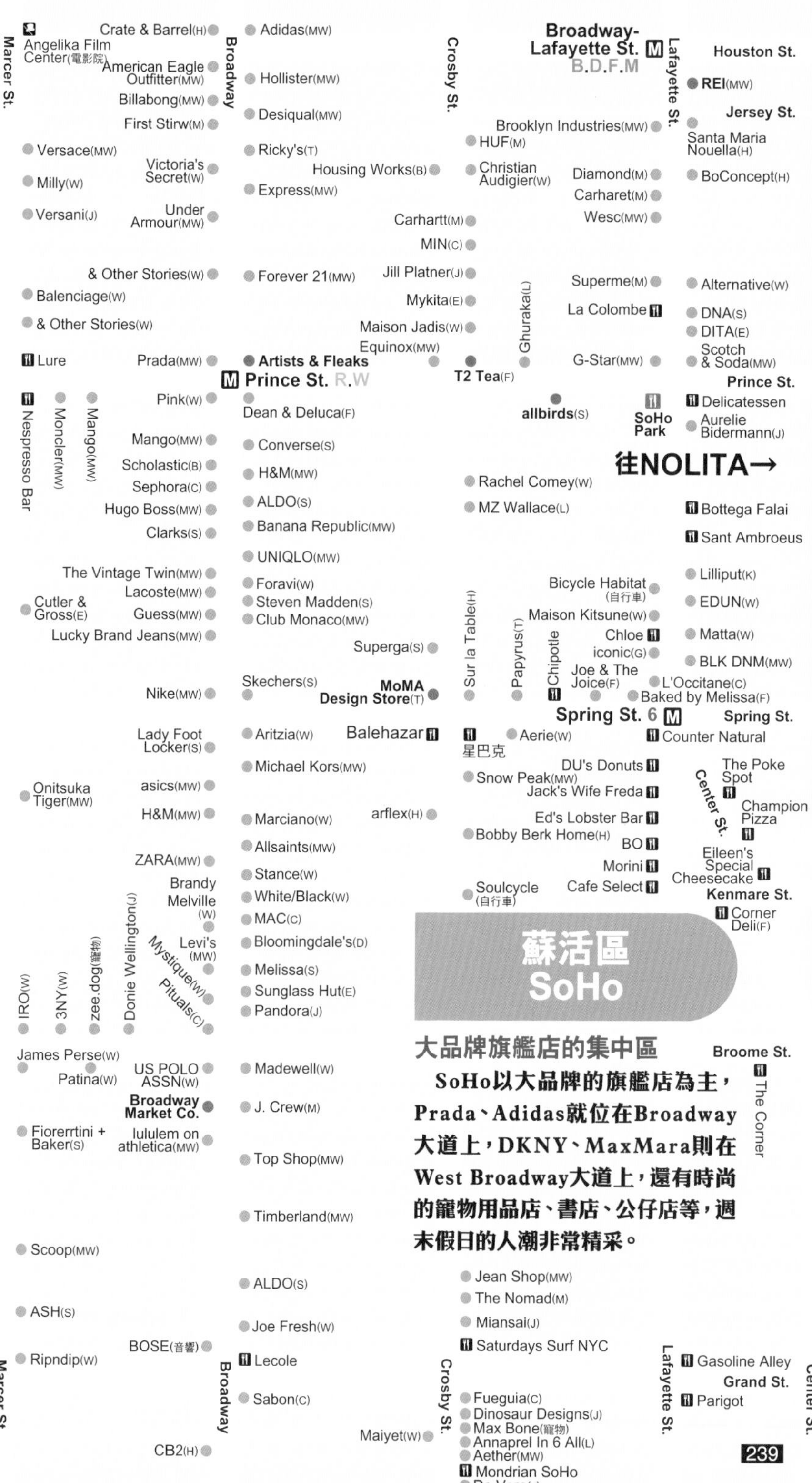

Marcer St.
Angelika Film Center(電影院)
Crate & Barrel(H)
American Eagle Outfitter(MW)
Billabong(MW)
First Stirw(M)
Broadway
Adidas(MW)
Hollister(MW)
Desiqual(MW)
Ricky's(T)
Housing Works(B)
Express(MW)
Crosby St.
Broadway-Lafayette St.
B.D.F.M
Lafayette St.
Houston St.
REI(MW)
Jersey St.
Brooklyn Industries(MW)
HUF(M)
Santa Maria Nouella(H)
Versace(MW)
Milly(W)
Versani(J)
Victoria's Secret(W)
Under Armour(MW)
Christian Audigier(W)
Diamond(M)
Carharet(M)
Wesc(MW)
BoConcept(H)
Carhartt(M)
MIN(C)
& Other Stories(W)
Balenciage(W)
& Other Stories(W)
Forever 21(MW)
Jill Platner(J)
Mykita(E)
Maison Jadis(W)
Equinox(MW)
Ghuraka(L)
Superme(M)
La Colombe
G-Star(MW)
Alternative(W)
DNA(S)
DITA(E)
Scotch & Soda(MW)
Lure
Prada(MW)
Artists & Fleaks
Prince St. R.W
T2 Tea(F)
Prince St.
Nespresso Bar
Moncler(MW)
Mango(MW)
Pink(W)
Dean & Deluca(F)
allbirds(S)
SoHo Park
Delicatessen
Aurelie Bidermann(J)
往NOLITA→
Mango(MW)
Scholastic(B)
Sephora(C)
Hugo Boss(MW)
Clarks(S)
Converse(S)
H&M(MW)
ALDO(S)
Banana Republic(MW)
Rachel Comey(W)
MZ Wallace(L)
Bottega Falai
Sant Ambroeus
The Vintage Twin(MW)
Lacoste(MW)
Cutler & Gross(E)
Guess(MW)
Lucky Brand Jeans(MW)
UNIQLO(MW)
Foravi(W)
Steven Madden(S)
Club Monaco(MW)
Superga(S)
Sur la Table(H)
Papyrus(T)
Chipotle
Bicycle Habitat(自行車)
Maison Kitsune(W)
Chloe
iconic(G)
Joe & The Joice(F)
L'Occitane(C)
Baked by Melissa(F)
Lilliput(K)
EDUN(W)
Matta(W)
BLK DNM(MW)
Nike(MW)
Skechers(S)
MoMA Design Store(T)
Spring St. 6
Spring St.
Lady Foot Locker(S)
Aritzia(W)
Balehazar
星巴克
Aerie(W)
Counter Natural
Onitsuka Tiger(MW)
asics(MW)
H&M(MW)
Michael Kors(MW)
Marciano(W)
arflex(H)
DU's Donuts
Snow Peak(MW)
Jack's Wife Freda
Ed's Lobster Bar
Bobby Berk Home(H)
BO
Morini
Cafe Select
Soulcycle(自行車)
Center St.
The Poke Spot
Champion Pizza
Eileen's Special Cheesecake
Kenmare St.
Corner Deli(F)
ZARA(MW)
Brandy Melville(W)
Levi's(MW)
Mystique(W)
Pituals(C)
Donie Wellington(J)
zee.dog(寵物)
3NY(W)
IRO(W)
Allsaints(MW)
Stance(W)
White/Black(W)
MAC(C)
Bloomingdale's(D)
Melissa(S)
Sunglass Hut(E)
Pandora(J)
蘇活區
SoHo
James Perse(W)
Patina(W)
US POLO ASSN(W)
Broadway Market Co.
Fiorerrtini + Baker(S)
lululem on athletica(MW)
Madewell(W)
J. Crew(M)
Top Shop(MW)
Timberland(MW)
Broome St.
The Corner
Scoop(MW)
ASH(S)
Ripndip(W)
BOSE(音響)
ALDO(S)
Joe Fresh(W)
Lecole
Sabon(C)
CB2(H)
Maiyet(W)
Jean Shop(MW)
The Nomad(M)
Miansai(J)
Saturdays Surf NYC
Fueguia(C)
Dinosaur Designs(J)
Max Bone(寵物)
Annaprel In 6 All(L)
Aether(MW)
Mondrian SoHo
De Vera(J)
Gasoline Alley
Grand St.
Parigot
Marcer St.
Broadway
Crosby St.
Lafayette St.
Center St.

## 大品牌旗艦店的集中區

SoHo以大品牌的旗艦店為主，Prada、Adidas就位在Broadway大道上，DKNY、MaxMara則在West Broadway大道上，還有時尚的寵物用品店、書店、公仔店等，週末假日的人潮非常精采。

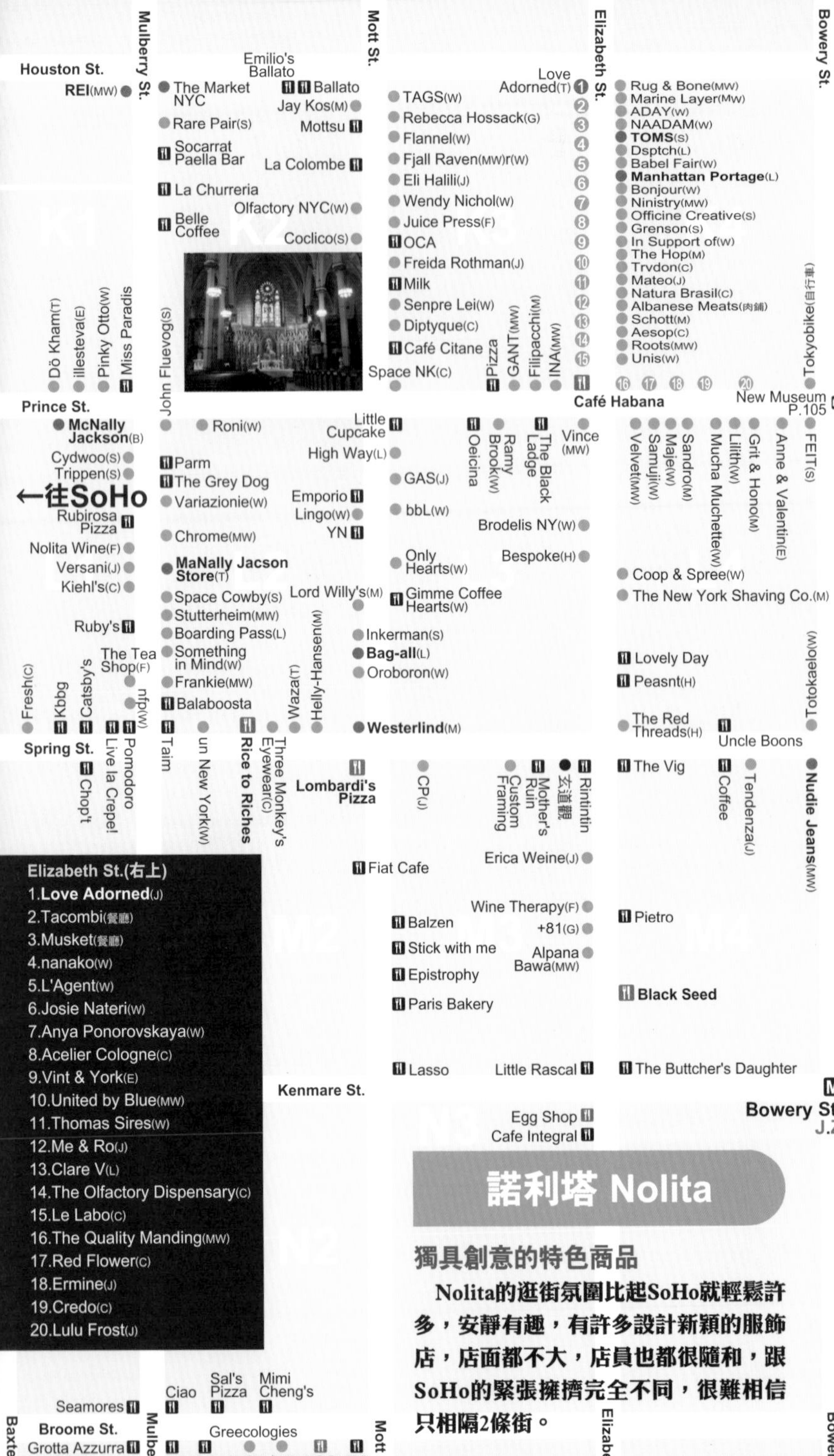

Houston St.
Mulberry St.
Mott St.
Elizabeth St.
Bowery St.
REI(MW)
The Market NYC
Emilio's Ballato
Ballato
Jay Kos(M)
Mottsu
Rare Pair(S)
Socarrat Paella Bar
La Colombe
La Churreria
Olfactory NYC(W)
Belle Coffee
Coclico(S)
Love Adorned(T)
TAGS(W)
Rebecca Hossack(G)
Flannel(W)
Fjall Raven(MW)r(W)
Eli Halili(J)
Wendy Nichol(W)
Juice Press(F)
OCA
Freida Rothman(J)
Milk
Senpre Lei(W)
Diptyque(C)
Café Citane
Space NK(C)
Pizza
GANT(MW)
Filipacchi(M)
INA(MW)
Rug & Bone(MW)
Marine Layer(MW)
ADAY(W)
NAADAM(W)
TOMS(S)
Dsptch(L)
Babel Fair(W)
Manhattan Portage(L)
Bonjour(W)
Ninistry(MW)
Officine Creative(S)
Grenson(S)
In Support of(W)
The Hop(M)
Trvdon(C)
Mateo(J)
Natura Brasil(C)
Albanese Meats(肉舖)
Schott(M)
Aesop(C)
Roots(MW)
Unis(W)
Tokyobike(自行車)
Dö Kham(T)
illesteva(E)
Pinky Otto(W)
Miss Paradis
John Fluevog(S)
Prince St.
Café Habana
New Museum P.105
McNally Jackson(B)
Cydwoo(S)
Trippen(S)
←往SoHo
Rubirosa Pizza
Nolita Wine(F)
Versani(J)
Kiehl's(C)
Ruby's
Roni(W)
Parm
The Grey Dog
Variazionie(W)
Chrome(MW)
MaNally Jacson Store(T)
Space Cowby(S)
Stutterheim(MW)
Boarding Pass(L)
Something in Mind(W)
Frankie(MW)
Balaboosta
Little Cupcake
High Way(L)
Emporio
Lingo(W)
YN
Lord Willy's(M)
GAS(J)
bbL(W)
Only Hearts(W)
Gimme Coffee Hearts(W)
Oeicina
Ramy Brook(W)
The Black Ladge
Vince (MW)
Brodelis NY(W)
Bespoke(H)
Velvet(MW)
Samuji(W)
Maje(W)
Sandro(M)
Mucha Muchette(W)
Lilith(W)
Grit & Hono(M)
Anne & Valentin(E)
FEIT(S)
Coop & Spree(W)
The New York Shaving Co.(M)
Inkerman(S)
Bag-all(L)
Oroboron(W)
Westerlind(M)
Helly-Hansen(M)
Waza(T)
Lovely Day
Peasnt(H)
The Red Threads(H)
Uncle Boons
Totokaelo(W)
The Tea Shop(F)
nfp(W)
Fresh(C)
Kbbg
Catsby's
Spring St.
Chop't
Live la Crepe!
Pomodoro
Taim
un New York(W)
Rice to Riches
Three Monkey's Eyewear(C)
Lombardi's Pizza
CP(J)
Custom Framing
Mother's Ruin
玄道觀
Rintintin
The Vig
Coffee
Tendenza(J)
Nudie Jeans(MW)
Erica Weine(J)
Fiat Cafe
Wine Therapy(F)
Balzen
+81(G)
Stick with me
Alpana Bawa(MW)
Epistrophy
Paris Bakery
Pietro
Black Seed
Lasso
Little Rascal
The Buttcher's Daughter
Kenmare St.
Egg Shop
Cafe Integral
Bowery St. J.Z
Elizabeth St.(右上)
1.Love Adorned(J)
2.Tacombi(餐廳)
3.Musket(餐廳)
4.nanako(W)
5.L'Agent(W)
6.Josie Nateri(W)
7.Anya Ponorovskaya(W)
8.Acelier Cologne(C)
9.Vint & York(E)
10.United by Blue(MW)
11.Thomas Sires(W)
12.Me & Ro(J)
13.Clare V(L)
14.The Olfactory Dispensary(C)
15.Le Labo(C)
16.The Quality Manding(MW)
17.Red Flower(C)
18.Ermine(J)
19.Credo(C)
20.Lulu Frost(J)
Seamores
Ciao
Sal's Pizza
Mimi Cheng's
Broome St.
Grotta Azzurra
Greecologies
Baxter St.
Coffee Roma
Gree-cologies
Ritual Vintage(MW)
Fashion A8r(MW)
Cha Cha Matcha
Cafe Bustelo

## 諾利塔 Nolita

### 獨具創意的特色商品

Nolita的逛街氛圍比起SoHo就輕鬆許多，安靜有趣，有許多設計新穎的服飾店，店面都不大，店員也都很隨和，跟SoHo的緊張擁擠完全不同，很難相信只相隔2條街。

## REI

http www.rei.com/stores/soho.html / ✉303 Lafayette St. (Houston St.口) / ☎(212)680-1938 / ➡搭乘地鐵Ⓑ Ⓓ Ⓕ Ⓜ線至Broadway/Lafayette St.站 / ⏲10:00～21:00(週日11:00～20:00) / MAP P.239 / F4、P 240 / K1

來自西雅圖專業戶外運動用品旗艦專賣店，是戶外運動的知名品牌，附設跑道、攀岩場等，讓你考慮買用品時可以現場試用後再決定。

## DOOB 3D

http www.doob3d.com / ✉108 Wooster St. (Prince St.～Spring St.之間) / ☎(347)688-4365 / ➡搭乘地鐵Ⓡ Ⓦ線至Prince St.站，Ⓒ Ⓔ線至Spring St.站 / ⏲10:00～20:00 / MAP P.238 / B3

最夯的禮品項目，只要站進大型的3D全景掃描機，就能擁有一個迷你的自己、朋友、家人、寵物等，各種大小尺寸，還可做成聖誕樹掛飾。快來跟朋友訂製一個紐約回憶吧！

## Taschen

http www.taschen.com / ✉107 Greene St. (Prince St.～Spring St.之間) / ☎(212)226-2212 / ➡搭乘地鐵Ⓡ Ⓦ線至Prince St.站，Ⓒ Ⓔ線至Spring St.站 / ⏲11:00～19:00(週日12:00～19:00) / MAP P.238 / B3

要買藝術書籍就是這一家了，來自德國的出版品牌，向來以出版各類藝術圖書領先業界，精美的印刷值得你買個幾本珍藏。

## MoMA Design Store

http store.moma.org / ✉81 Spring St. (Crosby St.口) / ☎(646)613-1367 / ➡搭乘地鐵Ⓡ Ⓦ線至Prince St.站，❻線至Spring St.站 / ⏲10:00～20:00(週日11:00～19:00) / MAP P.239 / G2

紐約現代美術館的禮品店，沒空安排參觀本館，來這裡採購紀念品也不錯，許多設計精美實用的小物，都可以當成伴手禮。B1樓層也可買到本館展覽的相關出版品、海報等。

## Broadway Market Co.

http www.broadwaymarketco.com / ✉427 Broadway (近Broome St.口) / ☎(646)370-3474 / ➡搭乘地鐵Ⓡ Ⓦ線至Prince St.站，❻線至Spring St.站 / ⏲11:00～20:00 / MAP P.239 / I1、P.240 / K2(The Market NYC)

紐約最大型的創意市集，集合近50個大小攤位，販售各種實用的手作商品，最裡頭還有一間小吃攤，B1則不時有二手時裝或樣品的販售。

## Michele Varian

http michelevarian.com / ✉27 Howard St. (Crosby St.口) / ☎(212)343-0033 / ➡搭乘地鐵⑥ⓃⓆⓇⓌⒿⓏ線至Canal St.站 / ⏰11:00～19:00(週末至18:00) / MAP P.15 / D5

知名的生活用品、藝術品選品店，以美國本地的藝術家、手作直人為主，店內由4個不同的經營單位所組成，各有各的選品專長，陶瓷器、首飾、布料製品，或兒童用品，都相當精美。

## Bag-all

http www.bag-all.com / ✉219 Mott St. (Prince St.～Spring St.之間) / ☎(917)690-5070 / ➡搭乘地鐵⑥線至Spring St.站，ⒷⒹⒻⓂ線至Broadway/Lafa-yette St.站 / ⏰10:00～18:00(週末11:00～17:00) / MAP P.240 / L2

同樣是純正紐約品牌，以簡單的帆布收納袋、托特袋等風靡全球，歐、亞都有銷售點，Bag-all不論在圖案或文字設計上都充滿巧思。

## allbirds

http www.allbirds.com / ✉68 Prince St. (Crosby St.～Lafayette St.之間) / ☎(212)431-5683 / ➡搭乘地鐵ⓇⓌ線至Prince St.站，⑥線至Spring St.站，ⒷⒹⒻⓂ線至Broadway/Lafayette St.站 / ⏰10:00～20:00 / MAP P.239 / G3

採用自然材質面料的休閒鞋品牌，你可以從鞋款選起，然後選擇鞋底、鞋面材質、顏色，之後就是為你量身訂做的一雙鞋誕生了。

## T2 Tea

http www.t2tea.com / ✉67 Prince St. (Crosby St.口) / ☎(212)219-1956 / ➡搭乘地鐵ⓇⓌ線至Prince St.站，⑥線至Spring St.站，ⒷⒹⒻⓂ線至Broadway/Lafayette St.站 / ⏰10:00～20:00(週日11:00～19:00) / MAP P.239 / F3

1996年創業的澳洲茶葉品牌，上百種包裝摩登的茶葉、花茶、香草茶等，種類多到讓人無從選擇起，店內也販售各種沖茶器、茶具。

## Nudie Jeans

http www.nudiejeans.com / ✉188 Bowery St. (Spring St.口) / ☎(212)966-0902 / ➡搭乘地鐵ⒿⓏ線至Bowery St.站 / ⏰11:00～19:00(週日12:00～18:00) / MAP P.240 / M4

如果不想買大量製造或中國製的牛仔褲，介紹這家以有機棉縫製的單寧品牌，打板、色洗、破壞設計等，都好看有型，缺點就是售價高了些。這間店還提供乾淨牛仔褲(清洗過)的免費修補。

## TOMS

http www.rei.com/stores/soho.html / ✉264 Elizabeth St. (Houston St.～Prince St.之間) / ☎(212)219-8392 / ➡搭乘地鐵Ⓑ Ⓓ Ⓕ Ⓜ線至Broadway/Lafa-yette St.站 / ⏲07:00～20:00(週日11:00～19:00) / MAP P.240 / K4

結合鞋子與咖啡的專賣店，甚至把咖啡吧台設在前段，可以品嘗TOMS自家品牌咖啡，也可以買豆子回家，至於鞋子，已經不重要了吧！

## Manhattan Portage

http www.manhattanportage.com / ✉258 Elizabeth St. (Houston St.～Prince St.之間) / ☎(212)226-9655 / ➡搭乘地鐵Ⓑ Ⓓ Ⓕ Ⓜ線至Broadway/Lafa-yette St.站 / ⏲11:00～19:00(週日至18:00) / MAP P.240 / K4

純正紐約血統的包包品牌，1983年創業，以實用的郵差包、單車包席捲全球。雖然台灣、日本也買得到，但還是在紐約買最划算啦！

## Love Adorned

http www.manhattanportage.com / ✉269 Elizabeth St. (Houston St.口) / ☎(212)431-5683 / ➡搭乘地鐵Ⓑ Ⓓ Ⓕ Ⓜ線至Broadway/Lafa-yette St.站 / ⏲12:00～20:00 / MAP P.240 / K3

一家眼光獨具的生活用品選品店，精心布置藝術家獨創皮件、服飾、珠寶、杯盤、家用品等商品，件件都吸引人掏出錢包買下，只是售價稍高些，帶不回家確實令人惋惜。

## McNally Jackson Store

http www.mcnallyjackson.com / ✉234 Mulberry St. (Prince St.～Spring St.之間) / ☎(212)219-2789 / ➡搭乘地鐵Ⓡ Ⓦ線至Prince St.站，⑥線至Spring St.站 / ⏲12:00～20:00 / MAP P.240 / L2、L1(書店)

位於Prince St.上的書店所開設的精品文具店，進口的各種筆類在紐約文青界爆發，甚至開了大型分店(Goods for the Study，P.230)。

## Westerlind

http www.westerlindoutdoor.com / ✉31 Spring St. (Mott St.口) / ☎(212) 226-6916 / ➡搭乘地鐵Ⓡ Ⓦ線至Prince St.站，⑥線至Spring St.站，Ⓑ Ⓓ Ⓕ Ⓜ線至Broadway/Lafayette St.站 / ⏲11:30～19:00 / MAP P.240 / L2

時髦的戶外服飾用品品牌，實用露營配備、高機能性服裝設計，都相當讓人喜愛，Westerlind讓你在戶外活動時也能展現時尚態度。

## Once Upon a Tart

http onceuponatart.com / ✉135 Sullivan St. (W. Houston.~Prince St.之間) / ☎(212)387-8869 / ➡搭乘地鐵Ⓒ Ⓔ線至Spring St.站 / ⏰07:30~19:00(週六、日08:00~19:00) / $Brunch餐點$餐12.00起，甜點塔$12.00 / MAP P.14 / B3

最有氣氛的烘焙咖啡坊，有香醇咖啡、美味甜點、扎實麵包，附設餐廳還供應Brunch，但最不能錯過的還是廣受好評的派與塔。

## Olive's

http www.olivesnyc.com / ✉191 Prince St. (Prince St.口) / ☎(212)941-0111 / ➡搭乘地鐵Ⓒ Ⓔ線至Spring St.站 / ⏰08:00~19:00(週日09:00~18:00) / $三明治$9.50起，沙拉$8.00起，咖啡$2.50起 / MAP P.14 / B3

附近上班族推薦的三明治店，中午用餐時段需要排隊，Olive's的三明治口感稍硬些，但嚼勁夠，個人非常喜愛，每到紐約我必定報到。

## Georgetown Cupcake

http www.georgetowncupcake.com / ✉111 Mercer St. (Prince St.~Spring St.之間) / ☎(212)431-4504 / ➡搭乘地鐵Ⓡ Ⓦ線至Prince St.站，⑥線至Spring St.站 / ⏰10:00~21:00(週日至20:00) / $杯子蛋糕$3.50(1個)、$19.00(6個) / MAP P.238 / B4

來自華盛頓DC，小巧精緻的杯子蛋糕，紅絲絨口味賣得相當好，逛累了進來歇腿品嘗。

## SoHo Park

http www.sohoparknewyork.com / ✉62 Prince St. (Lafayette St.口) / ☎(212)219-2129 / ➡搭乘地鐵Ⓡ Ⓦ線至Prince St.站，⑥線至Spring St.站 / ⏰11:00~21:00(週日至23:00) / $漢堡$7.35起，沙拉$10.35起 / MAP P.239 / G3

蘇活區裡非常受歡迎的漢堡餐廳，週末假日很難找到座位，沙拉食材新鮮，漢堡、薯條都好吃極了，吃素的朋友也有蔬食漢堡可選擇喔！

## Rice to Riches

http www.ricetoriches.com / ✉37 Spring St. (Mulberry~Mott St.之間) / ☎(212)274-0008 / ➡搭乘地鐵Ⓡ Ⓦ線至Prince St.站，⑥線至Spring St.站 / ⏰11:00~23:00(週五、六至01:00) / $6oz $5.00，8oz $8.50起，配料每樣$1.50 / MAP P.240 / L2

2003年開業，是紐約知名的米布丁甜點店，口味新奇選擇多，是家觀光客必訪的店。

## Lombardi's Pizza

http www.firstpizza.com / ✉32 Spring St. (Mott St.口) / ☎(212)941-7994 / ➡搭乘地鐵⑥線至Spring St.站 / ⏲11:30～23:00 / $12吋(6片)$21.50，16吋(8片)$24.50，配料每種$4.00～6.00；披薩餃(Calzone)$15.00 / MAP P.240 / M2

營業有百年歷史，蘇活區最知名的披薩餐廳，若想一嘗酥脆多汁、美味牽絲的Pizza，最好避開用餐時段，因為排隊的人潮多到爆。

## Cafe Habana

http www.cafehabana.com / ✉17 Prince St. (Elizabeth St.口) / ☎(212)625-2001 / ➡搭乘地鐵⑥線至Spring St.站 / ⏲09:00～00:00 / $中餐約$25.00，晚餐約$35.00，週末Brunch約$25.00起 / MAP P.240 / K3

同樣是大受紐約客及觀光客青睞的餐廳，墨西哥燒烤玉米(Grilled Corn Mexican Style，$9.95)絕對是必嘗餐點，隔壁另開有外帶的小吃店。

## Black Seed

http www.blackseedbagels.com / ✉170 Elizabeth St. (Spring St.～Kanmare St.之間) / ☎(212)730-1950 / ➡搭乘地鐵Ⓙ Ⓩ線至Bowery St.站 / ⏲07:00～18:00 / $焙果$1.50，焙果三明治$7.50起 / MAP P.240 / M4

嚼勁十足的焙果是紐約必嘗的招牌美食，下城區的焙果店我推薦這家，鹹香的焙果夾上培根、啟士、鮪魚、番茄等配料，更是美味無比。

## Egg Shop

http www.eggshopnyc.com / ✉151 Elizabeth St. (Kenmare St.口) / ☎(646)666-0810 / ➡搭乘地鐵Ⓙ Ⓩ線至Bowery St.站 / ⏲08:00～22:00 / $三明治、餐點$12.00起，甜點$6.00 / MAP P.240 / N3

以雞蛋為主要料理食材的餐廳，開業以來一直相當受歡迎，Egg Shop的任何一款三明治都好吃，而每天都有供應的Brunch一向高人氣。

## Cha Cha Matcha

http chachamatcha.com / ✉373 Broome St. (Mulberry～Mott St.之間) / ☎(646)895-9484 / ➡搭乘地鐵Ⓙ Ⓩ線至Bowery St.站 / ⏲08:00～19:00(週五、六至20:00) / $抹茶$3.75，抹茶拿鐵$4.75，抹茶霜淇淋$5.00 / MAP P.240 / O2

日本抹茶是現今紐約最熱門的飲料之一，各家店無不推出抹茶系列，這家Cha Cha Matcha分店因靠近中國城，所以亞洲面孔的顧客較多。

Ferrara
Ferrara
Ferrara
ATM
WiFi
Ferrara

# 中國城·小義大利

Chinatown / Little Italy

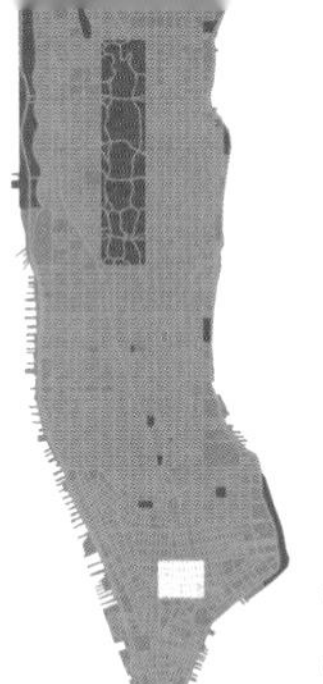

## 購物、果腹
## 中國城最便宜

中國城(又稱華埠)是紐約異國風味最濃厚的區域，或許你覺得這裡不夠新潮，但是它有十足傳統的精神；或許你覺得這裡太雜亂，但是它卻亂得夠精采。若想要一解鄉愁吃頓家鄉菜，來這裡就對了。

過年的濃濃氣氛不輸給遠在亞洲的華人圈

紐約的中國城(Chinatown)是全美規模最大、最精采的，觀光客來這裡購買廉價紀念品、仿冒名牌包、品嘗中式餐點，體驗中國城特有的氣味。沒錯，中國城令你像置身於傳統市場那樣，熱鬧有餘也氣味十足。在這裡你幾乎都找得到你想念的台灣味，各類乾貨、珍珠奶茶、金蘭醬油、豬肉乾、新竹米粉、愛玉冰、排骨飯等等，從中國、台灣、香港進口的各類日常用品、食材，滿足來自各地華人的生活需求。

拜訪中國城最大的優點，就是不用擔心看不懂、聽不懂英文，這裡的商店、餐館的招牌及菜單都有中文，服務生也幾乎都是華人，中國城以廣東人及潮州人居多，所以你聽到的大都是廣東話及潮州話，但普通話在這裡也都講得通。

是否很眼熟呢？簡直就是你家附近的菜市場

就連位在中國城的星巴克都非常地具有東方味

中國城是紐約物價最低廉的地區，連老外都跑來這裡採購物品；若你要打電話回台灣，這裡可以買到非常划算的國際電話卡；若要前往費城、華盛頓D.C.、波士頓旅遊，這裡的巴士服務最便宜。

中國城整體環境非常的具有傳統華人的味道，招牌比精采、買賣比大聲，連過年過節都有傳統風味的慶祝活動。說真的，連台灣都找不

歐風悠閒的街道景觀明顯跟轉個彎的中國城截然不同

到這樣的傳統街景、氣氛了，就連點心、川菜、小吃等食物，口味我都覺得非常道地。

小義大利(Little Italy)原本住有非常多的義大利移民，1930年代是小義大利的全盛時期，但因黑手黨橫行、治安惡化，導致義大利移民紛紛移居他處，如今居住在這裡的義大利人不多，僅剩餐館持續經營。而小義大利在中國城擴大發展下，如今也只剩摩比利街(Mulberry St.)能做代表了，而每年9月中旬，在摩比利街上都會舉辦爲期10天的慶典活動。

綠、白、紅妝點出強烈的義大利風情

你只要看到街道上方有紅、白、綠的裝飾，就是小義大利的範圍了。摩比利街兩旁幾乎都是義大利餐廳及少數的義式商店，街道乾淨、露天咖啡座、各色的遮陽傘、綠色的植物、人手一球的義式冰淇淋，給人的印象明顯跟隔壁街中國城的氣氛大大不同，很難想像你剛剛只是轉了個街角而已。

不過，若是聽到老外服務生對著你說中文攬客，可別太吃驚喔！誰叫中國城的勢力實在太大了。

**information**

http www.explorechinatown.com

可搭乘地鐵F線至E. Broadway站

B D線至Grand St.站

6 N Q R J Z線至Canal St.站

# 熱門景點介紹

## Sightseeing

### 堅尼街
**Canal Street**

Canal Street是中國城最主要的街道，路面寬廣，也是多線地鐵停靠的出入口，是人潮、車潮特多的地方。這裡是大大小小的紀念品商店、攤販的集中地，吸引遊客來這裡購買廉價物品，價格雖便宜但品質有待改進，一分錢一分貨。

最吸引觀光客的還是仿冒各大名牌的香水、飾品及讓女性瘋狂的名牌包，在街頭問你要不要買名牌包，是這裡攬客的方式，想要購買者請務必謹慎考慮。

### 摩比利街
**Mulberry Street**

Mulberry Street是小義大利的中心地帶，幾乎都是因應觀光客而開設的餐廳，猶如歐洲露天咖啡座連接而成的街道風情，最是讓人醉心。用餐價格來說並不便宜，義式冰淇淋也是都比其他地方貴一些，若你

不在意費用多一些，這裡倒是能讓你有置身羅馬街頭的浪漫情懷。周邊還有幾家起士、臘腸、火腿、義大利麵條的專賣店可以逛，雖帶不回家，但值得參觀，不妨買點起士、臘腸、火腿，當場嘗鮮。

# 勿街
## Mott Street

Mott Street開發的歷史較早，是當時貧民、工人們的群居地，餐館、洗衣店等都是慢慢才發展起來的。如今Mott Street是中國城當地居民生活重心的街道，藥房、餐館、新鮮蔬果店、律師樓等都有。

週末時間來此採買蔬果魚肉的人潮非常多，連看熱鬧的觀光客也多，加上街道較狹窄，人車往往塞在一起。

### information

中式飛簷造型的資訊亭，可以索取地圖或詢問餐廳、商店等，牆上有一幅非常清楚的街道地圖，若第一次來中國城不妨多加利用。

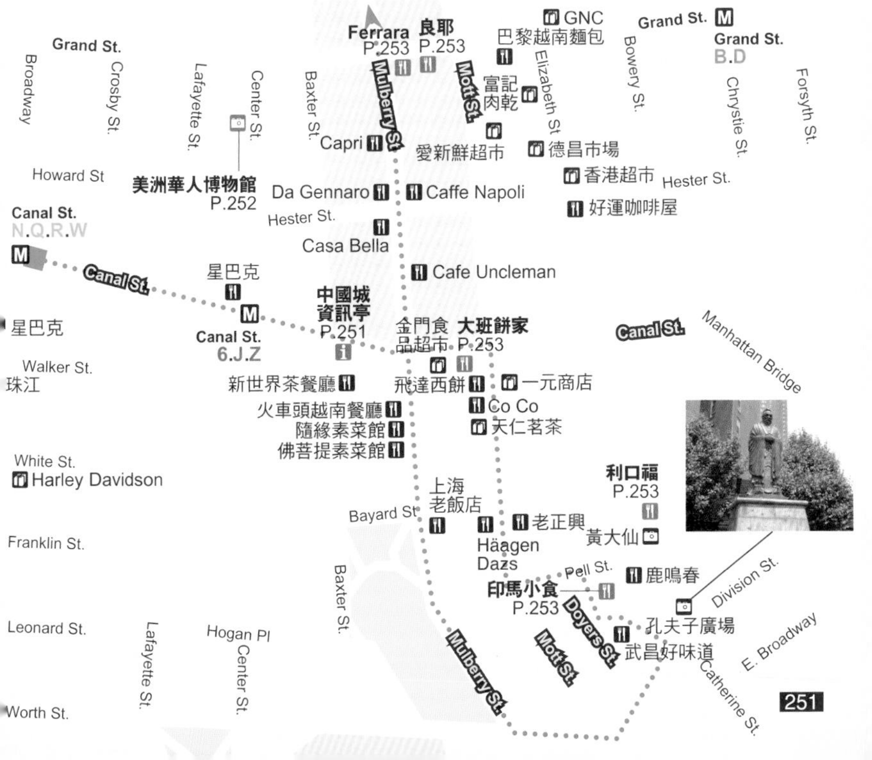

Grand St.
Broadway
Crosby St.
Lafayette St.
Center St.
Baxter St.
Ferrara P.253
良耶 P.253
Mulberry St.
Mott St.
GNC
巴黎越南麵包
富記肉乾
Elizabeth St
Bowery St.
Grand St.
Grand St. B.D
Chrystie St.
Forsyth St.
Capri
愛新鮮超市
德昌市場
香港超市
Hester St.
Howard St
美洲華人博物館 P.252
Da Gennaro
Caffe Napoli
好運咖啡屋
Canal St. N.Q.R.W
Hester St.
Casa Bella
Canal St.
星巴克
Cafe Uncleman
中國城資訊亭 P.251
金門食品超市
大班餅家 P.253
Canal St.
Manhattan Bridge
星巴克
Canal St. 6.J.Z
Walker St.
珠江
新世界茶餐廳
飛達西餅
一元商店
火車頭越南餐廳
Co Co
隨緣素菜館
天仁茗茶
佛菩提素菜館
White St.
Harley Davidson
上海老飯店
利口福 P.253
Bayard St
老正興
黃大仙
Franklin St.
Häagen Dazs
Pell St.
鹿鳴春
印馬小食 P.253
Division St.
Baxter St.
Doyers St.
孔夫子廣場
Leonard St.
Hogan Pl
Mulberry St.
Mott St.
武昌好味道
E. Broadway
Lafayette St.
Center St.
Catherine St.
Worth St.

# 多耶斯街
## Doyers Street

Doyers Street是一條相當短的轉角街道，若不注意很容易就錯過了，20世紀初期這裡可是華人黑幫的地盤，不時有刀光血影在此上演，有「血腥之角」的稱呼。如今此街上以餐館、理髮廳爲主，街上有一家「武昌好味道」的台北餐館，可以吃到懷念的排骨飯、粉圓冰、珍珠奶茶等台灣味。

# 美洲華人博物館
## Museum of Chinese in the America

http www.mocanyc.org
導覽行程：www.mocanyc.org/visit/tours/walking_tours
✉ 215 Centre St. (Grand～Howard St.之間)
☎ (212)619-4785
⏰ 11:00～18:00(週四11:00～21:00)
休 週一、感恩節、12/25、1/1
$ 成人$10.00，學生、2歲以上兒童$5.00
每月第一個週四免費
MAP P.15 / D5、P.251

介紹華人在美國的歷史，收藏各類生活用品、照片、服裝及戲曲等資料，週六15:00有館內展覽的深入導覽。博物館也有定期舉辦中國城美食、歷史等主題的徒步導覽，有興趣可以預約參加，時間、費用等詳情請上網查詢。

### 中國城巴士

若你的旅遊天數夠多，不妨可以安排前往費城、波士頓、華盛頓D.C.等較臨近的城市，來一趟1日遊或2日遊的行程。中國城裡有便宜的雙層巴士可以搭乘，約30～60分鐘一班，車程約2～5小時，費用約$12.00～25.00，往返有優惠。每家巴士公司的費用略有不同，可上網比較。

若要前往亞特蘭大賭城，車程約13小時，大都只有夜班車，費用約$100.00。此外，有些巴士公司也提供有2或3天的包住宿行程，可上網查詢。

http **Megabus**
us.megabus.com

http **Goto Bus**
www.gotobus.com

http **Fung Wah Bus**
www.fungwahbus.com

http **Apex Bus**
www.apexbus.com

http **Chinatown Bus.Com**
www.chinatown-bus.com

## 良耶 Nyonya

www.ilovenyonya.com / 199 Grand St. (Mulberry~Mott St.之間) / (212)334-3669 / 搭乘地鐵B D線至Grand St.站 / 11:00~23:30(週五、六至00:00) / 餐點約$8.00~20.00，午間特餐$7.50 / P.15 / D6、P.251

東南亞風味餐廳，經濟實惠，有許多台灣人熟悉的菜色，開胃菜的咖哩+印度麵餅(Homemade Roti Canai，$3.95)，便宜又好吃，必點。

## Ferrara

www.ferraranyc.com / 17 Prince St. (Mulberry~Mott St.之間) / (212)226-6150 / 搭乘地鐵B D線至Grand St.站 / 09:00~23:00(週五、六至00:00) / 甜點$6.85起，冰淇淋$6.75 / P.15 / D6、P.251

小義大利最有名的甜點店，有各種口味道地的傳統義大利蛋糕、點心，以及好吃的冰淇淋，搭配香醇的咖啡是最佳選擇；也供應義式餐點。

## 印馬小食 Sanu Ria

18B Doyers St. (近Pell St.口) / (212)233-2286 / 搭乘地鐵B D線至Grand St.站，N Q R W 6 J Z線至Canal St.站 / 08:00~22:00 / 休 週一 / 餐點$6.25起 / P.15 / F6、P.251

提供印尼、馬來西亞風味料理，但主要還是華人熟悉的餐點及口味，雖然外觀、內裝一點都不起眼，但最重要的是便宜、好吃。在地下一樓。

## 利口福 Great NY Noodletown

28 Bowery St. (Bayard St.口) / (212)349-0923 / 搭乘地鐵B D線至Grand St.站，N Q R W 6 J Z線至Canal St.站 / 09:00~04:00 / 粥品$4.25起，麵類$6.75，飯類$5.25 / P.15 / E6、P.251

1981年開業，已是中國城的地標餐廳之一，曾以低價餐點大受青睞，如今上門的大都是老顧客，及聞其盛名而來的觀光客。

## 大班餅店 Taipan Bakery

www.taipanbakery.com / 194 Canal St. (近Mott St.口) / (212)732-2222 / 搭乘地鐵B D線至Grand St.站，N Q R W 6 J Z線至Canal St.站 / 07:00~20:30 / 麵包$1.30起，甜點$1.50起 / P.15 / E6、P.251

吃膩了乾硬的歐式麵包嗎？來大班找台灣款式的肉鬆麵包、菠蘿麵包、香蔥麵包解饞吧，大班是中國城人潮最多的餅店，連珍珠奶茶也有賣。

Tictail

# 下東城

# Lower East Side

## 餐廳、夜店與精品店逐漸占領

下東城是曼哈頓神祕的街區之一，尤其對觀光客來說，除了專程造訪幾間有名的餐廳外，幾乎不會到這裡遊逛。這裡曾經是治安的死角，就連本地紐約客也對它卻步，不過隨著經濟的發展，仗著租金便宜的優勢，商店、餐廳、夜店逐步往此擴張，下東城漸漸擺脫黑暗的一面，如今已是曼哈頓時髦的街區，一定要找個機會來逛逛。

下東城精采之處在於建築、咖啡館、傳統商店所組成的氛圍

下東城（Lower East Side）是曼哈頓開發中的新興區域，想體會一下紐約舊時代的風景，下東城絕對是首選，這裡的建築古典有特色、街景亂中有美景，跟著擠在咖啡廳裡更是有意思，棋盤式的街道也讓你逛街不迷路。

下東城曾是個以移民與藍領階級爲主的區域，來自世界各地的貧窮移民，大多聚集在這個區域爲生活打拼，尤其以猶太人社區聞名，時至今日仍有不少舊時代的餐廳與商店仍持續經營，也是這一區的文化特色。不說你不知道，下東城的治安曾經惡化到連紐約客都不想接近的地步，除了幾間老餐廳、老商店外，這裡幾乎沒有外來的人潮，旅遊書也都將這裡列爲危險區域，警告遊客要注意安全。

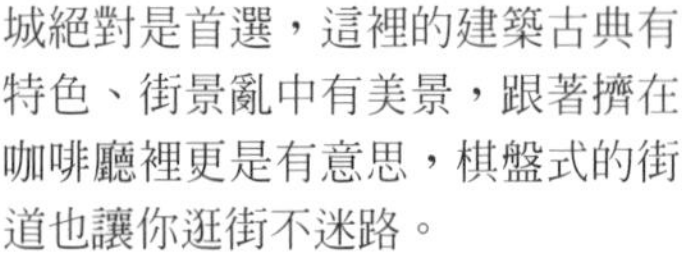

除了時尚選品店，也有特立獨行的特色服飾店

博物館是下東城唯一可參觀的景點

然而，因近年來的經濟發展，許多獨立的特色小店、咖啡廳、藝廊選擇在負擔得起租金的下東城開門營業，也有時髦的夜店吸引入夜的人潮，也因此開始改變了下東城的命運，開始向觀光客招手，這樣的景況在10年前是絕對看不到的。

## 下東城歷史博物館
## Tenement Museum

www.tenement.org / 103 Orchard St. (Delancey St.口) / (877)975-3786 / 搭乘地鐵 F M J Z 線至 Delancey St./Essex St.站 / 10:00～18:30(週四至20:30) / 休 感恩節、12/25、1/1 / 成人$25.00，學生$20.00 / MAP P.257

以一整幢的建築，以文字、影像、實景，展示下東城的文化歷史與當年移民的生活面貌，是認識下東城與舊時代紐約的最佳機會。博物館有各種主題的導覽，可上官網查詢。

## Economy Candy

http www.economycandy.com / ✉108 Rivington St. (Ludlow St.～Essex St.之間) / ☎(212)254-1531 / ➡搭乘地鐵Ⓕ Ⓜ Ⓙ Ⓩ線至Delancey St./Essex St.站 / ⏲09:00～18:30(週一、六10:00～18:30) / MAP P.257

1937年營業至今，是下東城最具指標的老商店，也是當地人的「柑仔店」，各種懷舊糖果、餅乾、食玩堆滿整間店，真的是一間糖果屋呢！

## The Sweet Life

http thesweetlifenyc.com / ✉63 Hester St. (Ludlow St.口) / ☎(212)598-0092 / ➡搭乘地鐵Ⓕ線至East Broadway站 / ⏲11:00～19:00 / MAP P.257

精緻小巧的糖果店，玻璃罐內裝著各式各樣、色彩豐富的糖果，懷舊風味十足，有如走進童話故事般。店內也有許多巧克力、果乾、堅果類商品，光看就讓人垂涎。

## Tictail Market

http tictail.com/tictail-market / ✉90 Orchard St. (Broome St.口) / ☎(917)388-1556 / ➡搭乘地鐵Ⓕ Ⓜ Ⓙ Ⓩ線至Delancey St./Essex St.站 / ⏲12:00 ～21:00(週日至18:00) / MAP P.257

高質感的時尚選品店，有許多與藝術家合作的獨特商品，也會舉辦小型的展覽，店內店外藝術型十足，連地板、天花板、外牆彩繪，都是逛這家店不可錯過的部分。

## Irving Farm

http irvingfarm.com / ✉88 Orchard St. (Broome St.口) / ☎(212)228-8880 / ➡搭乘地鐵Ⓕ Ⓜ Ⓙ Ⓩ線至Delancey St./Essex St.站 / ⏲08:00～20:00 / $咖啡豆(12oz)$14.25起，三明治$9.00起 / MAP P.257

雖是以自家烘焙的咖啡起家，咖啡好喝不說，但更受歡迎的是店內提供的各種餐點，這間店人潮多，可以說是下東城最有人氣的咖啡餐廳。

## Erin McKenna's Bakery

http www.erinmckennasbakery.com/new-york-city / ✉248 Broome St. (Orchard St.～Ludlow St.之間) / ☎(855)462-2292 / ➡搭乘地鐵Ⓕ Ⓜ Ⓙ Ⓩ線至Delancey St./Essex St.站 / ⏲10:00～22:00(週日、一至20:00) / $杯子蛋糕$5.50，甜甜圈$4.50，餅乾$2.00 / MAP P.257

以素食、無麩質的甜點、蛋糕打響知名度，忠實顧客不少，雖然好吃，但價格稍貴了一些。

## Peter's Pie Company

http wpeteespie.com / ✉61 Delancey St. (近Allen St.口) / ☎(646)494-3630 / ➡搭乘地鐵 F M J Z 線至Delancey St./Essex St.站 / ⏲11:00～00:30(週五、六至01:00) / $切片派$6.00起，9吋派$35.00起，4吋派$7.00(4個$25.00) / MAP P.257

知名的甜點派專門店，以水果派最受歡迎，我個人偏愛堅果派及檸檬派(Key Lime Meringue)。

## Clinton St. Baking Company

http clintonstreetbaking.com / ✉4 Clinton St. (E. Houston St.口) / ☎(646)602-6263 / ➡搭乘地鐵 F 線至2nd Ave.站，F M J Z 線至Delancey St./Essex St.站 / ⏲08:00～23:00(週日09:00～17:00) / $鬆餅$15.00 / MAP P.257

紐約熱門餐廳之一，以藍莓醬鬆餅世界知名，所有來紐約的旅客都想一嘗，是家排隊名店，不妨跳過用餐時段再來，其他餐點也相當好吃。

## Katz's Delicatessen

http www.katzsdelicatessen.com / ✉205 East Houston St. (Ludlow St.口) / ☎(212)254-2246 / ➡搭乘地鐵 F 線至2nd Ave.站 / ⏲週一～三08:00～22:45，週四至02:45；週五08:00～週日22:45 / $招牌牛肉三明治$21.45 / MAP P.257

1888年營業至今，是下東城最具代表性的餐廳，因出現在《當哈利遇上莎莉》電影中而世界知名，是訪紐約必嘗名店。點餐要先抽號碼牌。

## Russ & Daunghters

http shop.russanddaughters.com / ✉179 E Houston St. (E Allen St.口) / ☎(212)475-4880 / ➡搭乘地鐵 2 線至2nd Ave.站 / ⏲08:00～18:00(週四至19:00) / $焙果三明治$10.00起，湯品$9.00 / MAP P.257

販售鮭魚、魚子醬、煙燻魚、堅果的食材店。但以夾上煙燻鮭魚的焙果三明治出名，店內相當熱鬧，在Orchard St.開有咖啡餐廳(P.257)。

## Van Leeuwen Ice Cream

http www.vanleeuwenicecream.com / ✉172 Ludlow St. (E Houston St.～Stanton St.之間) / ☎(646)869 2746 / ➡搭乘地鐵 M 線至2nd Ave.站 / ⏲12:00～23:00(週末至00:00) / $單球$5.50，兩球$7.50，餅乾甜筒+$1.50 / MAP P.257

近來非常熱門的冰淇淋品牌，2008年從餐車營業方式起家，至目前約有10家店面。口味多樣、口感綿密，跟咖啡是絕配。

SOUNDSCAPE

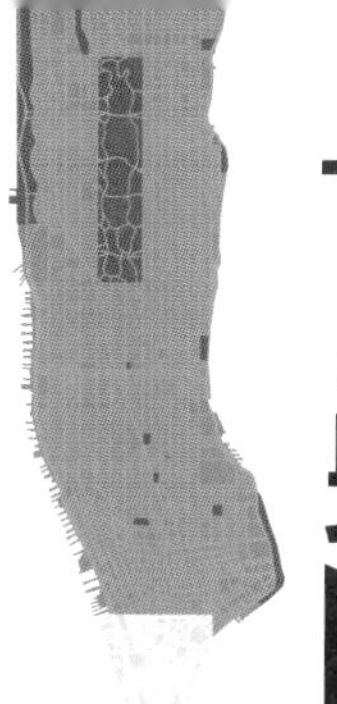

# 下曼哈頓·金融區

# Lower Manhattan

## 世界金融的中心
## 美國的精神象徵

華爾街代表世界金融經濟，處處都可看見紐約的歷史，911事件雖然影響了安全的秩序，但重建中的下曼哈頓仍然展現無比的活力。自由女神是美國的精神象徵，曾是移民們光明的希望，搭上遊輪飽覽紐約港的風光、體驗歷史所帶來的震撼，是遊客來紐約必訪的重要景點，你絕對不能錯過。

金融區除了欣賞高樓、建築外，河岸的公園更值得放鬆一遊

下曼哈頓(Lower Manhattan)擁有紐約最老的建築、最多的歷史故事，因爲這裡是曼哈頓最早開發的地區，荷蘭人最先於此上岸進行貿易活動。這裡的街道呈錯綜複雜狀，與10街以上的棋盤式規畫明顯不同。

金融區是這裡的重心，華爾街周邊盡是商業高樓，這些玻璃帷幕大樓編織出紐約最美的天際線，夜燈亮起的百萬夜景讓你免費欣賞。

白天這裡是忙碌上班族的天下，來來往往的都是穿著整齊西裝、套裝的金融菁英們，但一到夜晚或週末假日，這裡就如同空城般的寂涼，一點人影都看不到。

下曼哈頓多是有歷史的典雅建築，圖為紐約法院

Century 21是下城區大型的折扣百貨公司

金融區最吸引觀光客的，不外乎是搭渡輪拜訪自由女神、親臨感受華爾街的金融震撼、緬懷世貿中心的過往。當然，以低價就可購得高級名牌商品爲號召的Century 21百貨公司，才是讓各國觀光客爲之瘋狂的超級景點(介紹見P.53)。

下曼哈頓以百老匯大道爲中心，東河岸的南街海港，及左側哈德遜河濱公園，都值得一遊。

自由女神可說是紐約的代表，也是美國的自由精神所在，來紐約的旅客應該都不會錯過這個超級景點，你可以從購票及候船的長長隊伍，及各國的語言交談中看出，她真的最受觀光客歡迎。

渡輪會航經自由女神島及艾利斯島，你可以一一下船自由參觀，拍照、買紀念品也是不可錯過的活動。迎著海風、航向自由，多少感受一下早期移民的心情寫照，越接近她離自由就越近。

要前往自由女神參觀，排隊是免不了的

## information

➡ 可搭乘地鐵④⑤線至Bowling Green站，①線至South Ferry站，ⓇⓌ線至Whitehall St-South Ferry站

ℹ 建議起個大早搭頭班遊船先去參觀自由女神，中午回曼哈頓，再將下城區徒步參觀一遍。之後再散步跨過布魯克林橋，到DUMBO逛逛、吃披薩，欣賞曼哈頓下城區的天際線夜景。

### 資訊立牌

下曼哈頓金融區的街道上都會看到這個資訊立牌，詳細標示出街道以及重要的建築、景點、餐廳、商店等，是旅遊書外可供你參考的資訊。

Chambers St. A.C
紐約法院
Chambers St.
Warren St.
Chambers St. 1.2.3
Chambers St.-Brooklyn Bridge J.Z
City Hall R.W
⑫ 市政廳
河濱公園
⑬ 布魯克林橋
Park Pl. 2.3
Brooklyn Bridge-City Hall 4.5.6
World Trade Center E
Beekman St.
愛爾蘭飢荒紀念碑
Wesey St.
⑩ 聖保羅禮拜堂
布魯克菲爾德 ⑨
世貿中心一號大樓
西田購物中心
福爾頓轉運站
Fulton St. 2.3.4.5.A.C. J.Z
Fulton St.
世貿紀念園區 ⑧
Cortiandt St. R.W
Century 21 P.53
John St.
⑪ 南街海港
Liberty St.
Church St
Maiden Ln.
S. End Ave.
Wall St. 4.5
三一教堂 ⑦
⑥ 華爾街
Wall St. 2.3
Broad St. J.Z
Rector St. 1.R.W
Broadway
Exchange Pl
Water St.
Font St.
South St.
W Thames St.
Beaver St.
③ 艾利斯島
⑤ 銅牛雕像
Bowling Green 4.5
④ 美國印第安博物館
猶太人遺產博物館
玫瑰聖母堂
Whitehall St.-South Ferry R.W
State St.
① 砲台公園
② 自由女神
South Ferry 1

## 自由女神
### Statue of Liberty

➡ 由砲台公園搭乘渡輪前往
MAP P.16／G1、P.263

自由女神爲美國獨立100週年時，法國贈送給美國的一件大禮，做爲紀念兩國的友誼及傳達「自由」精神的象徵。紐約這座自由女神像是以巴黎塞納河畔的自由女神像爲藍本，是法國著名雕塑藝術家巴托迪爾(Édouard René de Laboulaye)的作品，女神臉部爲藝術家以自己的母親外貌爲藍本，而高舉火炬的右手則是以妻子的手臂爲設計參考。前後歷經21年的製作、建造，於1886年10月28日落成揭幕，從此高高聳立在紐約港裡，是當時移民潮時期，搭船前來尋夢的移民們看到美國的第一印象。

從渡輪上就可以清楚看到雕像的各個角度

自由女神的觀景台原本包含有火炬、頭冠及基座部分，不過位於火炬的觀景台因內部通道毀損，早已關閉許久；而頭冠部分的觀景台曾在「911事件」之後關閉，讓不少人敗興而歸，終於在2009年夏天再次開放。觀景台內部也於2012年完

1.班班客滿的渡輪，人潮都往甲板上擠　2.原始的火炬展示在自由女神的基座內　3.頭冠觀景台狹窄陡峭的通道，僅容一個人側身通過　4.頭冠窗口望出的美景，再累再麻煩都值得，是一生難忘的旅行體驗

## 自由女神小檔案

＊設計師：Édouard René de Laboulaye
＊製作時間：21年
＊安裝時間：3.5個月
＊完成年度：1886年
＊雕像高度：46.05公尺
＊基座高度：46.94公尺
＊雕像體重：204.1公噸
＊銅片厚度：2.4公釐
＊頭長：5.26公尺
＊嘴寬：0.91公尺
＊鼻長：1.48公尺
＊頭冠觀景台可容納約40人
＊1984年被列為世界文化遺產之一

**火炬**：象徵移民的新希望，目前的火炬為1984～1986年間重建完成的，以24K的純金箔覆蓋，原火炬展示於基座入口大廳處。

**頭冠**：頭冠上突出的7個尖角，代表7個大陸及7大海洋的自由寬廣，內部有觀景台。

**臉部**：緊閉的雙唇，堅毅的表情，是雕像作者依自己母親的相貌為藍圖所設計的。

**左手**：自由女神左手拿著的是美國獨立宣言，書上寫著日期為1776年7月4日。

**右腳**：從雕像背面可以看見踮起的右腳，這裡是當初建設時作為出入口使用。

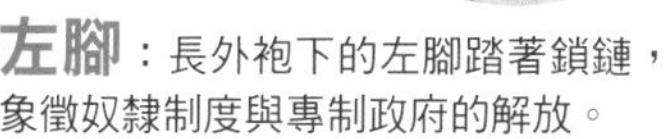

**左腳**：長外袍下的左腳踏著鎖鏈，象徵奴隸制度與專制政府的解放。

**基座**：花崗岩建構而成，2樓為「自由女神博物館」(Liberty Museum)，展示自由女神的計畫、製作、歷史等資料與圖片。

從自由女神島可眺望曼哈頓金融區的天際線美景

在碼頭排隊等候渡輪前往艾利斯島的隊伍

成安全升級的整修，不料2012年10月底遭颶風天災重創，讓整個島嶼再度關閉整修，直到2013年7月才又重新開放，迎接旅客的造訪。

另外，除了參觀兩島主要景點，紀念品店也別遺漏了，若看到喜歡的，請把握機會購買，不少樣式只有在島上才買得到，別回到曼哈頓才後悔，那就來不及囉！

從頭冠觀景窗往下俯瞰的景色

## 自由女神、艾利斯島參觀辦法

＊**交通：**搭乘地鐵④⑤線至Bowling Green站，①線至South Ferry站(**記得搭前5節車廂**)，ⓇⓌ線至Whitehall St.-South Ferry站。出站即可看到砲台公園(Battery Park)。

＊**票亭購票：**至砲台公園內的柯林頓碉堡(Castle Clinton)內排隊購買船票，船票包括來回渡輪搭乘及自由女神、艾利斯島參觀。若想要至自由女神基座及頭冠觀景台參觀，需預約觀景台參觀通行券，因為相當熱門，請一定要提早至網路上預約購票。

＊**網路購票：**可上渡輪公司的網站購票，尤其是想參觀基座及王冠觀景台的人，最好確定參觀日期並提早訂票(可以6個月前預訂)，因觀景台開放人數有限，旅遊旺季往往一票難求，且每張票都要確定參觀者的姓名，訂票時需要一一填上資料。購票請點選「Crown Reserve Ticket」→選擇出發地點→選擇日期時段及票券張數(每人最多只能預購4張票)，按「Add to cart」放入購物車→確定購買票券與費用，按「Checkout」結帳→確認取票方式→填妥所有參觀者的英文姓名→信用卡付費；然後將票券預購確認信件列印下來，參觀當日帶著確認信及護照，直接至票亭兌換票券(兌換窗口不需排隊)，抵達自由女神島時，再依參觀時間憑票券前往服務中心核對身分，登記參觀。

＊**船票：**成人$18.50、4～12歲$9.00；船票+基座參觀：成人$18.50、4～12歲$9.00；船票+基座+頭冠參觀：成人$21.50、4～12歲$12.00；票價包含語音導覽機(有中文)。

＊**景點開放時間：**08:00～18:00

＊**渡輪班次：**約15～30分鐘一班。渡輪會先抵達自由女神，再到艾利斯島，然後回砲台公園，停留參觀時間並無限制，只要記得趕上末班回曼哈頓的渡輪即可，碼頭上都會有時刻表可參考(隨季節，船班時間會有所更動)。
時刻表參考 www.statuecruises.com/schedule.aspx

＊**注意事項：**自從「911事件」後，在登上渡輪或進入自由女神的觀景台時，都要通過嚴格的安全檢查，隊伍通常排得很長，建議盡早出發並以穿著輕便、保暖且隨身物品盡量精簡為佳。而進入觀景台時須將所有的隨身物品寄放，相機允許參觀者攜帶入內。

＊**參考網站：**自由女神 www.statueofliberty.org，www.nps.gov/stli
艾利斯島 www.ellisisland.org
渡輪公司 www.statuecruises.com(有繁體中文介面，但翻譯很怪就是了)

移民博物館是艾利斯島主要的參觀場所，展出相關歷史、文物

# 艾利斯島
## Ellis Island

➡ 由自由女神島搭乘渡輪前往
MAP P.16／E1、P.263

艾利斯島主要的參觀所在爲移民博物館(Ellis Island Immigration Museum)，這裡原本爲19世紀初期作爲海岸防禦之用的木造建築，而後爲了因應管理日益龐大的移民人潮，在1892年將此地改爲移民局使用，所有搭船前來紐約的移民均要在這裡被集中管理，在被檢查審核通過之前，這裡就是移民們暫時的居所，而目前看到的磚造建築是1900年興建的。

館內展示當年移民隨身帶來的家當及照片、文獻

博物館外有一整列的移民者紀念名單

博物館內你可以清楚地看到詳細的歷史資料，包括照片、文件以及當時各國移民們從家鄉帶來的生活物品。館內部分區域仍保留原本的樣貌，讓你體會當時這裡的生活情景，不免讓人感受到移民們生活的艱辛與等待的無奈，不少人還來不及踏上美國國土，即已命喪此地。

移民局在1924年暫時關閉，光從1892～1924年間就約有1千2百萬的移民從這裡踏上美國尋夢，博物館內的移民資料紀錄高達2千2百萬筆之多，不少移民的後裔特地來這裡尋根，館中還有影片播放做深入的介紹。1954年此地正式關閉，移民博物館則是在1990年開幕。

# 砲台公園
## Battery Park

➡ 搭乘地鐵④⑤線至Bowling Green站，①線至South Ferry站，ⓇⓌ線至Whitehall St.-South Ferry站
MAP P.16／F4、P.263

砲台公園位在曼哈頓的最南端，是眺望紐約港最佳的位置，是19世紀塡海而來的一塊土地，作爲海岸防禦地使用。如今已是一個公共花園空間，公園設置有無數的雕塑藝術品，是市民休閒的地方，公園內有一個圓形的紀念碉堡，目前作爲購買渡輪船票的窗口，而公園的背景就是高樓群聚的金融區。

砲台公園內的柯林頓碉堡是購買船票的地方

可趁排隊購票或等渡輪時間參觀公園

公園左右兩端各是渡輪搭乘口，一邊是前往史泰登島的免費渡輪，另一邊則是前往自由女神的渡輪口。當你在公園內看到長長的人龍，那就是排隊等待安檢登船，前往自由女神的遊客。

碼頭邊美國海軍的紀念雕像

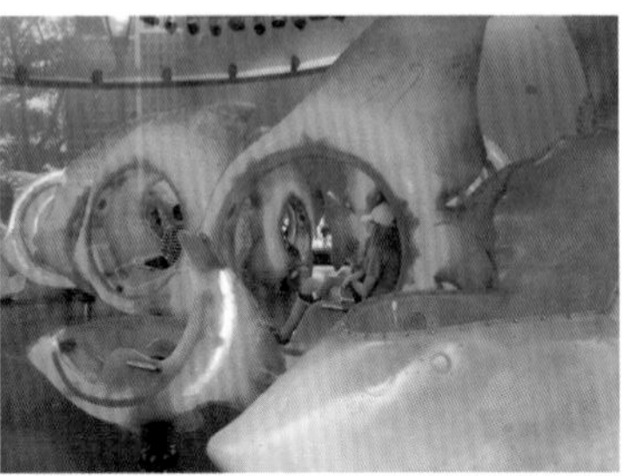
公園裡有座以海底世界為主題，造型奇特的旋轉木馬

# 玫瑰聖母堂
## Our Lady of the Rosary Church

http www.spcolr.org/our-lady-of-the-rosary
✉ 7 State St. (近Pearl St.)
☎ (212)233-8355
➡ 搭乘地鐵①線至South Ferry站，ⓇⓌ線至Whitehall St./South Ferry站
⏲ 09:00～17:00
$ 免費參觀
MAP P.17／F5、P.263

原址爲聖席頓(Elizabeth Seton，介紹見P.187)曾居住過的地方，後於1885年轉爲修士、修女們照顧年輕女性移民的建物，1960年代因建物惡化而拆除，重新設計建造了此外古典、內華麗如舞廳的小教堂。

# 銅牛雕像
## Charging Bull

Broadway與State St.交匯處
搭乘地鐵4 5線至Bowling Green站
MAP P.16 / E4、P.263

銅牛雕像(Charging Bull，也稱爲Wall Street Bull或Bowling Green Bull)，座落於Bowling Green Park的北端，是一處三角形的廣場公園，於17世紀荷蘭殖民統治時期就已出現，算是紐約最老的公園。

銅牛重達3,200公斤，由Arturo Di Modica所設計雕塑，於1989年12月立於此地，象徵股市的「牛市」(漲)與「熊市」(跌)，從此成爲廣受大眾喜愛的雕像之一。

被摸到閃亮亮的銅牛，觀光客最愛與它合照了

不可思議的是，2004年時設計師竟然將這隻牛競標出售，不過買家並未將它從這裡移走，繼續讓它留在原處，讓市民及觀光客欣賞。

# 美國印第安博物館
## National Museum of the American Indian

http nmai.si.edu/visit/newyork
1 Bowing St. (State St.口)
(212)514-3700
搭乘地鐵4 5線至Bowling Green站
10:00～17:00(週四10:00～20:00)
休 12/25
$ 免費參觀
MAP P.16 / F4、P.263

美國印第安博物館以收藏美洲印第安文化爲主，包含器具、繪畫、雕刻及人文歷史、生活記錄等，館藏豐富，主要都是George Gustav Heye(1874～1957年)於54年間旅行美洲各地所蒐集來的文物。

博物館建築原爲海關大樓，建於1907年，已列爲國家級的歷史建物與紐約的地標建物。門口有4座雕像，館內也有精采的壁畫，不論是館藏或建築本身，都非常精采。

既然免費，當然要順道進去參觀囉

不論是館藏或建築本身，都值得欣賞

# 三一教堂
## Trinity Church

http www.trinitywallstreet.org
✉ Broadway與Wall St.口
☎ (212)602-0800
➡ 搭乘地鐵④⑤線至Wall St.站
Ⓡ Ⓦ線至Rector St.站
🕘 07:00～18:00
導覽：週一～五14:00，週日11:15
$ 免費參觀
MAP P.16／D4、P.263

建於1698年的三一教堂，是英國殖民時期由英王威廉三世(William III)批准興建的，期間歷經1776年的大火災，教堂付之一炬，再幾經重建後於1846年以目前哥德式的教堂樣貌，第三次獻堂啓用。

教堂內有幾處值得參觀的地方：洗禮堂15世紀義大利的祭壇畫、教堂側面的花窗、中央祭壇、小禮拜堂、兩個紀念物展示室、教堂美術館及教堂入口大門。

教堂兩旁是紐約古老的墓園，這裡埋葬了許多美國歷史上有名的人物及文學家，若有興趣逛逛西洋式的墓園並認識是誰埋在此處，教堂裡有解說手冊可以索取參考。

# 聖保羅禮拜堂
## St. Paul's Chapel

http www.trinitywallstreet.org/about/stpaulschapel
✉ 209 Broadway (Vesey St.口)
☎ (212)602-0800
➡ 搭乘地鐵④⑤線至Fulton St.站
Ⓔ線至World Trade Center站
🕘 10:00～18:00(週日07:00～16:00)
$ 免費參觀
MAP P.16／B4、P.263

啓用於1766年，隸屬於三一教堂，雖然三一教堂較早興建，不過聖保羅禮拜堂逃過1776年被大火燒毀的命運，幸運地保留至今，使它成爲曼哈頓最古老的公共建築。神奇的是，它也在911事件中逃過一劫

（禮拜堂就位在世貿大樓旁），可說是最幸運的一間禮拜堂了。

聖保羅禮拜堂最有名的信眾就是美國第一任總統華盛頓，在首都遷移至費城之前，他在這裡聚會了兩年，至今教堂內仍保留了他當時的座位。目前禮拜堂內部展示911事件的紀念物及各種悼念創作，供人憑弔。

## 布魯克菲爾德
## Brookfield Place

http brookfieldplaceny.com
✉ 200 Vesey St. (West St.口)
☎ (212)978-1698
➡ 搭乘地鐵R W線至Cortlandt St.站
E線至World Trade Center站
🕒 10:00～20:00(週日12:00～18:00)
Winter Garden：05:00～02:00
$ 免費參觀
MAP P.16 / B2、P.263

原名稱爲世界金融中心（World Financial Center），於2014年改名爲「Brookfield Place」，集合更多美食與商店，提供金融區一個更佳的用餐環境。在West St.那一側有地下通道連接到「世貿紀念園區」與地鐵站，雖改了個名稱，但紐約客還是喜歡用原來的名字稱呼它。

於這個大樓集合群區塊內，共有5幢主要建築，是金融界主要辦公

之所在，從1986年落成啓用至今，已有30年歷史，曾一度躲過911事件大樓倒塌的危機。

大樓群當中，以冬宮（Winter Garden）最爲搶眼，溫室花園般的建築，成爲大樓之間休憩的場所，大廳中央還種植有熱帶風情的棕櫚樹，大廳內也有寬廣的舞台，不時有藝文活動在這裡舉辦，而冬宮外頭更有著悠閒風景的碼頭與廣場，不僅可以坐在這裡用餐，順便欣賞河面上往來的各種船隻。

華爾街路口就是聖三一教堂，右側為聯邦國家紀念堂，大廳可以參觀，也有禮品店

# 華爾街
## Wall Street

🖂 Broadway與William St.之間
➡ 搭乘地鐵②③④⑤線至Wall St.站，ⒿⓏ線至Broad St.站
MAP P.16 / D4、P.263

集合了紐約證交所(NYSE)、美國證交所(AMEX)、那斯達克(NASDAQ)、紐約商業交易所(NYMEX)及紐約期貨交易所(NYBOT)，是曼哈頓的金融中心，也是對全球經濟最具影響力的金融市場。「華爾街」這個名字已經成爲整個金融區的代名詞。

紐約證券交易所(New York Stock Exchange)

金色正足以代表華爾街精神

Wall Street名字的由來源自於17世紀中期，荷蘭爲了管理非洲奴隸以及抵禦印第安部落、英國殖民者，而架設了一座高約3.65公尺的高牆，而沿著這道高牆所劃定出來的道路，就是今日的華爾街。不過，在英國取得土地權之後便在1699年將這面牆給拆了。

華爾街附近的建築以「鍍金年代」(Gilded Age)的風格爲主，及受「裝飾藝術」(Art Deco)風格的影響頗大，都是鼎鼎有名的大樓。聯邦國家紀念堂(Federal Hall)及紐約證券交易所(New York Stock Exchange)是華爾街上最著名的建築，紐約證券交易所最著名的場景就是交易員紛亂中完成交易的畫面，可惜的是911事件之後，交易所已經不對外開放參觀，只能從電影中回味了。

## 愛爾蘭饑荒紀念碑
### Irish Hunger Memorial

http bpcparks.org/whats-here/parks/irish-hunger-memorial
✉ 河濱公園 (Murray St.)
➡ 搭乘地鐵①②③線至Chambers St.站，Ⓔ線至World Trade Center站
🕒 24小時
$ 免費參觀
MAP P.16／A1、P.263

紀念1845～1852年於愛爾蘭因蟲害導致大飢荒而死亡，或流亡在外的愛爾蘭人，紀念碑如同碉堡般，內有石牆、草坡、花園，讓人如同身在愛爾蘭的鄉間景色般，是欣賞哈德遜河景色的好地方。紀念碑前有一個亞洲庭園，有露台、有水池，造景相當美麗。

## 猶太人遺產博物館
### Museum of Jewish Heritage

http www.mjhnyc.org
✉ 36 Battery Place (1st Pl.)
☎ (646)437-4202
➡ 搭乘地鐵④⑤線至Bowling Green站
🕒 週日～二10:00～18:00，週三～四10:00～20:00，週五10:00～17:00
休 週六、猶太節日、感恩節
$ 成人$12.00，學生$7.00，12歲以下免費；週三～四16:00～20:00自由付費
MAP P.16／F3、P.263

展出20世紀至今已亡故或仍活動中對猶太社區有貢獻的人、事、物，有照片、影片、文件等展示物，針對猶太人的遺產、價值做最佳的解釋。

## 福爾頓轉運站
### Fulton Center

http www.westfield.com/westfieldworldtradecenter
✉ Fulton St.與Broadway交接口
➡ 搭乘地鐵②③④⑤ⒶⒸⒿⓏ線至Fulton St.站
🕒 10:00～21:00(週日11:00～19:00)
MAP P.16／B4、P.263

包含地面建築、地鐵與連接通道的轉運站，圓頂天穹引入自然光，環形大廳底層爲地鐵站出入口及連通道，可直通西田購物中心(Westfieldr)及布魯克菲爾德(Brookfield Place)。

華爾街路口就是聖三一教堂，右側為聯邦國家紀念堂，大廳可以參觀，也有禮品店

## 世貿紀念園區
### 911 Memorial & Museum

- http www.911memorial.org
- 入口：Greenwich St.與Liberty St.口
- (212)227-7931
- 07:30～21:00
- 搭乘地鐵Ⓔ線至World Trade Center站，ⓇⓌ線至Cortland St.站，❶線至Recort St.站
- $ 免費參觀
- MAP P.16／B4、P.263

自從2001年9月11日世貿雙塔遭到恐怖攻擊倒塌後，這裡就是廢墟一片，經過多年緩慢的整建工程，世貿紀念碑公園於2011年9月開放參觀，除了世貿一號大樓(One World Trade Center)與世貿紀念博物館(介紹見P.107)已落成啓用外，周邊建築均尚未完工，所以部分還是重建中的工地景象，整個動線還是稍微紊亂，若剛好遇上通勤尖峰時段，則更加擁擠。

園區裡有兩座大樓遺址所重建的水塘，水塘四周以大理石刻上911事件罹難者的姓名讓參觀者緬懷，不時都會看到有人在親友人名字上插上國旗或花朵，這裡不是一個適合嬉笑打鬧的景點，來參觀的旅客要特別注意。而世貿紀念博物館也於2014年正式對外開放，若想了解整個事件的始末，可以前往買票參觀；加上2016年Westfield商場落成，地上、地下交通與通道整合完成，這裡變得更加熱鬧了。

園區之外，附近還有一處紀念喪於911事件消防人員的黃銅浮雕紀念牆，可以參觀緬懷。

# 世界貿易中心一號大樓觀景台
## One World Trade Center

- http oneworldobservatory.com/zh-TW
- ✉ 285 Fulton St. (入口在West St.)
- ☎ (212)602-4000
- ➡ 搭乘地鐵①②③線至Chambers St.站，Ⓔ線至World Trade Center站，②③④⑤ⒶⒸⒿⓏ線至Fulton St.站
- 🕘 2/10～4/30：09:00～21:00
  5/1～9/4：08:00～21:00
  9/5～12/31：09:00～21:00
- $ 一般票：成人$34.00，6～12歲$28.00；快速通關票：$56.00；另有多種特殊票券可選購(5歲以下免費)
- i 參觀的樓層為100～102樓
- MAP P.16 / B3、P.263

登上這座紐約最高大樓觀景樓層，是觀光客來紐約必排的行程。原名為自由塔，總高度541.3公尺（1,776英尺），象徵1776年簽訂的獨立宣言；而屋頂與觀景台的高度，則與原先的世貿南北雙塔屋頂高度吻合，是一幢紀念911事件的大樓。觀景台視線範圍廣闊，不僅可以遠眺至曼哈頓中城，也可將布魯克林及紐約港整個納入眼中，白天、夜景各有特色。

# 西田購物中心
## Westfield

- http www.westfield.com/westfieldworldtradecenter
- ✉ 185 Greenwich St.
- ☎ (212)602-4000
- ➡ 搭乘地鐵Ⓔ線至World Trade Center站，②③④⑤ⒶⒸⒿⓏ線至Fulton St.站
- 🕘 10:00～21:00(週日11:00～19:00)
- MAP P.16 / B3、P.263

與福爾頓轉運站同樣都是包含地面建築、地鐵系統與連接通道的轉運中心，但Westfield則是高階版本，是座高級購物中心，兩個樓層的商場幾乎都是高級名牌進駐。但商店不是重點，整個建築體的設計才是讓人驚奇不已的部分，外觀如白鳥展翅，內部似鯨魚骨架般，自然的光影秀隨時間變換樣貌。這裡主要是PATH通勤電車的起訖站。

## 南街海港 South Street Seaport

http www.southstreetseaport.com
➡ 搭乘地鐵②③④⑤ⒶⒸⒿⓏ線至Fulton St.站，沿著 Fulton St.往東走到底，步行約10分鐘
MAP P.17 / C8、P.263

南街海港是東河碼頭所開發的購物商場，這裡原是紐約繁忙的碼頭，商業交易、魚市、倉庫、船塢的所在地，如今面目一新成爲觀光的商業區，舊有的紅磚建築已經成爲博物館、餐廳或商店了。

木製的碼頭甲板是這裡的中心，也是觀光船搭乘處，尤其是夏天的觀光人潮，把這裡都塞滿了。除了可用餐、購物外，還可看到大型的桅桿船隻，優雅地停靠在一旁(是博物館的一部分，可購票登船參觀)，搭配後面玻璃帷幕高樓的景緻，白天、夜晚各有不同的表情。

南街海港可以很清楚得看到跨越兩岸的布魯克林大橋，尤其是日落時閃閃金黃陽光的照射下最爲漂亮，還可看到各種船隻往來的繁忙樣。可惜的是，南街海港正在進行大規模的整建工程，目前仍是個大型工地的景象，不妨讓我們一起期待改頭換面後的新面貌吧！

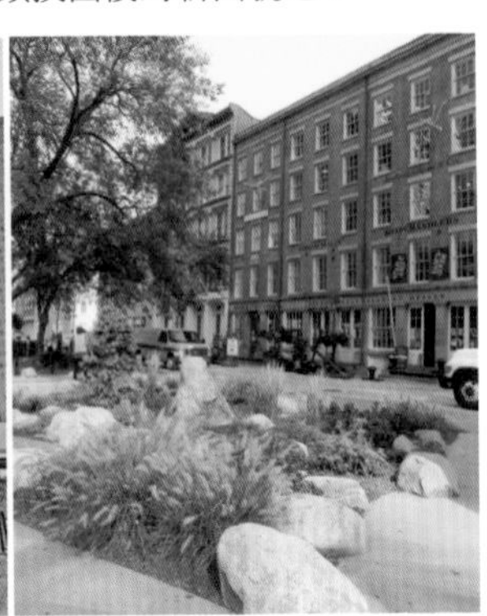

## 市政廳 City Hall

http www.nyc.gov
✉ Broadway與Centre St.中間
➡ 搭乘地鐵②③線至Park Place站，④⑤⑥線至Brooklyn Bridge-City Hall站，ⓇⓌ線至City Hall站，ⒿⓏ線至Chambers St.-Brooklyn Bridge站
MAP P.17 / A5、P.263

這裡是紐約市長辦公室也是市議會所在，市政廳內還有藝廊，可惜並沒有開放參觀，只能欣賞它純白、美國特有的建築樣式。市政廳前是開放的公共公園，公園內有一座漂亮的噴泉、噴泉四周還有古典造型的燈柱，夜晚時分會將燈點亮，非常漂亮。再往前走一點就到了常在螢幕裡出現的紐約法院。

用雙腳徒步跨過布魯克林橋，會是你遊紐約美妙的回憶之一

# 布魯克林橋
## Brooklyn Bridge

http www.brooklynbridgepark.org
➡ 搭乘地鐵④⑤⑥線至Brooklyn Bridge-City Hall站，ⒿⓏ線至Chambers St.-Brooklyn Bridge站
MAP P.17 / A6、P.263、P.285

1883年完工啓用至今的布魯克林橋已經有128週年了，是美國最老的懸吊橋之一，也是世界上第一座使用鋼鐵纜線的懸吊橋。布魯克林橋應該是最有名的橋梁吧！一說到紐約，就少不了這個美麗的地標，石造的橋墩有著哥德式的雙拱門，鋼鐵纜線優雅地撐起橋面，不論從哪個角度看，你都會覺得它眞是不可思議的美麗。

白天夜晚兩樣風情

除了從橋上，也可從橋下近距離欣賞布魯克林橋

早期布魯克林橋有供火車行走，但目前只有汽車跟地鐵通行橋上，而木造的橋面可供行人步行或騎腳踏車橫跨東河，若體力夠，不妨用你的雙腳來體驗、欣賞布魯克林橋的美。

欣賞布魯克林橋最佳的方式就是搭乘觀光船，你可以從水面上穿橋而過；若是只想遠觀，南街海港看得最清楚；若是想看曼哈頓及布魯克林橋夜晚璀璨的面貌，Brooklyn High跟DUMBO則是最佳位置(前往方式請見P.284)。

BROOKLYN
SUN AND AIR

# 布魯克林 Brooklyn

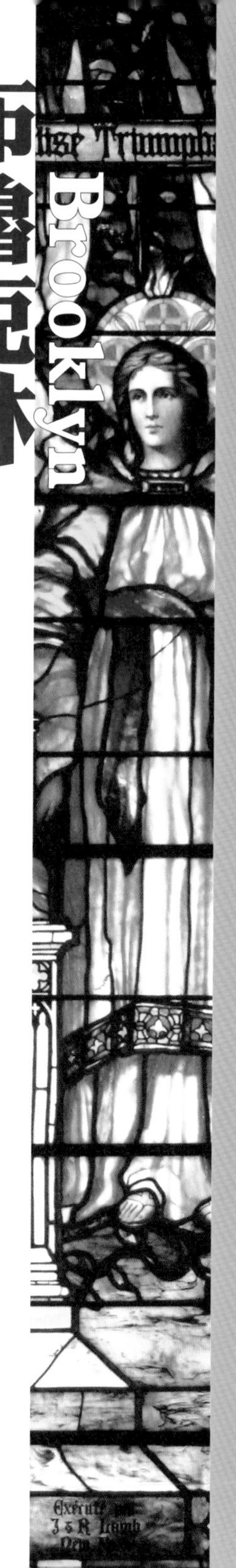

## 藝術新鮮地
## 眺望曼哈頓大樓

紐約近年來觀光業的開發，已由曼哈頓漸漸擴散至其他行政區，其中以布魯克林最爲顯著，很難相信這個過往安全性讓遊人堪慮的區域，也開始敞開雙臂，擁抱觀光客的造訪，一些老舊過時的社區經過重整後，變身爲時髦的新文化圈。

布魯克林正夯，有時髦的咖啡廳、有可尋寶的二手服飾店，更有在曼哈頓絕對看不到的美景

紐約市另一個廣為人知的行政區就是布魯克林了，因著紐約的高房價，布魯克林逐漸增加由曼哈頓移居此地的紐約客與外來的新移民，有著「布魯克林是第二個曼哈頓」的稱呼。可是布魯克林仍是布魯克林，對於曼哈頓居民來說，它還是在橋的另一頭，相信嗎？有些曼哈頓在地紐約客甚至連布魯克林都沒去過呢！

布魯克林擁有豐富的異國文化，除了美籍非裔社區外，猶太社區、義大利社區、俄羅斯社區、拉丁社區、甚至華人社區都在這裡占有一席之地，風格與特色均非常明顯，想吃道地的異國美食，布魯克林絕對是首選。

由於此行政區非常廣大，本書介紹的布魯克林僅集中幾個觀光客較多的區域，也沒有不安全的疑慮，但一出了這些地方，觀光客的影子就不多見了。拋開那些搶劫殺人、治安黑暗的傳言吧，畢竟那已是曾經的過往，現在的布魯克林保證讓你耳目一新，安全無慮！

鮮綠的草地足以媲美中央公園了

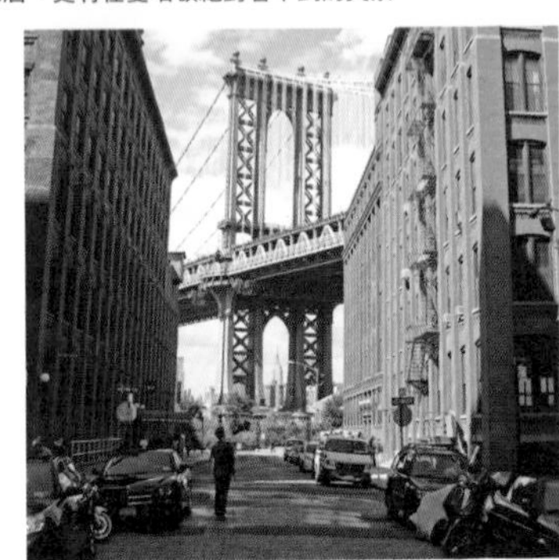

過往的倉庫，如今都是藝廊、餐廳及時髦的商店

### 行程建議

* 康尼島、水族館路程遠，植物園、博物館參觀需要的時間長，請各利用半天的時間進行。建議週六或日進行，夏日週末的海灘樂園非常熱鬧，博物館也較晚關門。
* Brooklyn High、DUMBO這兩個區域相鄰，可以一次逛完，建議利用下午近傍晚的時間前往，這裡是賞夜景的最佳位置喔！
* 威廉斯堡範圍不大，可利用中午時間前往，在此用午餐兼逛街非常適合。

# 熱門景點介紹
Sightseeing

## 威廉斯堡
Williamsburg

➡ 搭乘地鐵Ⓛ線至Bedford Ave.站，出站是N. 7th St.轉個彎就是Bedford Ave.

MAP P.2

威廉斯堡是布魯克林目前正夯的區域，以威廉斯堡橋(Williamsburg Bridge)連接曼哈頓的下東城，爲猶太人較多的一個社區，建有猶太教堂。這裡曾經是沒沒無聞的地方，近年來因移居此地的人漸多，而形成一個新的文化圈。

威廉斯堡主要以Bedford Ave.爲中心，主要的商店、餐廳、人潮都集中在這條街道，而兩旁分岔出去的街道也越來越熱鬧了。威廉斯堡有多家二手服飾店，足夠你逛上一整天尋寶，這裡的小店都有獨特的味道，少了曼哈頓的商業氣息，多了如鄰居般的親切悠閒，具個性的咖啡館也相當多。威廉斯堡的週末假日可是人潮洶湧，但逛街就是越熱鬧越有趣，餐廳、商店也一定都會開門營業。

適合尋寶的二手服飾店

威廉斯堡也以藝術塗鴉著名，有不少街頭藝術大師的作品，在逛商店之餘也不妨多留意牆壁上具有藝術性的塗鴉壁畫，也可以參加免費的街頭藝術導覽(見P.77)。這裡也有紐約唯一當地啤酒廠牌的生產工廠，有興趣的人可以在逛街、用餐後，前往啤酒場來個無料見習+免費試飲！

威廉斯堡有許多新奇的商店、親切的餐館與有趣的街景，值得花時間逛上一整個下午

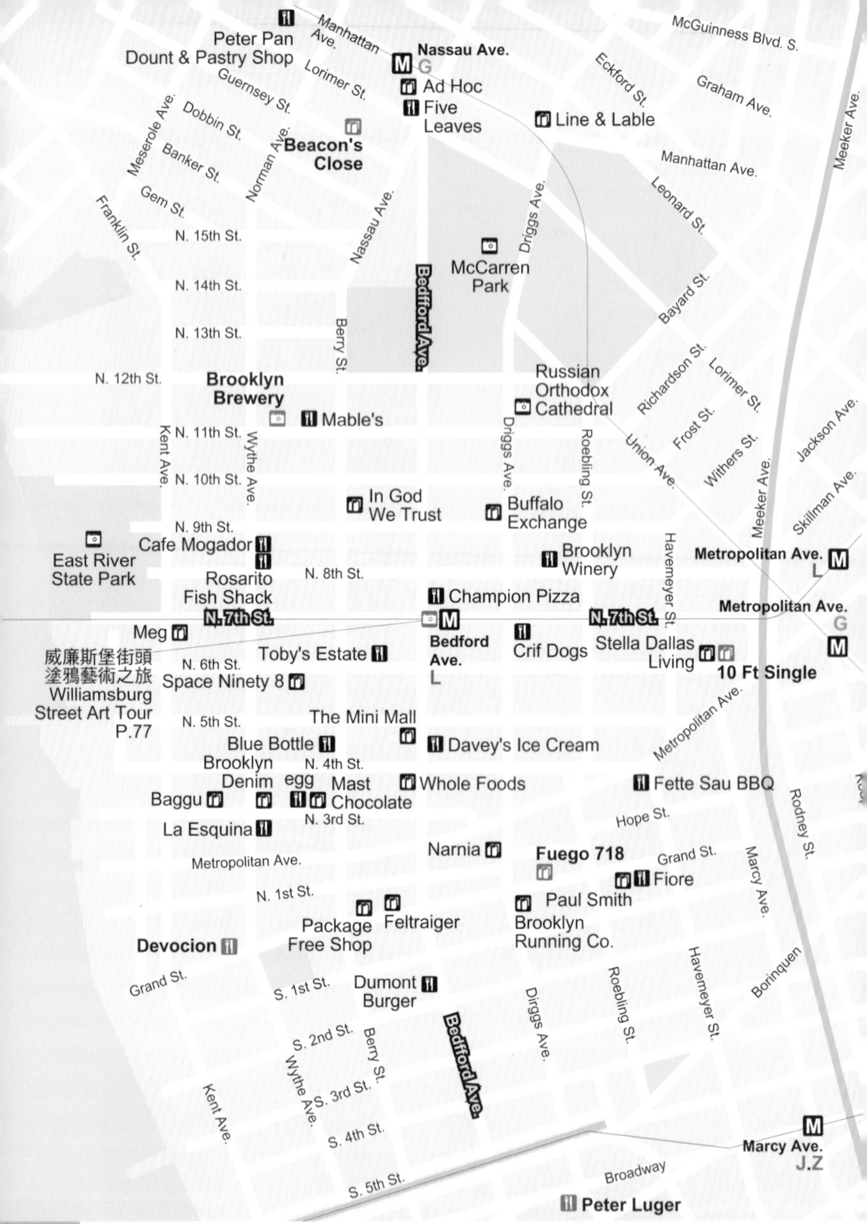

Peter Pan Dount & Pastry Shop
Manhattan Ave.
Nassau Ave. M G
McGuinness Blvd. S.
Lorimer St.
Guernsey St.
Ad Hoc
Five Leaves
Eckford St.
Graham Ave.
Line & Lable
Meeker Ave.
Meserole Ave.
Dobbin St.
Banker St.
Norman Ave.
Beacon's Close
Manhattan Ave.
Leonard St.
Gem St.
Franklin St.
N. 15th St.
Nassau Ave.
Driggs Ave.
McCarren Park
N. 14th St.
Bedford Ave.
Bayard St.
N. 13th St.
Berry St.
N. 12th St.
Brooklyn Brewery
Russian Orthodox Cathedral
Richardson St.
Lorimer St.
Mable's
N. 11th St.
Kent Ave.
Wythe Ave.
Driggs Ave.
Roebling St.
Frost St.
Union Ave.
Jackson Ave.
N. 10th St.
Withers St.
In God We Trust
Buffalo Exchange
Meeker Ave.
Skillman Ave.
N. 9th St.
East River State Park
Cafe Mogador
Brooklyn Winery
Havemeyer St.
Metropolitan Ave. M L
Rosarito Fish Shack
N. 8th St.
Champion Pizza
Metropolitan Ave. G M
N. 7th St.
Bedford Ave. L
N. 7th St.
Meg
Crif Dogs
Stella Dallas Living
10 Ft Single
威廉斯堡街頭塗鴉藝術之旅 Williamsburg Street Art Tour P.77
N. 6th St.
Toby's Estate
Space Ninety 8
Metropolitan Ave.
N. 5th St.
The Mini Mall
Blue Bottle
Davey's Ice Cream
Brooklyn Denim
N. 4th St.
egg
Mast Chocolate
Whole Foods
Fette Sau BBQ
Baggu
N. 3rd St.
Hope St.
Rodney St.
La Esquina
Narnia
Fuego 718
Grand St.
Metropolitan Ave.
Fiore
Marcy Ave.
N. 1st St.
Paul Smith
Package Free Shop
Feltraiger
Brooklyn Running Co.
Devocion
Havemeyer St.
Grand St.
S. 1st St.
Dumont Burger
Roebling St.
Borinquen
Driggs Ave.
S. 2nd St.
Berry St.
Bedford Ave.
Wythe Ave.
Kent Ave.
S. 3rd St.
S. 4th St.
Marcy Ave. M J.Z
Broadway
S. 5th St.
Peter Luger



## Brooklyn Brewery

brooklynbrewery.com / 79 North 11th St. (近Wythe Ave.口) / (718)486-7422 / 搭乘地鐵Ⓛ線至Bedford Ave.站 / 週一～四06:00～21:30，週五06:00～23:00，週六日12:00～20:00，週日12:00～18:00 / 需年滿21歲；有導覽行程，請上網查詢， / MAP P.282

創立於1987年，是紐約當地出名的啤酒品牌，歡迎參加導覽，有多種口味啤酒可以試飲。

## Peter Luger

http peterluger.com / ✉178 Broadway, Brooklyn (Driggs Ave.口) / ☎(718)387-7400 / ➡搭乘地鐵Ⓙ Ⓩ線至Marcy Ave.站 / ⏲週一～四11:45～21:45，週五、六11:45～22:45，週日12:45～21:45 / $兩人份牛排$103.90 / MAP P.282

1887年營業至今的牛排屋名店，外焦香內軟嫩，吃過的人均讚不絕口，薯條、菠菜泥都是經典，記得預約，不然就要提早去排隊等位子。

## Devocion

http www.devocion.com / ✉67 Grand St. (近Wythe St.口) / ☎(718)285-6180 / ➡搭乘地鐵Ⓛ線至Bedford Ave.站 / ⏲07:00～19:00(週六、日08:00～19:00) / $卡布奇諾$4.25，咖啡豆$18.00(12oz) / MAP P.282

威廉斯堡著名的咖啡名店，咖啡香醇沒話說，但明亮、舒適的空間是更吸引人坐下就不想走的部分，可以欣賞烘焙豆子的情形，買回家吧！

## Fuego 718

http www.facebook.com/FUEGO718STORE / ✉249 Grand St. (Driggs Ave.～Roebling St.之間) / ☎(718)302-2913 / ➡搭乘地鐵Ⓛ線至Bedford Ave.站 / ⏲12:00～20:00 / MAP P.282

販售以墨西哥製造、色彩豐富鮮豔的用品小物店，各種天主教、墨西哥亡靈節圖像的商品，將牆壁與天花板都擺掛滿滿的，玻璃製、布製、錫製等，相當多元、也具藝術性。

## Beacon's Close

http beaconscloset.com/pages/greenpoint / ✉74 Guernsey St. (Nassau～Norman Ave.之間) / ☎(718)302-2913 / ➡搭乘地鐵Ⓖ線至Nassau Ave.站，Ⓛ線至Bedford Ave.站 / ⏲11:00～20:00 / MAP P.282

這裡已算是Green Point了，是附近最大間的二手服飾店，萬件衣服、配件、包包、鞋子等，二手新舊程度不一，商品檢視、試穿要自己來喔！

## 10 Ft Single

✉285 N. 6th St. (近Meeker Ave.口) / ☎(718)586-9482 / ➡搭乘地鐵Ⓖ Ⓛ線至Metropolitan Ave.站 / ⏲12:00～19:30 / MAP P.282

由格林威治村二手服飾名店Stella Dallas經營，也是一間大型的二手服飾店，店員幾乎都是日本人，商品選擇也偏日本人的喜好，入口相當不起眼，要小心別錯過。隔壁是同血緣的Stella Dallas Living，以1920～1940年代的織品、服飾為主。

# Brooklyn High DUMBO

➡Brooklyn High：搭乘地鐵②③線至Clark St.站，ⒶⒸ線至High St.站
DUMBO：搭乘地鐵Ⓕ線至York St.站
MAP P.2、P.285

Brooklyn High是個臨河口的高地公園，周邊都是高級的公寓住宅，公園有鑄鐵欄杆及一長排的休憩座椅，是附近居民休憩、散步的去處，從這裡可以眺望布魯克林橋及曼哈頓金融區的天際線美景。

在布魯克林橋下的木製甲板觀景碼頭，一到傍晚總是聚集不少前來賞夜景、拍照的人潮，若要搶個好位置記得早點來。一旁是家頗具盛名、生意超好、整個浮在水面上的The River Café，若有預算就來個下午茶吧！而身後有著燈塔般的屋子，是一間冰淇淋店，好吃得沒話說，但照樣得排隊。

如此美景只有親自跑一趟這裡才看得到

公園內處處都有趣味的藝術創作展示

DUMBO則是近來藝術創作的集中地，街角、公園裡到處都可見到新鮮又有趣的藝術品，這裡原是倉庫區，大型的紅磚倉庫群逐漸開發成商業區、餐廳，是另一個時髦的新興區域。若你想一探DUMBO仍未開發時的風貌，可以看電影《女人香》試車的那一個片段，就是在這裡拍攝的。來逛逛吧，意想不到的收穫正等你來發掘。

DUMBO橫跨在魯克林橋及曼哈頓橋兩座大橋底下，是近距離欣賞這兩座美麗橋梁的地方。廣大的公園綠地是當地紐約客休憩、賞景的最佳地點，白天躺在草皮上做日光

美麗舒服的河岸公園，紐約市民喜歡來這裡野餐、賞景，光曬太陽發呆也很棒

浴，晚上則乘著涼風欣賞曼哈頓閃亮亮的獨特夜景。

這兩個區域相鄰，建議可以先前往DUMBO逛街、用餐，再一路往Brooklyn High散步過去，遠眺紐約港，再把無價的夜景記錄下來。

**Janes Carousel**

花個$2.00來坐坐橋下公園設置的這座典雅旋轉木馬。

**Jacques Torres**

知名的巧克力專賣店，香濃的熱巧克力最值得推薦！

**West Elm**

摩登實用的家具、家飾，這座倉庫也值得逛一逛。

**Grimaldi's Pizzeria**

此地最知名的披薩餐廳，薄脆多汁，但是要排隊啦！

**觀景碼頭平台**

人潮最多的景點，白天拍婚紗、晚上賞夜景最熱鬧。

**跳蚤市場**

每週日在曼哈頓橋墩下有跳蚤市場，歡迎來尋寶。

BROOKLYN BRIDGE
MANHATTAN BRIDGE
Brooklyn Bridge Park
旋轉木馬
Empire-Fulton Ferry State Park
The River Café
New Dock St.
觀景碼頭平台
West Elm
One Girl Cookies
Washington St.
Plymouth St.
Pearl St.
John St.
Jay St.
Brooklyn Bridge Park
Brooklyn Ice Cream Factory
Shake Shack
Dock St.
Jacques Torres
Water St.
Power House Arena
跳蚤市場
Archway Cafe
Water St.
Main St.
星巴克
Grimaldi's Pizza
星巴克
Front St.
Al Mar Cafe
Foragers Market
The Shops
Pedro's
Everit St.
Old Fulton St.
Doughty St.
DUMBO
Westville
York St.
York St F
Poplar St.
Washington St.
Adams St.
Pearl St.
Prospect St.
Prospect St.
Middagh St.
Sands St.
Sands St.
Sands St.
Furman St.
Columbia heights
Willow St.
Cranberry St.
Hicks St.
Red Cross Pl.
Cadman Plaza W
High St.
Orange St.
Henry St.
High St A.C
Brooklyn High
Pineapple St.
Cadman Plaza E
Nassau St.
Jay St.
Clark St.
Adams St.
Clark St 2.3

# 布魯克林博物館
## Brooklyn Museum

http www.brooklynmuseum.org
✉ 200 Eastern Parkway, Brooklyn
☎ (718)638-5000
➡ 搭乘地鐵②③線至Eastern Parkway/Brooklyn Museum站
🕘 週三、五～日11:00～18:00，週四11:00～22:00；每個月的第一個週六11:00～23:00(9月除外)
休 週一～二
$ 一般展覽：成人$16.00，學生$10.00，19歲以下免費／特展票價不同／有建議票價制／可買植物園聯票
MAP P.2、P.287

工業設計的館藏展示也值得好好欣賞

布魯克林博物館很值得推薦參觀，除了票價親切外，館內的館藏展示豐富精采，建築外觀也非常特別新穎。你一定要參觀它的埃及館，雖不如大都會博物館大，但展品同樣精采多元，重要度絕不在話下，古中亞地區的收藏也非常重要，由於人潮較少，參觀起來安靜舒適很多。

古典結合現代，內外皆美的博物館

另外，展覽空間獨特的非洲文物也是重要館藏之一，我則偏愛它的現代家具以及裝飾藝術風格時期的收藏，一整間客廳、臥室等的實景展示，生活的氣味濃厚，甚至將一整個木造鄉村房屋，移到室內收藏展示。

布魯克林博物空間舒適、安靜，不會讓人參觀到腿軟、眼花，它是每轉個彎都會讓人驚訝不已的博物館，放慢腳步細細欣賞吧！當然，博物館禮品店也值得你逛一逛再走喔，若預算不夠，用眼睛買就好。

不可錯過的古埃及藝術館藏

博物館把鄉間小屋，裡裡外外原封不動地搬進館內

# 布魯克林植物園
## Brooklyn Botanical Garden

http www.bbg.org
✉ 1000 Washington Ave., Brooklyn
☎ (718)623-7200
➡ 搭乘地鐵②③線至Eastern Parkway/ Brooklyn Museum站，ⒷⓆⓈ線至Prosepect Park站
🕒 3～10月：週二～五08:00～18:00，週六～日10:00～18:00 / 11月：週二～五08:00～16:30，週六～日10:00～16:30 / 12～2月：10:00～16:30
休 週一、勞工節、感恩節、12/25、1/1
$ 成人$15.00，學生$8.00，12歲以下免費 / 可買博物館聯票
MAP P.2、P.287

布魯克林植物園占地廣大，興建於1910年，是最靠近曼哈頓市區的美麗花園，而隔壁就是布魯克林博物館，可以順道過去參觀。植物園裡有各種的主題造景花園，如兒童發現花園、香草園、櫻花步道、莎士比亞花園等等，其中最有名的是有著透明建築的溫室花園，跟有著小橋、涼亭、水池、鳥居，禪味十足的日本庭園。春夏兩季百花盛開、光線充足，最適合前來造訪。

古典的溫室、優雅噴泉，看書、野餐都舒服

若你不想花門票錢欣賞花草樹木，植物園旁有一個占地更為廣大的開放公園(Prospect Park)，可以免費讓你散步一整個下午，又不用花你一毛錢。

春天最美麗的就屬玫瑰花園與日本庭園

寬闊舒適的海灘步道，綿延好幾公里長，騎車、戲水、滑直排輪，好不熱鬧，但切記要做好防曬及補充水分

# 康尼島
## Coney Island

http www.coneyisland.com
➡ 搭乘地鐵D F N Q線至Coney Island-Stillwell Ave.站，出站後沿著前方Stillwell Ave.往前直走
⏲ 只在復活節(4月上旬)～勞工節(9月第一個週一)開放
MAP P.2、P.289

康尼島位在布魯克林的最南邊，以美麗的沙灘、熱鬧的遊樂園吸引夏日的人潮，長長沙灘與木造步道，寬闊舒適，是紐約客盛夏戲水、日光浴的去處。要欣賞肌肉男、火辣妹別忘了週末來，順便也展現一下你的好身材吧！而一旁的商店、攤販也跟著熱鬧無比，賣泳圈的、賣熱狗水果的，生意好得不得了。

玉米、薯條、棉花糖、熱狗，是海灘必見小吃

海灘旁遊樂場則是五彩繽紛，咖啡杯、自由落體、旋轉木馬等，大人小孩都愛玩，這裡最有名的遊樂設施，就是1927年開放的木造雲霄飛車The Cyclone，長達800公尺，時速高達97公里，刺激度全美知名，不少人是慕其名而來呢！另一項富盛名的設施就是開放更早的摩天輪Wonder Wheel，高達46公尺，是居高臨下欣賞康尼島全景的最佳機會。

熱鬧有餘的遊樂場，顏色多得足以讓你眼花撩亂

木造雲霄飛車，驚險又刺激呢

## 紐約最有名的熱狗店 Nathan's

位於康尼島的Nathan's，自1916年營業以來已將近百年歷史，是這裡的歷史地標。它最出名的不外乎是好吃的熱狗、波浪薯條，以及每年7月4日所舉辦的快速吃熱狗大賽，戰況激烈、盛況空前。

http www.nathansfamous.com
✉ 1310 Surf Ave, Brooklyn
☎ (718)946-2202
🕘 08:00～24:00
(週五、六～02:00)
$ 熱狗約$4.00
MAP P.289

戰況激烈的吃熱狗大賽

就在地鐵站對面，別忘了先去嘗嘗

# 市立水族館
## New York Aquarium

http www.nyaquarium.com
✉ Surf Ave. & West 8th St., Brooklyn
☎ (718)265-3474
➡ 搭乘地鐵Ⓕ Ⓠ線至W. 8th St./NY Aquarium站，或搭到康尼島
🕘 10:00～16:30(6～8月10:00～18:00)
休 無休
$ 3歲以上$11.95
MAP P.289

水族館是海灘邊另一個連買票都要大排長龍的地方，因爲這裡有個大型的水族箱，及豐富的海中生物在你四周巡游，也是避開盛夏豔陽的清涼好去處，最適合全家大小一起來玩。

排隊買票想進館內避暑的長長人龍

若夏天來，建議可以一早先到水族館，避開人潮，參觀完後再去戲水、玩遊樂設施；冬天這附近則安靜許多，少了海灘跟遊樂場帶來的熱鬧。

# 紐約行程規畫

## Travel Plans

紐約太大，時間太少怎麼辦？這應該是短暫的商務停留、或好不容易擠出10天年假的上班族，都會有的困擾。的確，當一個城市有著歷史的面貌及無數的經典時，什麼都精采、什麼你都想看，除非你有的是美國時間及無窮的過人體力。

但時間就是這麼無情，如何在你短暫的停留中，將最精華的部分看個夠、買足最流行的商品，這你就得在出發前好好的用力做足功課，不然就學我啥行程都沒有計畫，當個慵懶閒散的旅人。

對於無暇計畫行程的旅人們，又想把紐約玩透透、買夠夠的，我只好下海幫你簡單計畫一下，雖無法讓你看盡紐約，但應該可以不讓你錯過最精采的部分，喜歡省車錢、愛走路、不怕汗流浹背的人就跟著來吧！

### 行程計畫注意事項

＊計畫行程應該以自身體力為主，不要為了趕景點把自己累壞了，影響後續的行程。

＊如果你還有多餘的天數，不妨到布魯克林區走走，或紐約以外的城市做一日遊，或參觀我漏掉沒計畫到的景點，或趁機買足伴手禮，或在飯店裡補眠也不錯！自己也來計畫一下吧！

## 行前預算規畫

| 出發前 | 費用計算(台幣) | 我的預算 |
|---|---|---|
| 來回機票 | 30,000～45,000元／人 | |
| 護照 | 1,300元／人 | |
| ESTA旅行登記 | US$14.00／人(約440元) | |
| 購買旅遊書籍 | 1,000元 | |
| 旅館住宿 | 3,000～8,000元／天(2人房) | |

| 旅行中 | 費用計算(台幣) | 我的預算 |
|---|---|---|
| 機場來回交通 | 2,200元／趟(計程車) | |
| 7日無限搭乘地鐵票卡 | $32.00／張(約1,000元) | |
| 一日三餐+點心 | 2,000元／人 | |
| 參觀費 | 6,000元／人 | |
| 購物 | 預算自己抓吧 | |

# 上城區2日遊

## Day 1

08:00 **Sarabeth's Kitchen早餐**
見P.158

09:30 **聖約翰大教堂**
見P.152

10:30 **自然歷史博物館**
見P.94

13:00 **Good Enought to Eat午餐**
見P.158

14:00 **中央公園散步**
見P.133

15:00 **Cafe Lalo下午茶**
見P.158

16:30 **林肯中心**
見P.148

17:30 **時代華納中心購物**
見P.147

19:30 **時代廣場晚餐、逛街**
見P.192

## Day 2

08:00 **Sant Ambroeus早餐**
見P.173

09:30 **大都會博物館**
見P.86

12:30 **大都會博物館內吃午餐**
見P.86

14:00 **麥迪遜大道逛街**
見P.170

15:30 **Lady M下午茶**
見P.173

17:00 **Bloomingdale's購物**
見P.51

19:30 **Match 65晚餐**
見P.172

21:00 **羅斯福島空中纜車賞景**
見P.166

# 中城區2日遊

## Day 1

08:00 **吃早餐**

09:30 **中央車站**
見P.182

10:30 **第五大道逛街、吃午餐**
見P.188

14:30 **MoMA現代美術館**
見P.100

16:00 **洛克斐勒中心**
見P.184

17:30 **紐約市立圖書館**
見P.180

19:00 **吃晚餐**

20:30 **帝國大廈**
見P.178

## Day 2

08:00 **吃早餐**

10:00 **Macy's百貨公司購物**
見P.53

12:30 **吃午餐**

14:00 **無畏號海、空暨太空博物館**
見P.106

16:30 **Junior's下午茶**
見P.200

17:30 **時代廣場逛街**
見P.198

19:00 **欣賞百老匯音樂劇**
見P.112

22:00 **韓國城吃宵夜**
見P.201

# 下城區2日遊

## Day 1

08:00 **吃早餐**

09:30 **麥迪遜公園**
見P.207

10:30 **熨斗大樓街區逛街購物**
見P.213

13:00 **吃午餐**

14:00 **空中鐵道公園散步**
見P.212

15:30 **惠特尼美術館**
見P.104

17:30 **雀爾喜市場、吃晚餐**
見P.210

20:00 **自由安排行程**

## Day 2

08:00 **吃早餐**

09:30 **華盛頓廣場**
見P.227

11:00 **蘇活區逛街購物**
見P.238

14:30 **Lombardi's吃披薩**
見P.245

15:30 **諾利塔逛街購物**
見P.240

17:30 **中國城散步、吃晚餐**
見P.250

21:00 **Top of the Rock**
見P.185

# 金融區1日遊

## Day 1

08:00 **搭遊輪參觀自由女神島、艾利斯島**
見P.264

11:00 **美國印第安博物館**
見P.269

12:00 **與銅牛合照**
見P.269

12:30 **Brookfield Place吃午餐**
見P.271

13:30 **世貿紀念園區**
見P.271

15:00 **世貿一號大樓觀景台**
見P.275

16:30 **西田購物中心**
見P.275

17:30 **Century 21購物**
見P.53

19:00 **南街海港吃晚餐、賞景**
見P.276

# 布魯克林2日遊

## Day 1

08:00 **吃早餐**

09:30 **華爾街**
見P.272

10:00 **三一教堂**
見P.270

11:00 **散步跨過布魯克林橋**
見P.277

13:00 **Grimaldi's吃披薩**
見P.285

14:30 **DUMBO逛街、賞夜景**
見P.285

20:00 **回曼哈頓吃晚餐**

## Day 2

08:00 **吃早餐**

09:30 **聯合廣場**
見P.206

11:00 **威廉斯堡午餐、逛街**
見P.281

15:30 **Devocion喝咖啡**
見P.283

16:30 **威廉斯堡逛街**
見P.281

18:00 **回曼哈頓吃晚餐**

19:30 **自由安排行程**

## 行前準備流程

| Step 1：蒐集旅遊情報 6~12個月前 | 待辦 | 已辦 |
|---|---|---|
| 網路蒐集紐約旅行資訊或玩家心得，挑選適合的旅遊書，有著重歷史的、有專攻購物的、有教你省錢的，依自己喜好來購買。 | | |
| **Step 2：規畫行程與旅費預算 6個月前** | **待辦** | **已辦** |
| 排定假期季節與天數，列預算清單，看看是否符合自己的旅遊預算，再依情況增減行程內容或旅遊預算。 | | |
| **Step 3：護照申請與ESTA登記 3個月前** | **待辦** | **已辦** |
| 記得舊護照若不足期限或已過期，記得提前申辦；入境美國的旅行證明ESTA也請提前上網登記，並列印下來。 | | |
| **Step 4：訂購機票 3個月前** | **待辦** | **已辦** |
| 可以多比較價錢及航程等，下單購買前記得要詳讀票務規定；選定符合需求及價位的旅館後，記得盡量提早完成預訂。。 | | |
| **Step 5：保險與健康 1個月前** | **待辦** | **已辦** |
| 出發前可購買有包含意外及疾病醫療部分的旅行平安險；另外基本的身體健康維持也很重要，有任何不適最好在出發前搞定。 | | |
| **Step 6：匯兌與信用卡額度調整 2週前** | **待辦** | **已辦** |
| 出發前先至各大銀行匯兌美鈔現金，或當天至機場內的銀行櫃台匯兌；也可致電信用卡公司調整信用額度及申請國際提款密碼。 | | |
| **Step 7：打包行李 3天前** | **待辦** | **已辦** |
| 季節因素及旅行目的關係行李的內容，全部帶足或到紐約再買都是打包選項，必要的藥品千萬要記得隨身攜帶。 | | |
| **Step 8：注意飛航資訊 1天前** | **待辦** | **已辦** |
| 出發前確認搭乘航班的即時訊息，是否有因天候等因素而延遲或停飛；也要注意紐約的天氣，記得為抵達做好準備。 | | |

# 紐約住宿情報
Hotels

## 飯店、旅館

高檔、精品、商務旅館大都集中在中城區，或時髦的消費地段，入住這些國際知名連鎖飯店，最大的好處便是安靜舒適、交通便利，讓你觀光、購物都方便。但商務飯店每晚住宿費約$250.00～350.00，高檔五星飯店更要價$400.00以上，但一間商人房可以投宿4個房客。

若想投宿星級或精品飯店，國內的旅行社大多可以代爲訂房，也可以直接上飯店網路，或網路訂房網站自己訂房，可以依照你的預算比較看看哪家飯店最便宜、哪種套裝最優惠，哪個地點你最喜歡。

精品飯店的客房通常有摩登的裝潢設計

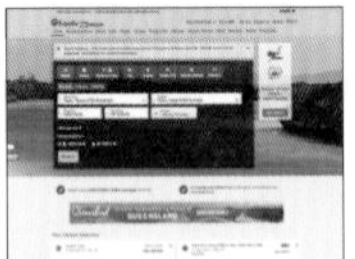

http www.expedia.com

http www.booking.com

http www.trivago.com

http www.agoda.com

http www.kayak.com

http www.hotelscombined.com

## B&B民宿

中價位的B&B民宿是投宿紐約曼哈頓的另一個選擇，B&B多以民宅改裝，有的還是具有百年歷史的石造古宅，B&B多集中在上城區，雖離鬧區有點距離，但是相當安靜，住宿費用約$120.00～250.00，雙人房只可投宿2個人，增加人數會增加費用。

B&B民宿不會每天打掃房間，通常2～3天打掃一次，但每天早上備有簡單的早餐，供房客自由取用。B&B民宿可以透過網路訂房。

www.bedandbreakfast.com

www.tripadvisor.com

## 青年旅社

青年旅舍是經濟實惠的住宿選擇，需要與他人共房，衛浴共用，費用約$30.00～80.00／人，部分青年旅舍有提供附衛浴的單人房或雙人房，費用約$100.00以上／人。

青年旅舍都設有交誼廳、廚房開放公共使用，舉辦節慶活動、城市導覽等；部分YMCA旅舍更配備有健身房或游泳池；青年旅舍投宿有各國背包客，是認識朋友、獲得獨特旅遊訊息的最佳場所。缺點是無法選擇室友，是否相處得來得完全靠運氣。

www.ymcanyc.org/association/guest-rooms

www.chelseacenterhostel.com/locations.htm

hinewyork.org

www.broadwayhotelnyc.com

www.chelseahostel.com

www.americandreamhostel.com

www.jazzhostels.com

www.centralparkapartmentsnyc.com

## 轉租公寓

轉租公寓目前頗為熱門，由於紐約房租昂貴，許多人將多餘的空房拿來做長期或短期的轉租，或趁度假期間將公寓出租，貼補生活費用及房租。轉租公寓就像是住進紐約客家中，分享他們的生活空間，體驗與紐約客一起生活。

不過選房東、房間還是要靠運氣，通常網路廣告上只有文字描述或貼幾張照片介紹，無法當面看過房間、或與房東當面談過，實際入住情況與想像可能多少會有所出入等。因而爭議較大、偶有糾紛、詐騙等發生，所以確定下租前應該更加謹慎斟酌。

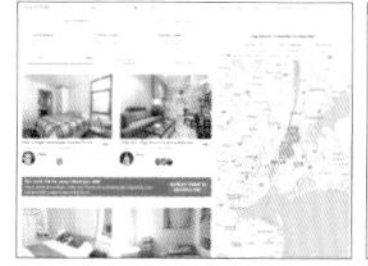

www.misterbandb.com

FB搜尋：在紐約的台灣人Taiwanese in NY

www.airbnb.com

www.sublet.com

# 華人民宿

若不嫌離曼哈頓有些距離，紐約還有許多由台灣人精心經營的小巧民宿。這些有著好口碑的民宿，大都位於皇后區，交通也很便利，部分還提供機場接送、維他命代購等服務，相當貼心方便。除了用家鄉的語言聯絡溝通超親切外，最重要的是能讓你省下一大筆的住宿費。

## 紐約來來客居

http lailaihostel.yolasite.com
(718)463-4474
@ lailaikg@gmail.com
搭乘地鐵7線至Flushing-Main St.站
$ 依淡旺季調整

1992年營業至今的來來客居，是皇后區法拉盛老牌子的華人經營民宿，住宿過的旅客不計其數，回頭客多，房客給予的評價也相當不錯。原本由一對老夫婦所經營，退休後由年輕一代的主人接手管理，並將民宿內每間房間重新整理，讓每間客房都有全套且嶄新的獨立衛浴，這對於紐約地區的民宿來說相當罕見。法拉盛位在紐約地鐵7號線的終點站，是華人聚集的地區，生活機能相當完善，有第二個紐約中國城之稱。來來客居距地鐵站不遠，步行約15分鐘左右，民宿周邊是住宅區，安靜安全。

## 紐約心民宿

http blog.xuite.net/iloveny999/welcome
f 紐約心民宿
(718)877-5535
@ yuehchen71@hotmail.com
搭乘地鐵M R線至63rd Dr-Rego Park站，出站步行約10分鐘
$ 依淡旺季調整

由一對在紐約念書並落地生根的年輕台灣夫婦所經營，小巧溫馨，可以感受到民宿主人的用心。民宿位於皇后區的Rego Park，是一處相當安靜且安全的住宅區，這裡有相當多的東歐移民，所以可以嘗到非常獨特的異國料理。地鐵站周邊的生活機能非常完善，超市、小吃店都有，有多家占地廣大的平價百貨公司可以購物，如SEARS、Marshell，及名牌折扣店Century 21，也有玩具反斗城與名牌藥妝店Kiehl's，是非常不錯的住宿地點。

以上圖片由紐約心民宿提供

## 紐約百老匯民宿

http nycbwbb.wixsite.com/nychostel
f 紐約百老匯民宿
(917)621-9231
@ nycbwbb@gmail.com
搭乘地鐵M R線至63rd Dr-Rego Park站，出站步行約10分鐘
$ 依淡旺季調整

紐約百老匯民宿是近年才開始經營的華人專業民宿，民宿內外都相當新穎，是一幢2013年才重新整建的獨幢兩層樓房，有寬廣的後院，民宿共有10間乾淨且裝潢優雅的客房，有專人負責打掃、廚房也開放使用、並提供免費無線網

路，民宿主人還不時會烘焙各種點心，免費供房客品嘗，也會提供房客各種旅遊活動訊息或餐廳推薦，相當窩心。紐約百老匯民宿同樣位在生活機能超級便利的皇后區Rego Park，搭地鐵進曼哈頓也只需要30分鐘左右，環境與交通都相當安全便利。

以上圖片由紐約百老匯民宿提供

### 紐約小豬窩

http nyc9229.pixnet.net/blog
@ nyc9229@gmail.com
➡ 位在皇后區Rego Park
$ 依淡旺季調整

### HelloNYC民宿

http www.hellocities.net
@ shop@hellocities.net
➡ 位在曼哈頓下東城
$ 依淡旺季調整

### 林媽媽紐約民宿

http www.lin-ma-ma.com
@ linMaMa.ny@gmail.com
➡ 位在皇后區Flushing
$ 依淡旺季調整

### 紐約台灣民宿

http easternhostelny.com
@ nymandy9233@yahoo.com.tw
➡ 位在皇后區Flushing
$ 依淡旺季調整

### 4818 Guest House

http www.facebook.com/4818NYC
@ 4818guesthouse@gmail.com
➡ 位在皇后區Flushing
$ 依淡旺季調整

## 自助洗衣店

紐約的居住空間不大，一般人家裡幾乎都沒有洗衣機的設備，紐約客可都是積了兩、三週，甚至一個月的衣物才一起洗，所以洗衣店週末最忙碌。

紐約的自助洗衣店多為投幣式，也有儲值晶片卡式的，洗衣費用因機器容量大小而不同，而烘乾機則以時間計算，以我的經驗是，洗兩週個人的衣物約花費$5左右，約需兩小時。自助洗衣機可以選擇水溫，乾衣機也可以設定高低溫，但是洗衣店的設備都很老舊，機器故障維修是經常發生的事。

洗衣店也有代客洗衣服務，以秤重計價，洗衣店會幫你洗、烘，並折疊整齊給你，省下的時間可讓你多玩一點。

## 訂房注意事項

* 房價會因季節、假日等因素而隨時調整，切記提早查詢預訂。
* 每家飯店或網站的優惠不一，可多比較，通常住越久越划算。
* 飯店的網路供應不盡相同，是否免費或提供何種網路，最好訂房前看清楚或email詢問後再決定。
* 訂退房條款一定要詳讀清楚，以備臨時取消或更改行程之需。
* 網站上的房價通常都是稅前的價格，還要加上州稅或消費稅等，稅率不一，一定要問清楚、看仔細。
* 房價決定地點，市中心通常都屬高價飯店，有些B&B雖位於哈林區，但並不一定就表示危險，可先查看房客給的評語再決定。
* 收信用卡或只收現金，先詢問清楚。
* 轉租公寓就像住進他人家裡，使用房東的東西前最好先詢問，也不要翻動房東的私人物品，同時也要維護自己的隱私權喔。退租離開時，請記得將房間打掃清潔，並將使用空間謹慎恢復原本樣貌。
* 許多要轉租的房東或許有養貓狗等寵物，若對寵物毛髮過敏，要特別注意，另外房東也有可能會要求房客代為照顧家中寵物數日，因為責任重大，若無法完全做到請勿輕易答應。

Travel in New York

# 紐約旅遊黃頁簿

遊客在行程上所需要的所有資訊盡皆囊括其中，讓行程規畫得更為完整，確保旅遊的平安與舒適。



2018年5月修訂版

## 前往與抵達 DEPARTURE & ARRIVAL

### 免簽證計畫

美國於2012年10月宣布台灣加入免簽證計畫(Visa Waiver Program，簡稱VWP)。只要符合VWP資格之台灣護照持有人，可透過旅行授權電子系統(Electronic System for Travel Authorization，簡稱ESTA)取得旅行許可，無需簽證即可赴美從事觀光或商務達90天(停留天數不得延長，旅美期間亦不得改變身分，如變更為學生簽證等)，相當簡便。

申請人必須於線上以英文填寫申請表，並以信用卡支付$14.00的申請費用，才能完成ESTA申請。國人只要持護照就可以搭機前往，但所需的旅行、存款證明等文件，建議還是事先準備好，以備美國機場移民局需要你提供查閱。

關於VWP資格和ESTA申請，請詳讀官網上的說明及相關連結。

http www.ait.org.tw/zhtw/visas-zh/visa-waiver-program-zh

**ESTA旅行許可申請表：**

http esta.cbp.dhs.gov/esta (有中文)

**ESTA中文線上協助：**

http esta.cbp.dhs.gov/esta/WebHelp/helpScreen_tw.htm

**注意事項**

1. 國人申辦須持有新式的晶片護照，且具備國民身分證號碼。
2. ESTA的有效期為兩年，或直到護照過期為止(以先到的日期為準)。可在有效期內多次入境美國。
3. 若ESTA申請一再被拒絕，則需要前往美國在台協會提出美國非移民簽證的申請。
4. 若已持有有效美國簽證，則不需要透過ESTA申請旅遊許可。

## 非移民簽證

若預計要前往美國遊學、留學、洽商或觀光達90天以上(最長可停留達6個月，視移民局給予的天數爲準)，國人必須持有有效的美國簽證才能入境美國。美國簽證必須於美國在台協會台北辦事處申辦。有關美國簽證的詳細申辦資訊、費用，請參考美國在台協會的網站。

### 美國在台協會(台北辦事處)

- 106台北市信義路三段134巷7號
- (02)7741-7989、7741-7998
- 客服中心：週一～五08:00～20:00
- support-taiwan@ustraveldocs.com
- www.ustraveldocs.com/tw_zh/index.html?firstTime=No
- www.ait.org.tw/zhtw

### 美國在台協會(高雄分處)

- 80661高雄市前鎮區成功二路88號5樓
- (07)335-5006
- www.ait.org.tw/zhtw/offices-zh/kaohsiung-zh

### 注意事項

1. 所有非移民簽證申請案件都必須在美國在台協會台北辦事處提出辦理，並透過線上填表申請。
2. 申請人在面談時提供的資訊和文件越多，對申請案件的審核就越有幫助。如果不確定是否要攜帶某一份特定的文件，建議都帶去讓美國在台協會做參考。
3. 申請案件的處理時間會因個人的情況及規定而不同，請預留足夠的時間儘早提出簽證申請。
4. 若你過期護照上的簽證仍在有效期，則只需同時攜帶新舊兩本護照出國即可，不需另辦新簽證。

## 全球入境計畫

2017年11月台灣正式加入美國全球入境計畫(Global Entry，簡稱GE)，全球入境計畫讓會員在入境美國時可以在美國主要機場，或全球各地預先核可的地點，使用全球入境計畫的自動查驗機，快速地進行海關及移民通關檢查。

申請全球入境計畫需至官方網站登錄申請，費用爲$100.00，並前往美國本土指定地點進行面試審核，面談通過此計畫審核的旅客，可取得5年的會員資格，之後將可以更簡易、迅速地通關入境美國。

申請詳情及所需資料及規定，可以參考美國在台協會的網站，或內政部移民署網站說明。

- www.ait.org.tw/zhtw/global-entry-zh
- egate.immigration.gov.tw/ge-frontend/home/twHome

## 航空公司

各大航空公司幾乎都有航班飛往紐約，從台灣出發的直飛航班只有長榮航空(Eva Air)及中華航空(China Airlines)，搭乘其餘航空公司飛往紐約的航班，都需經由其他城市轉機。

### 注意事項

全球航線對於託運行李重量、件數的限制越來越嚴格，以經濟艙來說：飛美國航線以單件23公斤(50磅)為上限，每人最多可託運兩件行李；而手提行李僅限1件，尺寸不可超過長56×36×23公分(22×14×9吋)，重量不得超過7公斤(15磅)；另外還可攜帶一部手提電腦或公事包上機。

不過，每家航空公司或你購買的機票對行李件數、重量的規定不盡相同，若有疑問請購票前先上各家航空公司網站或去電詢問。

## 移民局及海關

依規定，所有從台灣出發前往美國的旅客都必須持有有效期限(6個月以上)的護照，及美國簽證、或ESTA旅行許可、或全球入境計畫會員辦理入境，並填妥**海關申請表**(有中文表格可索取，但須以英文填寫)，表格可以在國內旅行社、飛機上或移民局大廳取得，可先行填寫準備好。

若你以陸路的方式(如從加拿大開車)入境美國，則另須填妥入境申請表(I-94)。

## 移民局入國審查及海關通關流程

### 抵達移民局大廳

飛機降落後隨即前往移民局審查處，依序排隊接受美國入國審查，若不知所持入境簽證該排哪個區域，可以詢問引導排隊的服務人員。並請準備好護照及海關申請表(回程機票、飯店預訂等資料也可準備，以備審查官員需要檢視)。

Step 2

### 移民局審查

將護照及海關申請表一併交給移民局審查官員。移民局將會詢問幾個簡單問題，如入境紐約目的、滯留約多久、職業等。

Step 3

### 移民局取得生物採證

若入境資格沒問題，移民局會要求旅客留下兩手十指的指紋，及臉部照相存檔。

Step 4

### 領取行李

請依照航班顯示至行李轉檯處(Baggage Claim)領取行李，行李推車需要付費才能使用。

**海關申請表**(若是一家人填寫一張即可)

(正面)

U.S. Customs and Border Protection

Customs Declaration
19 CFR 122.27, 148.12, 148.13, 148.110, 148.111, 1498; 31 CFR 5316
FORM APPROVED OMB NO. 1651-0009

Each arriving traveler or responsible family member must provide the following information (only ONE written declaration per family is required):

1. Family Name CHANG (姓)
   First (Given) TAI YA (名) Middle
2. Birth date Day 01 Month 01 Year 80 (生日：日/月/西元年)
3. Number of Family members traveling with you (隨行家屬人數)
4. (a) U.S. Street Address (hotel name/destination) (停留地址，可填飯店)
   W HOTEL 23 42ND STREET
   (b) City NEW YORK (c) State NY
5. Passport issued by (country) TAIWAN (護照發照地)
6. Passport number 123456789 (護照號碼)
7. Country of Residence TAIWAN (國籍)
8. Countries visited on this trip prior to U.S. arrival (此行抵達美國前曾停留的國家)
9. Airline/Flight No. or Vessel Name AA001 (航班號碼)
10. The primary purpose of this trip is busi(此行為商務) Yes No √
11. I am (We are) bringing
    (a) fruits, plants, food, insects: (攜帶動植物、水果) Yes No √
    (b) meats, animals, animal/wildlife pro(攜帶肉類製品) Yes No √
    (c) disease agents, ce(攜帶細菌、生物細胞、蝸牛) Yes No √
    (d) soil or have been (攜帶土壤或登機前去過農場) Yes No √
12. I have (We have) been in close (such as touching or handling(曾密切接觸家禽牲畜) Yes No √
13. I am (We are) carry(攜帶超過1萬美金的等值貨幣) instruments over (see definition of monetary instruments on reverse) Yes No √
14. I have (We have) commercial mercha(攜帶商用貨品) Yes No √
    (articles for sale, samples used for soliciting orders, or goods that are not considered personal effects) (是) (否)
15. Residents — the total value of all goods, including commercial merchandise I/we have purchased or acquired abroad, (including gifts for someone else, but not items mailed to the U.S.) and am/are bringing to the U.S. is: $ (美國籍填寫用)
    Visitors — the total value of all articles that will remain in the U.S., including commercial me(攜帶禮品價值預估) $ 50.00

Read the instructions on the back of this form. Space is provided to list all the items you must declare.

I HAVE READ THE IMPORTANT INFORMATION ON THE REVERSE SIDE OF THIS FORM AND HAVE MADE A TRUTHFUL DECLARATION.

X 簽上與護照相同的簽名
(Signature) Date (day/month/year)

For Official Use Only

CBP Form 6059B (01/04)

(背面)

U.S. Customs and Border Protection
Welcomes You to the United States

U.S. Customs and Border Protection is responsible for protecting the United States against the illegal importation of prohibited items. CBP officers have the authority to question you and to examine you and your personal property. If you are one of the travelers selected for an examination, you will be treated in a courteous, professional, and dignified manner. CBP Supervisors and Passenger Service Representatives are available to answer your questions. Comment cards are available to compliment or provide feedback.

Important Information

U.S. Residents — declare all articles that you have acquired abroad and are bringing into the United States.

Visitors (Non-Residents) — declare the value of all articles that will remain in the United States.

Declare all articles on this declaration form and show the value in U.S. dollars. For gifts, please indicate the retail value.

Duty — CBP officers will determine duty. U.S. residents are normally entitled to a duty-free exemption of $800 on items accompanying them. Visitors (non-residents) are normally entitled to an exemption of $100. Duty will be assessed at the current rate on the first $1,000 above the exemption.

Controlled substances, obscene articles, and toxic substances are generally prohibited entry. Agriculture products are restricted entry.

*Thank You, and Welcome to the United States.*

The transportation of currency or monetary instruments, regardless of the amount, is legal. However, if you bring in to or take out of the United States more than $10,000 (U.S. or foreign equivalent, or a combination of both), you are required by law to file a report on Customs Form 4790 with the U.S. Customs Service. Monetary instruments include coin, currency, travelers checks and bearer instruments such as personal or cashiers checks and stocks and bonds. If you have someone else carry the currency or monetary instrument for you, you must also file a report on CBP Form 4790. Failure to file the required report or failure to report the *total* amount that you are carrying may lead to the seizure of *all* the currency or monetary instruments, and may subject you to civil penalties and/or criminal prosecution. SIGN ON THE OPPOSITE SIDE OF THIS FORM AFTER YOU HAVE READ THE IMPORTANT INFORMATION ABOVE AND MADE A TRUTHFUL DECLARATION.

| Description of Articles (List may continue on another CBP Form 6059B) | Value | CBP Use Only |
| --- | --- | --- |
| 若攜帶貨幣等值超過1萬美元，或有需要申報的物品，請務必照實填妥於此欄次，以免觸法遭受罰款或沒收，若無則可免填。 | | |
| Total | | |

CBP Form 6059B (01/04)

### 注意事項

若行李遺失，請前往Lost Baggage櫃台提出遺失申請。

Step 5

### 海關檢查

若有需要報關的物品，請預先詳細填寫於海關申請表，並循紅色海關口通關。若無須報關，則循綠色海關口通關，直接將海關申請表交給海關人員即可。

## 政府單位

### 駐紐約台北經濟文化辦事處
Taipei Economic and Cultural Office in New York

1 E. 42nd St., New York, NY 10017
辦公室：(212)317-7300(平日)
(917)743-4546(假日)
領務專用：(212)486-0088
旅外國人急難救助全球免付費專線：011-800-0885-0885
週一～五 09:00～18:00
www.taiwanembassy.org/usnyc
MAP P.11 / F5

### 注意事項

急難救助電話專供緊急求助之用(如車禍、搶劫、有關生命安危緊急情況等)，非急難重大事件，請勿撥打；一般護照、簽證等事項，請於上班時間以辦公室電話查詢。

## 平安保險辦理

目前旅遊平安保險大都包含有醫療服務及轉送、代付醫療費用、免付費求助電話，詳細保險條款內容各家保險公司不同，可多參考比較再行投保。若行前來不及投保，桃園國際機場大廳設有多家保險公司的服務櫃台，可以即刻投保。

以信用卡購買機票或許也附有旅平險或延誤險等，相關理賠詳細內容請事前詢問信用卡發卡銀行。

# 機場與交通
TRANSPORTATION

## 機場

飛抵紐約的機場有3個，分別為甘迺迪國際機場(JFK)、紐華克國際機場(EWR)及拉瓜地亞國際機場(LGA)，由北美洲以外地區飛抵紐約的航班大多降落抵達甘迺迪國際機場，由台灣直飛的中華航空及長榮航空，目前均停靠甘迺迪國際機場(JFK)。

各航站入境大廳均設有郵局、外幣匯兌、旅館訂房等服務櫃台，大眾交通服務則可以在各航站入境大廳的Welcome Center詢問。

### 甘迺迪國際機場
(John F. Kennedy International Airport / 簡稱JFK)

甘迺迪機場位於曼哈頓東南方約24公里處，是進入紐約最大最主要的機場，目前有6個航站啓用，以24小時機場電車(AirTrain)連接各航站，及前往接駁車站、地鐵站。

www.jfkairport.com

### 甘迺迪機場往曼哈頓交通

JFK 1

### 機場電車+地鐵
AirTrain+Subway

乘坐機場電車再銜接地鐵是前往曼哈頓最省錢的交通方式。機場電車除了接駁各航廈外(黃線)，連接到地鐵站的機場電車分有兩個方向，終點站分別為「Howard Beach」(綠線)可轉搭地鐵Ⓐ線，以及「Jamaica Station」(紅線)可以轉搭地鐵ⒺⒿⓏ線，其中以Ⓔ線最快速到達曼哈頓。

http www.jfkairport.com/#/to-from-airport/air-train

$ $8.50(機場電車$5.00+地鐵$2.50+地鐵票卡費$1.00)／人

JFK機場AirTrain

JFK 2

## 機場電車+長島火車 AirTrain+LIRR

搭乘機場電車(紅線)到終點站「Jamaica Station」，出站後轉搭長島火車，可以直接抵達曼哈頓的賓州車站(Penn Station)。可在出機場電車站前於自動售票機購買「機場電車+火車」的聯票。

http www.jfkairport.com/#/to-from-airport/air-train

$ $15.00／人

LIRR的自動售票機

LIRR火車月台

JFK 3

## 機場巴士 NYC Airport

可容納30人共乘的中型巴士，直接從機場抵達曼哈頓中城區，下車地點都有多線地鐵可以轉乘，相當方便。可在入境大廳的Welcome Center洽詢，或在NYC Airporter的服務櫃台或搭乘處洽詢。

http www.nycairporter.com

$ $19.00／人

i 可下車點：賓州車站(Penn Station)、中央車站(Grand Central Terminal、巴士轉運站(Port Authority Bus Termainal)

JFK 4

## 機場接送專車 Shared Ride Vans

接送小巴只服務曼哈頓地區，可直接從機場抵達曼哈頓125街以下的任何地址或飯店。接送小巴需與其他10名乘客共乘，車子有時需繞行各航站載客，與繞行市區依序將乘客送抵指定地址，搭乘時間上比較長一些，但相當方便。

機場接送小巴的服務公司主要有兩家

機場接送小巴可提前在網路上預約，或當日到Welcome Center洽詢，代為安排搭乘。

http Super Shuttle：www.supershuttle.com
http Go Airlink NYC：www.goairlinkshuttle.com
$ 約$25.00／人

JFK 5

## 計程車 Taxi

各航站入境大廳均設置有計程車招呼站，排隊搭乘，一輛計程車可搭4人，行車時間約1小時。

$ 到曼哈頓中城區約$70.00(基本車資＋過路費+小費)／輛

# 紐華克國際機場
(Newark Liberty International Airport ／簡稱EWR)

紐華克國際機場位於新澤西州，距曼哈頓市中心約26公里，是國際旅客進入紐約的次要機場。共有3個航站，機場電車(AirTrain)開往接駁車站，方便旅客銜接搭乘新澤西火車(NJ Trainsit)，或美國國鐵(Amtrak)前往曼哈頓的賓州車站(Penn Station)。

http www.newarkairport.com

**紐華克機場往曼哈頓交通**

EWR 1

## 機場電車+火車 AirTrain+NJ Transit

乘坐機場電車再銜接火車是前往曼哈頓最快速的交通方式。各航站均有AirTrain可以搭乘，請搭至終點Newark Liberty International Airport站，再轉乘NJ Transit到曼哈頓中城區。或轉乘NJ Transit後到Newark Penn Station再換乘Path通勤電車至曼哈頓下城區。

http **AirTrain**：www.newarkairport.com/#/to-from-airport/air-train
http **NJ Transit**：www.njtransit.com
$ $13.00／人

EWR機場航廈內的AirTrain搭乘處

NJ Transit的月台及火車

EWR 2

## 機場巴士 Newark Airport Express

紐華克機場巴士是由Coach USA巴士公司所營運，是從機場到曼哈頓最方便的交通工具。可在各航站入境大廳的Welcome Center洽詢，或洽航站外巴士站前的服務人員。

http newarkairportexpress.com
$ $17.00／人
i 可下車點：布萊恩公園(Bryany Park)、中央車站(Grand Central Terminal、巴士轉運站(Port Authority Bus Termainal)

EWR 3

### 機場接送專車
### Shared Ride Vans

同樣由Super Shutter與Go Airlink NYC兩家巴士公司服務，從機場抵達曼哈頓125街以下的任何地址或飯店。機場接送小巴可提前在網路上預約，或當日到Welcome Center洽詢，代爲安排搭乘。

$ 約$25.00／人

EWR 4

### 計程車 Taxi

各航站外的候車處均設置有計程車招呼站，紐華克機場排班計程車的計價方式，與甘迺迪機場及拉瓜地亞機場不同，採不同區域不同車資方式計價，搭乘處貼有車資計價方式的詳細公告可以參考，公告上的車資不包含過路費及小費。

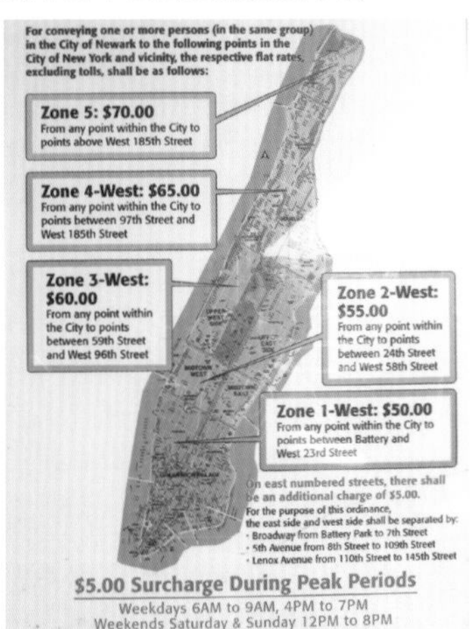


## 拉瓜地亞機場
**(LaGuardia Airport / 簡稱LGA)**

拉瓜地亞機場位於紐約皇后區，是美國國內航線的主要停靠站，共有4個航站，航站間有免費巴士接駁，是最靠近市區的機場，以紐約市公車搭配地鐵的交通方式最爲經濟划算。

http laguardiaairport.com

**拉瓜地亞機場往曼哈頓交通**

LGA 1

### 紐約市公車+地鐵
### NYC Bus+Subway

可以在各航站外的候車處搭乘Q47、Q48、Q7、Q72、M60到皇后區轉搭地鐵至曼哈頓，其中M60路線可直接抵達曼哈頓上西城區。

http laguardiaairport.com/getting-to-from/by-public-transit

$ $2.75.00／人

LGA 2

### 機場巴士
### NYC Airport

可容納30人共乘的中型巴士，直接從機場抵達曼哈頓中城區，下車地點都有多線地鐵可以轉乘，相當方便。可在入境大廳的Welcome Center或航站外的搭乘處洽詢。

http www.nycairporter.com

$ $16.00／人

i 可下車點：賓州車站(Penn Station)、中央車站(Grand Central Terminal、巴士轉運站(Port Authority Bus Termainal)

LGA 3

### 機場接送專車
### Shared Ride Vans

同樣由Super Shutter與Go Airlink NYC兩家巴士公司服務，從機場抵達曼哈頓125街以下的任何地址或飯店。機場接送小巴可提前在網路上預約，或當日到Welcome Center洽詢，代為安排搭乘。

$19.60／人

LGA 4

### 計程車 Taxi

各航站外均設置有計程車招呼站，排隊搭乘。

到曼哈頓中城區約$50.00(基本車資＋過路費+小費)／輛

#### 注意事項

如果覺得搭計程車難溝通，搭大眾運輸太麻煩，不妨可以考慮車行叫車的服務，車費比大眾交通高些，但絕對比計程車便宜，坐起來也舒適許多。若你的目的地不在曼哈頓，叫車服務絕對是最便利的選擇，可以電話或網路預訂，由華人經營的車行還可以用中文溝通，但請記得叫有經營牌照的車行。另外，Uber也是搭車的選項之一。

http **新金馬**：www.car8888.com/about_cn.html
**中華**：www.yescarny.com/chn
**金麒麟**：www.kirinny.com
**Dial 7**：dial7.com
**Carmel**：www.carmellimo.com
**Uber**：www.uber.com/zh-TW/cities/new-york

### 地鐵

地鐵(Subway)是觀光客拜訪紐約最方便的交通工具，也是當地上班族通勤的主要交通，紐約地鐵全年無休、24小時營運。1904年開通，已經運作一整個世紀的紐約地鐵，過去的形象曾是「危險、骯髒」，不過近年來的整頓、換新，讓它再度成為市民信賴的交通搭乘工具。紐約著名的觀光景點、購物商圈，幾乎都在地鐵站的周邊，無論是觀光或購物都很方便。

方便歸方便，但紐約的地鐵站大部分都無空調系統，一到夏天燠熱無比(車廂內有空調)，鐵軌上積水、髒亂，還不時有老鼠走動，只能當它是百年歷史的見證了！

紐約的地鐵及公車均由MTA公司管理營運，地鐵票卡可通用地鐵及公車，有關最新的票價、路線等資訊，可上網查詢。

http www.mta.info

#### 地鐵站

**入口**：地鐵站大都設在十字路口的4個角落，若是大站(快車Express、普通車Local均停靠)則不分Downtown或Uptown方向均可進入，部分小站(只有普通車停靠)則有分Downtown及Uptown的入口。入口均會標示出該站站名及可搭乘的路線，樓梯口立有燈球，綠燈球表示該站24小時開放，半紅燈球表示該出入口有開放時間的限制，而全紅燈球表示僅出口專用或該出入口暫停使用。

**出口**：紐約地鐵沒有類似台北捷運以字母號碼標示出口，只有標示是往第幾街的出口，也沒有出口處有哪些機關、景點的指示牌。但主

要景點或商圈都在附近，徒步均可到達。

地鐵站的出口標示以街道位置為主

**廣播**：紐約的地鐵站終於開始有點現代化了，以機械式的聲音取代經常讓遊客有聽沒有懂的人聲廣播，月台上也多了列車進站時刻的跑燈，讓乘客知道列車狀況。

幾號列車、幾分鐘後進站，相當清楚

## 營運時間

紐約的地鐵是24小時營運，通勤時間約2～5分鐘一班、白天約5～15分鐘一班；深夜過後車次會較少，停車站路線也會更動，須多加注意車站內的告示板。遇到週末假日通常是地鐵維修的時間，路線經常會調整，請多注意月台柱子上或車廂內貼的公告。

公告要看仔細，免得等不到車

## 路線及列車種類

紐約地鐵共有24條路線，分別以數字、字母及顏色做區隔，分有普通車(Local，LCL)及快車(Express，EXP)，車種及前往方向都會標示在每輛車廂上；其中只有❻及❼線兩條路線，同時有快車及普通車，快車在車身上的路線名以紅色菱形閃燈標示，而普通車以綠色圓形閃燈標示。

普通車每一站都會停靠(路線圖上以「●」標示)，而快車只停靠主要的車站(路線圖上以「○」標示)。而列車行駛方向只分爲Downtown及Uptown兩種，月台上或售票機旁均有地鐵路線圖可參考。

### Downtown、Uptown如何看

請先將地鐵地圖拿正，找出你目前所在的地鐵站位置，若你要前往的目的地在上方則請搭乘Uptown方向(往北)，若你要前往的目的地在下方則請搭乘Downtown方向(往南)。**注意**：從曼哈頓前往Bronx跟Queens要搭Uptown方向，往Brooklyn則要搭Downtown方向。

不過若是出了曼哈頓，列車行進方向則是要注意看是往Manhattan或是往路線的終點站。

## 購買地鐵票

地鐵票稱爲MetroCard，MTA所經營的地鐵及公車可一卡通用。月台入口處均設有車票自動販賣機，可使用5、10、25分的硬幣，以及1、5、10、20、50元的紙鈔購買，或使用信用卡購買(需要鍵入當地5碼的郵遞區號，可以使用住宿地點的

郵遞區號，或輸入99999)。每張新票卡加收$1.00。

車票自動販賣機爲觸控式螢幕，請先選擇票種再選擇票面金額，再投入紙鈔或硬幣，後取出車票及找零，大部分車站內的車票自動販賣機都有繁體中文的頁面，可跟著中文指示操作，不用擔心看不懂。

## 地鐵票種類

**單程卡Single Ride**：爲單趟搭乘，費用$3.00，兩小時內有效，出站後便失效，無法免費轉乘公車。

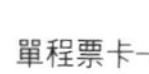
單程票卡→

←預付卡與無限卡長相一樣，做個記號以免搞混了

**預付卡Pay-Per-Ride**：購買$5.50以上的預付卡，可以享有5%的紅利加值，例如購買$20.00則票面價值爲$21.00，搭乘一趟扣除$2.75，預付金額用完可補充加值(免票卡費)或直接購買新卡(票卡費$1.00)。

**無限卡Unlimited Ride**：有兩種選擇可以購買：

- **7-Day Unlimited Ride：**$32.00 7天內(至23:59止)可無限次搭乘地鐵及普通公車
- **30-Day Unlimited Ride：**$121.00 30天內(至23:59止)可無限次搭乘地鐵及普通公車

## 轉乘地鐵及公車

**轉乘地鐵**：只要不出站，單趟的票價可隨你在任何車站內隨意轉乘所有的地鐵路線。

**轉乘普通公車**：預付卡在使用後的兩小時內，可免費轉乘普通公車1次；無限卡則沒有時間、次數的轉乘限制。

## 注意事項

1. 深夜搭乘地鐵須注意自身安全，月台上有「Off Hours Waiting Area」的黃色標板，表示這裡有監視系統，深夜、人少時可至此區候車，或靠近有售票員的售票亭候車。
2. 購票處設有票卡儲值檢查機，若不清楚票卡還有多少金額或是否過期，可自行刷機器查看。
3. 只有在進入月台時要刷票卡，出站時則直接推過閘門即可，不用過卡出站。
4. 若錯過下車車站，別太擔心或慌張，只要換月台搭往回頭路線即可(選擇快車Express停靠的大站換月台)。

## 公共汽車

紐約南北的交通線以地鐵最便利，而東西向的交通則以公車最方便，尤其是要前往離地鐵站較遠的景點，可先搭地鐵再轉搭公車。公車分有普通公車(Local Bus)以曼哈頓市區爲主，及快速公車(Express Bus)以聯絡曼哈頓以外的區域。紐約的地鐵及公車均由MTA公司管理營運，票卡通用地鐵及公車，有關最新的票價、路線等資訊，可上網查詢。 http www.mta.info

## 路線及費用

公車的路線多達數十線，路線標示「M00」M後的數字大都表示行經的街道(如M96)表示是服務96街

的路線。普通公車的車資$2.75，可使用MetroCard搭乘，也可投現，只接受5分以上的硬幣，紙鈔不收；快速公車的車資$6.50。

約每2～3個街區就有公車的停靠點，搭乘非常方便。

### 營運時間

除部分路線有24小時營運外，其他大多只營運到午夜。公車站牌上有公車路線名、路線圖及該站的時刻表，有分週間及週末時刻表。

### 注意事項

1. 夜間公車班次較少，等車時請多注意安全，深夜搭乘可隨時上下車，不必等停靠站。
2. 除了幾條主要街道有雙向通車外，紐約街道多為單行道，往返的路線會走不同的街道，詳細路線請參照公車路線圖(拉頁地圖)。
3. 塞車、站點多，加上上下車費時，若趕時間最好選擇搭地鐵。
4. 一律上車刷票卡或投現。下車記得提前按沿著窗邊的橡膠條(黑色或黃色)或拉鈴，扶手上也會有下車按鈕。

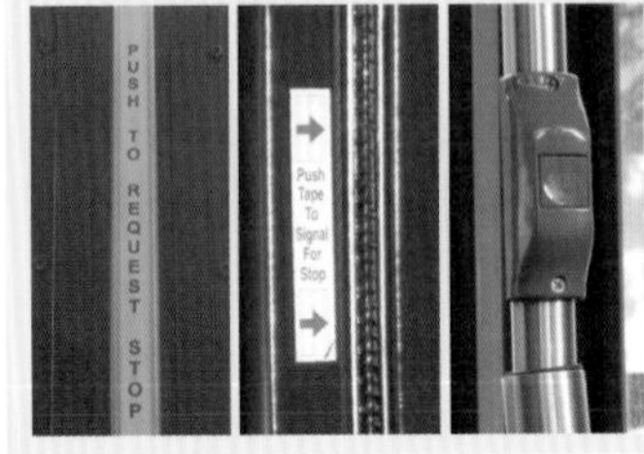


### 轉乘地鐵及公車

**轉乘地鐵**：若使用預付卡搭乘，在使用後的兩小時內可免費轉乘地鐵1次，無限卡則沒有限制。

**轉乘其他線公車**：若用現金投幣搭乘，在上車時可以跟司機索取轉車券(跟司機說：Transfer, Please)，轉車券可以在兩小時內使用。若使用預付卡搭乘，兩小時內可免費轉乘1次；無限卡則沒有任何限制。轉乘限制以搭乘不同路線的公車爲主。

### 計程車

雖然地鐵很方便，但隨身物品過多時或深夜回家還是「小黃」最貼心、安全。紐約的計程車跟台灣一樣都是黃色車身，車身上有明顯的紐約計程車的標誌及收費標準，計費方式以電子跳表爲準。招呼計程車也跟台灣相同，揮手即可。

從2013年起，爲服務曼哈頓北邊以及其他4個行政區，這些小黃超難招到的地方，特別規畫出綠色的計程車系統「Boro Taxi」，以服務非曼哈頓區的廣大市民。

### 計費方式

- 基本車資$2.50(約540公尺)
- 之後每1/5哩(約320公尺)+$0.50
- 週一～五16:00～20:00+$1.00
- 每日夜間20:00～06:00+$0.50
- 每停車60秒或行車時速低於6哩(約9.65公里)+$0.50
- 紐約州稅+$0.50 (每趟)
- 曼哈頓至JFK機場基本車資為$52.00(過路費及小費另計)

http www.nyc.gov/html/tlc/html/passenger/taxicab_rate.shtml

### 付費方式

支付車資以現金或信用卡爲主，小費約爲車資的15%～20%，車內有刷卡機及觸控式螢幕，可自行操作付費，觸控式螢幕會顯示車資及小費(有2～3個小費金額隨你選)，刷卡後確認即可。

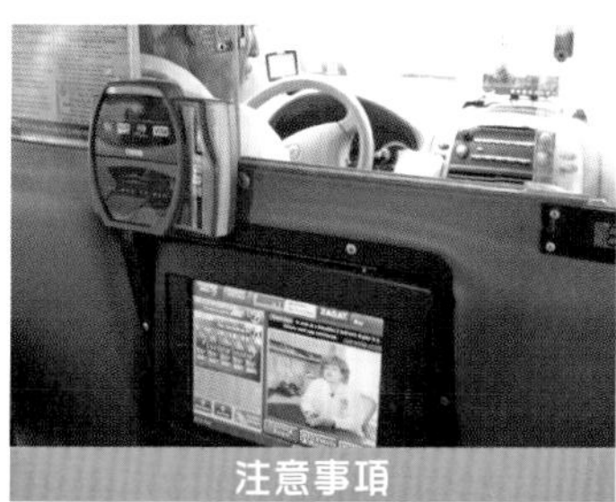

**注意事項**

1. 可以將目的地地址寫在小紙條上跟司機溝通。
2. 司機有權拒收大於50元面額紙鈔，20元或以下面額最方便。
3. 若有記錄的需要，可以要求司機給你收據。
4. 過橋或過路費不包含在車資中，須另外支付。

### CITI BIKE

由花旗銀行與紐約市合作的城市自行車「CITI BIKE」，幾乎所有觀光景點、人潮聚集的地方都找得到，只要備好一張信用卡，你就能在紐約暢行無阻了。

CITI BIKE的缺點就是免費時間只有30分鐘，超時要多付不算便宜的租金，無法長時間騎乘，若超時使用則依時間從信用卡收取額外費用。若你計畫數小時或整日都以自行車遊逛紐約，最好的方式還是找當地的車行租借比較划算。

http www.citibikenyc.com

| 期限 | 費用 | 租借免費時間 |
|---|---|---|
| 24小時Pass | $12.00 | 30分鐘，每超時1～15分鐘+$4.00 |
| 72小時Pass | $24.00 | 30分鐘，每超時1～15分鐘+$4.00 |

※ 資料時有異動，請以官方公布的最新資料為主

## 消費與購物 SHOPPING

### 匯兌

目前匯兌的匯率約爲1美元=29～33新台幣左右，匯率每日隨時都會有變動，要以匯兌當時銀行的公告匯率爲準，前往銀行匯兌時請多注意匯率走向，挑個好時機匯兌。

時代廣場上有多間匯兌處(地圖見P.198 $)，各種幣別匯率都有列出，遊客也可多加利用。

## 貨幣

美元紙鈔流通的面額有1元、2、5、10、20、50及100元，以20元最爲廣泛方便使用，2元的紙鈔非常少見。礙於假鈔氾濫，紐約部分商店拒收面額100元的紙鈔，匯兌時不妨以面額20元及50元爲主。

硬幣則有1分(a penny)、5分(a nicket)、10分(a dime)、25分(a quarter)、50分(half dollar)，以及1元(dollar)，以25分最好用，洗衣服、搭公車、打電話都可用，1分的硬幣多用於找零錢，使用性不大。

## 旅行支票

若要帶旅行支票出遊，記得兌換後先在上方簽名欄簽名(下方的簽名欄等要使用時再當面簽名)，並記下或影印旅行支票的號碼及掛失電話，若不愼遺失可申請補發。

旅行支票在紐約當地銀行可兌換成現鈔，記得攜帶護照(有些銀行會要求查看第二個身分證明，信用卡可派上用場)。而目前應該只有飯店、大型百貨公司可以直接當現金付費使用，不是非常便利。

## 信用卡

信用卡是目前最方便的塑膠貨幣，在紐約的飯店、餐廳、商店、甚至攤販都可使用。使用信用卡結帳時，櫃台或服務員都會問你「Credit」(信用卡)or「Debit」(現金卡)，你只要回答「Credit」就可以了。使用非美國地區的信用卡消費，少部分場所會要求查看有照片的身分證明，帶著當地駕照、國際學生證或護照就對了。

## 折扣季節

1月、6月及7月4日以後是主要的折扣期，約5～7折左右，越接近折扣季末則折扣下得越多。另外一些假日期間也會有折扣促銷活動，如2月情人節、3月復活節、5月母親節、6月父親節、11月感恩節(感恩節隔天稱爲Black Friday，是最大的折扣日)以及12月聖誕節等。

## 消費稅、退稅

紐約的消費稅是8.875%(州稅+市稅)，採外加稅制，商店內的標價都是未稅價。維他命及超市、雜貨店的部分食品類免稅，售價$110.00以下的衣服、鞋子也是免稅。

若不清楚要購買的商品是否在免稅類別內，可以先詢問店內服務人員。美國沒有實施外國人購物免稅制度，購物時不需要特別詢問是否有免稅或退稅等問題，出境海關時不會退稅。

## 營業時間

- 銀行：週一～五09:00～17:00，部分銀行週六、日也有開放營業，不過服務項目較少
- 一般商店：09:00～19:00
- 超市：09:00～22:00
- 百貨公司及購物商圈：平日為10:00～21:00，週末通常延長營業時間至22:00，週日則提前至18:00結束營業
- 餐廳：11:00～23:00
- 酒吧夜店：晚間營業至隔日清晨

## 小費

美國是個有給小費習慣的國家，在紐約生活，上餐館、搭計程車都要給小費，小費額度約爲消費金額的15%～20%，視服務狀況而定，計程車行李費每件約$1.00。飯店房間清潔的床頭費約$5.00／天，提行李的服務費約$2.00。

# 日常生活資訊 Living Information

## 電話使用

### 市內通話、國際電話

紐約行政區內市內通話金額爲$0.25～$0.50，可使用5分、10分、25分的硬幣，若通話時間快結束時，電信公司會以語音提醒你請投幣繼續通話。有些公共電話可以使用信用卡付費打電話。

3G、4G手機可以在紐約漫遊使用，唯獨國際漫遊通話費高昂，接話、撥打都屬國際電話費，建議有緊急情況時再使用。

**室內電話、公共電話** (整理製表：許志忠)

| 撥打方法 | 美國內碼+ | 區域碼+ | 電話號碼 |
|---|---|---|---|
| 曼哈頓打曼哈頓 | 免撥 | 212等 | xxx xxxx(7碼) |
| 曼哈頓打布魯克林、布朗士、皇后區、史泰登島 | 1 | 852等 | xxx xxxx(7碼) |
| 曼哈頓打紐約市以外地區 (Long Distance Call) | 1 | xxx(3碼) | xxx xxxx(7碼) |

**手機通話** (整理製表：許志忠)

| 撥打方法 | 美國內碼+ | 區域碼+ | 電話號碼 |
|---|---|---|---|
| 撥打任何行政區、城市的方法一致 | 1 | xxx(3碼) | xxx xxxx(7碼) |

**撥打國際電話** (整理製表：許志忠)

| 撥打方法 | 國際電話碼+ | 國碼+ | 區域碼+ | 電話號碼 |
|---|---|---|---|---|
| 台灣打紐約市話 | 002/012等 | 1 | 212等 | xxx xxxx(7碼) |
| 台灣打紐約手機 | 002/012等 | 1 | 917、646等 | xxx xxxx(7碼) |
| 紐約打台灣市話 | 011 | 886 | 2/台北(均去0) | xxx xxxx(7或8碼) |
| 紐約打台灣手機 | 011 | 886 | - | xxx xxx xxx(9碼去0) |

### 電話卡

若要撥打回台灣，可以預先在台灣購買國際電話預付卡，或紐約的中國城也有販賣專門撥回台灣的電話卡，$5.00或$10.00便宜又好用，只需循著卡片背面的撥號方式撥打即可通話。

### 通訊APP

LINE、WhatsApp、Skype等通訊軟體，都有免費通話、雙方視訊通話的功能，可以多加利用。

### 緊急救助電話

若不幸遇上車禍、搶劫或有關生命安危等緊急情況，可撥以下緊急電話求助。

- 報案、求救、交通事故、救護車、消防：**911**
- 非緊急報案：**311**
- 駐紐約台北經濟文化辦事處急難救助：1 (212) 317-7300 (平日)<br>1 (917) 743-4546 (假日)
- 旅外國人急難救助服務專線：**011+886+800-085-095**

## 郵政

從紐約寄到台灣的普通信件或包裹，約需要14天左右，快捷郵件約需5天。若寄普通信函、明信片，郵局內均有郵票自動販賣機，貼好郵票直接投入郵筒即可，可節省排隊的時間。包裹或快捷郵件則需至櫃台排隊寄送，郵資依重量計算，以First-Class寄送最便宜，可以使用信用卡付費。

- 明信片郵資為$1.15
- 普通信件不超過28g(1盎司)郵資為$1.15，每增加28g+郵資$0.83(First-Class寄送)
- 普通小包裹不超過453g(1磅)郵資為$23.25(First-Class寄送)
- 郵政標準小紙箱(8-5/8"x5-3/8"x1-5/8")$35.25，可裝到4磅
- 郵政標準中紙箱(11"x8.5"x5.5"or13-5/8"x11-7/8"x3-3/8")$74.75，可裝到20磅
- 郵政標準大紙箱(12"x12"x5.5"or 23-11/16"x11-3/4"x3")$97.75，可裝到20磅
- 標準紙箱以Priority Mail(優先處理)寄送

http www.usps.com

## 網路

目前紐約大部分的咖啡廳、飯店、Apple Store及地鐵站等，都有免費的Wi-Fi網路可使用外，紐約的公共區域也開始有免費網路裝置，都可以隨時利用，但套句老話「免費的最難用」，不僅速度慢，部分還會限制瀏覽的網站或APP。

### 紐約地鐵站

紐約地鐵終於開始跟上時代潮流了，不僅開始架設電信訊號，讓手機在地鐵站內能通話無阻外，現在也有免費Wi-Fi可以使用，不過Wi-Fi訊號強度僅限於地鐵站範圍，列車一出站外就沒訊號了！

### LinkNYC

散落紐約鬧區街頭的大型裝置是LinkNYC的無線網路信號站，可以隨時接上你急需充電的手機、筆電、平板等，也可以透過它撥打免費電話，它也發送現代人最需要的Wi-Fi訊號。這是紐約市的新嘗試，信號站。

### 漫遊行動上網

目前各家電信公司都有針對國際漫遊行動上網的業務，推出日租、月租或包套等不同的方案，出發前可以詢問電信公司所推出的內容，選擇最適合你需求的。而一般坊間電信服務公司也有針對手機、筆電等的上網方案，視打電話或上網的需求度提供不同的搭配選擇。

http **AeroBile**：aerobile.com/eshop

http **Calling Taiwan**：new.callingtaiwan.com.tw

## 醫院、藥局

旅行時最怕的就是生病，若是一般的感冒、咳嗽、蚊蟲藥，可隨身攜帶以備不時之需。若忘記攜帶，紐約也有類似台灣西藥房或屈臣氏的商店(如：Rite Aid、Walgreens、Duane Reade等)，販賣簡單的成藥等。若是長期需要服用的藥品，記得攜帶足夠旅行天數的分量，若有需要不妨請你的醫生幫你寫一份英文的病歷及服用藥品，以備緊急時方便跟當地醫生溝通。

美國是個高醫療費的國家，出發旅行前可以考慮投保附加醫療的保險。若有緊急就醫的醫療費發生，記得請醫生開立診斷證明，並索取收據及處方簽，等回台灣後跟健保局或保險公司申請海外診療費用。

- 當地藥局統稱：Pharmacy
- 若溝通有問題，可考慮到中國城的藥局或社區醫院尋求協助。

當地藥局統稱：Pharmacy

## 廁所

公共場所幾乎都可找到廁所，若擔心衛生問題，不妨多利用有專人隨時打掃，如百貨公司或大飯店的廁所。咖啡廳如星巴克也有廁所，部分店家需要向服務人員拿廁所鑰匙才能開門使用。

公園內有廁所或安置臨時廁所供免費使用

## 飲水

紐約的水質管測很嚴謹，一般飯店或家庭都是打開水龍頭直接飲用，冰涼解渴，也不用花錢買礦泉水，公共場所也大多設有飲水機，夏天請多加利用隨時補足水分。若還是擔心飲生水的健康問題，建議你買瓶裝水飲用。

## 電器使用

美國的電壓爲120V，台灣的電壓爲110V，目前生產的電器商品大都是寬頻電壓100V～240V，攜帶旅行時請先注意電器品的電壓，基本上110V跟120V在交換使用上沒有問題，若有需要再購買變壓器使用。美國的插座、插頭與台灣的相同，三孔式的在美國普及率較高，不太需要插頭轉換接頭。

## 治安狀況

紐約曾是治安不佳的城市，經過幾年整頓，從街道、治安到城市再規畫，紐約一舉降低犯罪率，改頭換面，登上最適合旅行城市的前幾名，重新迎接觀光客。雖說紐約治安沒問題，但還是要隨時注意自身安全。

- 深夜盡量不要往人少或偏遠的地方去，最好走人多的主要街道；或結伴同行。
- 遇到緊急狀況時，請盡快往人多的地方走去，再大喊求助。遇到挑釁，也盡可能不予理會，快步走開或找警察求助。
- 深夜搭乘地鐵請在有監視器的區域候車，或靠近有服務員的售票亭候車，並選擇有司機的車廂搭乘。或選擇搭計程車。

深夜、人少的時候，請選擇在此處候車

- 人多的觀光景點、機場、車站、地鐵站等，請隨時注意保管好隨身物品及行李。
- 外出觀光時隨身物品越簡單越好，昂貴的珠寶、手錶盡量少帶，相機、皮夾也要收好。
- 路上遇黑人發送CD，千萬不要拿，這不是免費的；在街頭看到扮演的卡通、動漫角色等，若不想花錢合照，請直接拒絕。

## 習俗與禁忌

### 年滿21歲才能購買酒類

紐約嚴格禁止及取締賣酒給未滿21歲的人，若要前往酒吧或至商店購買酒類飲品，切記帶著護照、國際學生證等有照片的身分證明，以備商店或酒吧要求出示證件。在公共場所及馬路上也禁止喝酒。

### 抽菸

飯店、車站、機場、大樓內等，都禁止抽菸，美國的菸稅極高，一包香菸約$9.00(新台幣270元)。

### 打招呼

美國人大都不吝跟陌生人打招呼，簡單的一句「Hi」或「How are you doing today」，都能讓人親近許多。旅行時隨時保持微笑，別忘了回對方一句「Hi」或「Have a nice day」。購物或搭巴士等受到服務後，也別忘了說聲「Thanks」。

### 依規矩排隊

記得依照紐約當地的排隊規矩，買車票戲票、購物結帳、寄信等或許有許多服務櫃台，但都需排成一列，依序等候服務，不能直接排在窗口前。另外，有些是採拿號碼牌的方式，要先拿號碼牌再等候叫號爲你服務。

### 拍照

拍照可否有疑慮，記得前請先詢問，尤其是兒童，要特別注意。

## 四季衣著

**春(3～5月)**：雖是春天，不過要直到5月才會比較暖和，薄外套、長袖襯衫要準備好。3、4月仍有寒意，早、晚的溫度還是很低，外套、帽子、圍巾仍需帶著。

**夏(6～8月)**：6月開始轉熱，日照漸強，需開始注意防曬，別忘了攜帶防曬乳液。紐約夏天的日照很強，白天的時間長，外出切記要做好防曬準備，及隨時補充水分。短袖襯衫、T恤、遮陽帽、短褲、涼鞋、手帕是基本旅行配備，商店、飯店內均有冷氣空調，是暫時解熱避暑的好去處。這時也是旅遊旺季，觀光人潮很多。

**秋(9～11月)**：9月中旬白天仍相當炎熱，但早晚已稍稍轉涼，穿著短袖或T恤+長袖襯衫或薄外套即可。10月中旬起溫度明顯下降，早晚變冷，保暖外套要準備。秋季也是個適合旅遊的季節，秋高氣爽，加上葉黃楓紅，景色相當漂亮。

**冬(12～2月)**：12月是聖誕季節，天氣已經轉冷，保暖外套、圍巾、帽子不可少，有下雪的可能。冬天溫度低，旅行一定要準備保暖的大衣或羽絨外套，以能遮到大腿的爲最佳，不然就須準備較厚的長褲；帽子、手套、圍巾絕不可少，鞋子以保暖短靴較合適，若遇到下雪，防滑、防水也很重要。

另外，耳朵的保暖絕不可漏掉，耳罩或可遮耳的帽子最好用。餐廳、商店、地鐵車廂內均有暖氣，以洋蔥式的穿著最合適，方便隨時穿脫，不然暖氣可是會熱暈你的。

(以下對照表格資料，整理製表：許志忠)

## 超好用對照表

Useful Form

### 時差

台灣跟紐約時差：夏天12小時，冬天13小時、日光節約時間調整日爲3月第二個週日和11月第一個週日的02:00，詳細日期可以上網查詢。

http wwp.greenwichmeantime.com/time-zone/rules/usa.htm

| 台灣 | 24 | 1 | 2 | 3 | 4 | 5 | 6 | 7 | 8 | 9 | 10 | 11 | 12 | 13 | 14 | 15 | 16 | 17 | 18 | 19 | 20 | 21 | 22 | 23 |
|---|---|---|---|---|---|---|---|---|---|---|---|---|---|---|---|---|---|---|---|---|---|---|---|---|
| 紐約(夏) | 12 | 13 | 14 | 15 | 16 | 17 | 18 | 19 | 20 | 21 | 22 | 23 | 24 | 1 | 2 | 3 | 4 | 5 | 6 | 7 | 8 | 9 | 10 | 11 |
| 紐約(冬) | 11 | 12 | 13 | 14 | 15 | 16 | 17 | 18 | 19 | 20 | 21 | 22 | 23 | 24 | 1 | 2 | 3 | 4 | 5 | 6 | 7 | 8 | 9 | 10 |

### 溫度對照表

華氏0度約=攝氏32度，如何換算：攝氏×1.8＋32＝華氏；(華氏－32)×0.5555＝攝氏

攝氏℃ -18 -10 0 10 20 30 40 50 60 70 80 90 100

華氏℉ 0 10 20 32 40 50 60 70 80 90 100 110 120 130 140 150 160 170 180 190 200 212

### 氣溫與雨量

| 月份 | 1 | 2 | 3 | 4 | 5 | 6 | 7 | 8 | 9 | 10 | 11 | 12 |
|---|---|---|---|---|---|---|---|---|---|---|---|---|
| 平均高溫℃ | 4 | 6 | 9 | 14 | 17 | 23 | 26 | 24 | 22 | 19 | 9 | 5 |
| 平均低溫℃ | -3 | -3 | 1 | 5 | 9 | 14 | 18 | 17 | 15 | 11 | 1 | -1 |
| 平均雨量mm | 3.4 | 1.8 | 4.6 | 4.3 | 5.4 | 4.8 | 4.4 | 3.0 | 1.7 | 3.4 | 2.1 | 2.0 |

### 主要幣值換算

| 基本消費 | 美元 | 台幣 |
|---|---|---|
| 罐裝飲料 | 2 | 60～62 |
| 礦泉水 | 2 | 60～62 |
| 可頌麵包 | 3 | 90～93 |
| 速食店套餐 | 8 | 240～248 |
| 一般餐廳套餐 | 20 | 600～620 |
| 拿鐵咖啡 | 5 | 150～155 |
| 明信片 | 2 | 60～62 |
| 音樂CD | 16 | 480～496 |
| 電影DVD | 30 | 900～930 |
| 電影票 | 18 | 540～558 |
| JFK到市區計程車費 | 70 | 2,100～2,170 |
| 公車、地鐵單程票價 | 2.75 | 83～86 |
| 商務飯店雙人房 | 250 | 7,500～7,750 |

### 度量衡換算

| 美國 | 台灣 |
|---|---|
| 1磅(pound)=16盎司 | 453.59公克(g) |
| 1盎司(ounce) | 28.35公克(g) |
| 1英吋(inch) | 2.54公分(cm) |
| 1英呎(foot) | 0.3公尺(m) |
| 1加侖(gallon) | 3.78公升(L) |
| 1英里(mile) | 1.6公里(km) |

### 尺碼對照

**女裝**

| 歐洲 | 34 | 36 | 38 | 40 | 42 | 44 | 46 |
|---|---|---|---|---|---|---|---|
| 美國 | 1 | 2 | 3 | 4 | 5 | 6 | 7 |
| 台灣 | XXS | XS | S | M | L | XL | XXL |
| 日本 | XXS | XS | S | M | L | XL | XXL |

**女鞋**

| 歐洲 | 34 | 35 | 36 | 37 | 38 | 39 | 40 |
|---|---|---|---|---|---|---|---|
| 美國 | 4.5 | 5 | 5.5 | 6 | 6.5 | 7 | 7.5 |
| 台灣 | 66 | 67 | 68 | 69 | 70 | 71 | 72 |
| 日本 | 22 | 22.5 | 23 | 23.5 | 24 | 24.5 | 25 |

**男裝**

| 歐洲 | 44 | 46 | 48 | 50 | 52 | 54 | 56 |
|---|---|---|---|---|---|---|---|
| 美國 | XS | S | M | L | XL | XXL | XXXL |
| 台灣 | XS | S | M | L | XL | XXL | XXXL |
| 日本 | XS | S | M | L | XL | XXL | XXXL |

**男鞋**

| 歐洲 | 39 | 40 | 41 | 42 | 43 | 44 | 45 |
|---|---|---|---|---|---|---|---|
| 美國 | 6.5 | 7 | 8 | 8.5 | 9 | 10 | 11 |
| 台灣 | 74 | 76 | 78 | 80 | 82 | 84 | 86 |
| 日本 | 24.5 | 25 | 25.5 | 26 | 26.5 | 27 | 27.5 |

## 假日與節慶

國定假日
節慶活動

### 1月1日

**新年 New Year's Day**

### 1月第三個週一

**金恩博士紀念日 Martin Luther King Day**

### 2月(農曆初一的週末)

**中國農曆新年 Chinese New Year**

- 中國城有慶祝遊行活動，舞龍、舞獅、鞭炮齊出動，應景的裝飾也不缺，傳統年味十足
- 中國城的Mott St.及法拉盛的Main St.(從Kissena～37th Ave.)
- 農曆春節週末，11:00～13:00
- www2.chinatown-online.com

### 2月第三個週一

**美國總統日 Presidents' Day**

### 3月17日

**聖派屈克節 St. Patrick's Day**

- 傳統的愛爾蘭節慶，當天第五大道有遊行活動，傳統服飾及一片綠色的裝飾，還可轉往愛爾蘭酒吧續攤
- 第五大道上從44th St.～83rd St.
- 10:00～16:00
- st-patricks-day.com

### 3月下旬或4月上旬(週日)

**復活節 Easter Day**

- 第五大道上有節慶活動，各式彩蛋及兔子先生是不可或缺的應景品，大人小孩都會以特別的造型出現
- 第五大道上從44th St.～57th St.
- 10:00～16:00

### 5月最後一個週一

**美國國殤紀念日 Memorial Day**

### 6月下旬的週六

**美人魚遊行 Mermaid Parade**

- 慶祝沙灘、海洋、海風以及夏天的來臨，各種特別造型的美人魚會出現在遊行隊伍中，清涼帶勁
- 布魯克林Coney Island的Surf Ave.
- 13:00～17:00
- www.coneyisland.com/programs/mermaid-parade

(Photo by Kathy Chang)

### 6月最後一個週日

**同志驕傲日 Gay Pride Day**

- 紐約最盛大的遊行活動，男女同志以各種勁爆造型出場，訴求同志相關議題嘉年華式的慶祝同志驕傲日，遊行熱鬧民眾熱情
- 第五大道上從36th St.～西村(West Village)
- 11:00～18:00
- www.nycpride.org

**7月4日**

### 美國獨立紀念日(國慶) Independence Day

🛈 國慶日最大的活動就是梅西百貨贊助的國慶煙火，精采壯觀，是全球最大的煙火表演。國慶日後是折扣促銷、瞎拼撿便宜的好時機

✉ 東河或哈德遜河，14th St.～42nd St.

🕒 19:30～22:00 (煙火施放21:00)

http social.macys.com/fireworks

**9月第一個週一**

### 美國勞工節 Labor Day

**10月第二個週一**

### 哥倫布紀念日 Columbus Day

**10月31日**

### 萬聖節 Halloween

🛈 美國的鬼節，小朋友等不及在早上就開始沿路要糖了。當日晚上西村有遊行活動，各式各樣可愛的鬼一起出沒。10月起，商店的櫥窗也是欣賞重點之一

✉ 6th Ave.上從Spring St.～16th St.

🕒 19:00～22:30

http www.halloween-nyc.com

**11月11日**

### 退伍軍人節 Veterans' Day

**11月第四個週四**

### 感恩節 Thanksgiving Day

🛈 除了商店、市場最有過節氣氛，各餐廳均會推出感恩節火雞大餐外，重頭戲是梅西百貨的感恩節巨大氣球遊行，精采萬分

✉ 上西城Central Park West上，從77th St.～34th St.，以7th Ave.為主

🕒 09:00～12:00

http www.macys.com/social/parade

**12月25日**

### 聖誕節 Christmas Day

🛈 美國最重要的節日，大部分的人都會返鄉過節，是主要購物送禮的節日。百貨公司的櫥窗及洛克斐勒中心的聖誕樹，都不能錯過

✉ 各商店、百貨公司，洛克斐勒中心

🕒 12月起

**12月31日**

### 除夕 New Year's Eve

🛈 全球最大、最著名的跨年活動在時代廣場，從舞台精采節目開始直到午夜吶喊倒數新年到來，從下午起就開始有人潮湧入，要參加活動者，上廁所的忍功要先練好

✉ Times Square從42nd St.～47th St.

🕒 18:00～午夜過後

http www.timessquarenyc.org

(以上資料，整理製表：許志忠)

個人旅行 88

新第六版

# 紐約

作　　者　許志忠

總 編 輯　張芳玲
發想企劃　taiya旅遊研究室
企劃編輯　太雅出版社
主責編輯　張敏慧
編　　輯　許志忠
修訂編輯　鄧鈺澐、賴怡伶
封面設計　許志忠
美術設計　許志忠
地圖繪製　許志忠

國家圖書館出版品預行編目資料

紐約／許志忠 作．－六版．
－臺北市：太雅，2018.05
面；　公分．－（個人旅行；88）
ISBN　978-986-336-232-6（平裝）
1.自助旅行　2.美國紐約市
752.71719　　106025577

太雅出版社
TEL：(02)2882-0755　FAX：(02)2882-1500
E-MAIL：taiya@morningstar.com.tw
郵政信箱：台北市郵政53-1291號信箱
太雅網址：http://taiya.morningstar.com.tw
購書網址：http://www.morningstar.com.tw
讀者專線：(04)2359-5819 分機230

出 版 者　太雅出版有限公司
台北市11167劍潭路13號2樓
行政院新聞局局版台業字第五〇〇四號

總 經 銷　知己圖書股份有限公司
台北：台北市106辛亥路一段30號9樓
TEL：(02)2367-2044／2367-2047　FAX：(02)2363-5741
台中：台中市407工業30路1號
TEL：(04)2359-5819　FAX：(04)2359-5493
E-mail：service@morningstar.com.tw
網路書店：http://www.morningstar.com.tw
郵政劃撥：15060393 (知己圖書股份有限公司)

法律顧問　陳思成律師

印　　刷　上好印刷股份有限公司　TEL：(04)2315-0280
裝　　訂　大和精緻製訂股份有限公司　TEL：(04)2311-0221

六　　版　西元2018年05月10日
定　　價　450元
**(本書如有破損或缺頁，退換書請寄至：台中市工業30路1號 太雅出版倉儲部收)**

ISBN　978-986-336-232-6
Published by TAIYA Publishing Co.,Ltd.
Printed in Taiwan

編輯室：本書內容為作者實地採訪的資料，書本發行後，開放時間、服務內容、票價費用、商店餐廳營業狀況等，均有變動的可能，建議讀者多利用書中的網址查詢最新的資訊，也歡迎實地旅行或是當地居住的讀者，不吝提供最新資訊，以幫助我們下一次的增修。聯絡信箱：taiya@morningstar.com.tw

黏貼裝訂處(請勿使用釘書針)

(請沿此虛線壓摺)

這次購買的書名是：

# 個人旅行：紐約 新第六版 (個人旅行 088)

＊01 姓名：________________ 性別：□男 □女 生日：民國______ 年

＊02 手機(或市話)：________________________________

＊03 E-Mail：________________________________

＊04 地址：□□□□□ ________________________________

＊05 你選購這本書的原因

1. ____________ 2. ____________ 3. ____________

06 你是否已經帶著本書去旅行了？請分享你的使用心得。

________________________________

________________________________

________________________________

很高興你選擇了太雅出版品，將資料填妥寄回或傳真，就能收到：1.最新的太雅出版情報／2.太雅講座消息／3.晨星網路書店旅遊類電子報。

## 填問卷，抽好書 (限台灣本島)

凡填妥問卷(星號＊者必填)寄回、或完成「線上讀者情報上傳表單」的讀者，將能收到最新出版的電子報訊息，並有機會獲得太雅的精選套書！每單數月抽出10名幸運讀者，得獎名單將於該月10號公布於太雅部落格與太雅愛看書粉絲團。

參加活動需寄回函正本(恕傳真無效)。活動時間為即日起～2018／12／31

以下3組贈書隨機挑選1組

**放眼設計系列2本** (隨機)

**手工藝教學系列2本** (隨機)

**黑色喜劇小說2本**

**太雅出版部落格**
taiya.morningstar.com.tw

**太雅愛看書粉絲團**
www.facebook.com/taiyafans

**旅遊書王(太雅旅遊全書目)**
goo.gl/m4B3Sy

**線上讀者情報上傳表單**
goo.gl/kLMn6g

(請沿此虛線裁剪)

填表日期：________年________月________日

黏貼裝釘處(請勿使用釘書針)

(請沿此虛線壓摺)

| 廣　告　回　信 |
| --- |
| 台灣北區郵政管理局登記證 |
| 北台字第12896號 |
| 免　貼　郵　票 |

# 太雅出版社 編輯部收


台北郵政53-1291號信箱

電話：(02)2882-0755

傳真：(02)2882-1500


(若用傳真回覆，請先放大影印再傳真，謝謝！)

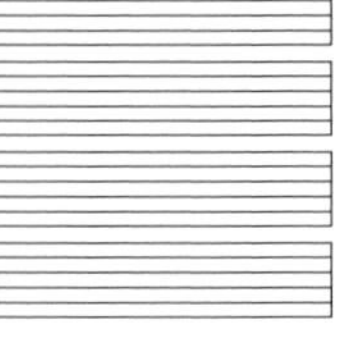

(請沿此虛線壓摺)

太雅部落格 http://taiya.morningstar.com.tw

有行動力的旅行，從太雅出版社開始